U0931005

# 孟姓家书

## 血脉

雪飞书于京寓

孟宪良 编著

中国文联出版社
http://www.clapnet.cn

**图书在版编目（CIP）数据**

血脉孟姓家书 / 孟宪良编著 . -- 北京：中国文联出版社，2018. 5（2024. 6重印）
ISBN 978 - 7 - 5190 - 3645 - 4

Ⅰ. ①血… Ⅱ. ①孟… Ⅲ. ①姓氏—研究—中国 Ⅳ. ①K810. 2

中国版本图书馆 CIP 数据核字（2018）第 085874 号

编　　著　孟宪良
责任编辑　李　民
责任校对　贾文梅
装帧设计　孟宪良

出版发行　中国文联出版社有限公司
地　　址　北京市朝阳区农展馆南里 10 号　　邮编　100125
电　　话　010 - 85923025（发行部）　　85923091（总编室）
经　　销　全国新华书店等
印　　刷　三河市华东印刷有限公司

开　　本　710 毫米×1000 毫米　1/16
印　　张　24. 75
字　　数　250 千字
版　　次　2024 年 6 月第 1 版第 2 次印刷
定　　价　95. 00 元

# 孟姓家书

## 血缘——

亚圣七十三代嫡裔邹人孟繁骥题

# 孟姓家書

## 血脉——

孟繁宗题

孟繁宗印

# 编辑委员会

孟宪宏：新疆孟氏宗亲联谊会会长
孟宪文：青岛孟氏宗亲联谊会副会长
孟宪进：青岛孟氏宗亲联谊会副会长
孟工厂（宪）：青岛孟氏宗亲联谊会副会长
孟宪军：青岛孟氏宗亲联谊会续谱办公室主任
孟淑娟（宪）：青岛孟子文化研究会财务部副主任
孟庆泰：青岛孟子文化研究会名誉会长
孟庆春：江苏省徐州孟氏宗亲联谊会会长
孟庆智：青岛孟子文化研究会发展部主任
孟涛（庆）：孟子思想研究会、孟氏宗亲联谊会秘书长
孟庆奇：青岛孟氏宗亲联谊会副会长
孟庆彪：青岛孟子文化研究会公益部部长
孟庆鹏：青岛孟子文化研究会理事
孟繁胜：青岛孟子文化研究会秘书长
孟繁韶：北京一得阁墨业有限公司董事长
孟凡奇（繁）：山东省枣庄孟氏宗亲联谊会会长
孟范涛（繁）：青岛孟子文化研究会平度分会会长
孟繁国：青岛孟子文化研究会胶州分会会长
孟繁潇：青岛孟氏宗亲联谊会副秘书长
孟繁洲：青岛孟子文化研究会教育部部长
孟祥科：孟子文化研究会、孟氏宗亲联谊会办公室秘书
孟祥生：青岛孟氏宗亲联谊会副秘书长
孟祥玮：吉林省女书法家协会理事
孟令保：沈阳孟氏宗亲联谊会原理事长
曾任《孟子世家谱》续修编委主任
孟圣喜（令）：孟氏宗亲联谊会第四届副会长
孟令军：青岛孟子文化研究会、青岛孟氏宗亲联谊会常务副会长
孟得明（德）：青岛孟子文化研究会副秘书长

# 策划编辑人员

**策　　划**

孟淑勤（广）　孟宪江　孟宪山　孟宪良

**编　　审**

孟天运（宪）　孟令保

**编　　著**

孟宪良

孟姓始祖亚圣孟子像

孟姓始祖亚圣孟子立像

孟姓始祖亚圣孟子碑刻像

# 孟姓图腾

**图腾释义：**孟是玄鸟族一支子姓的族称。上部分是玄鸟殒卵生子，下部分代表接纳的意思。传祖为鲁庄公庶兄庆父共仲，以孟为氏，转为姓。

# 百孟图

希言公彦承　宏闻贞尚衍
兴毓传继广　昭宪庆繁祥
令德维垂佑　钦绍念显扬
建道敦安定　懋修肇懿常
裕文焕景瑞　永锡世绪昌

正心誠意 懷仁義舉 積德揚善 盡孝爲悌
富貴不淫 貧賤不移 威武不屈 浩然正氣

孝悌.忠信.讀書.耕農.忍讓.勤儉.善行.本分.戒奢華.戒賭博
戒淫蕩.戒酗酒.戒種墳間隙地.戒塋間牧牛羊.戒健訟.戒啟讒

# 孟　府

# 活动掠影

2017年9月《续修三迁志》启动仪式在中国孟子文化研究院举行

2017年9月首届孟学组织联席会在邹城举行

2017年中华母亲节暨祭祀孟母、孟子大典在邹城举行

2018年亚圣七十五代孙孟祥协携孟子后裔祭祀孟母、孟子大典

2015年4月青岛孟氏宗亲代表（右起）孟昭钰、孟宪良、孟宪进在邹城参加中华母亲节暨祭祀孟母、孟子大典

2018 年 5 月青岛孟氏宗亲代表（左起）孟宪立、孟令军、孟工厂（宪）、孟宪队，（右起）孟祥存、孟繁胜、孟德晓、孟宪良等在邹城参加中华母亲节暨祭祀孟母、孟子大典

# 孔垂长题字

孔垂长（先圣孔子79代孙、“垂”字辈），1975年出生于台湾，孔子第79代嫡孙，末代衍圣公、台湾前“考试院长”孔德成之长孙。现任世界孔子后裔联谊总会名誉会长。

弘揚孔孟思想
光大儒家文化

孔垂長
一〇七·五·二十六

# 孟淑勤题字

孟淑勤（亚圣 70 代孙、“广”字辈），山东省邹城市政协副主席、孟子思想研究会会长、孟氏宗亲联谊会会长。

情系孟氏宗亲
传承亚圣文化
搭建联谊平台
共谋和谐发展。

孟淑勤。

# 孟令继题字

孟令继（亚圣76代孙、“令”字辈），1978年11月出生于台湾，台湾地区74代亚圣奉祀官孟繁骥之嫡长孙。现为台北市政府孔庙祭孔大典之西配分献官，2011年起任职于城邦文化集团旗下*PChome*杂志，并担任执行编辑一职。

循孔孟之道
立君子之志
孟令继

# 孟晓苏题字

孟晓苏（亚圣73代孙、“庆”字辈），1949年12月出生于苏州。毕业于北京大学，经济学博士，享受国务院特殊津贴。中国企业家联合会执行副会长。

《血脈 · 孟姓家書》會讓您：讀出自豪的理由，找出奮進的動力。

孟晓苏

# 孟广耀题字

孟广耀（亚圣孟子70代孙、“广”字辈），1945年出生于山东青岛西海岸新区（原胶南县）。原即墨市市委书记、青岛市市政府财贸委员会主任、青岛市商业联合会会长。现为青岛孟子文化研究会、青岛孟氏宗亲联谊会名誉会长。

传孔孟优秀文化
兴孟氏优良家风
迈时代前进步伐
怀家国天下在胸

孟广耀

# 孟祥居题字

孟祥居（亚圣75代孙、“祥”字辈），1941年10月出生于山东省邹县（今邹城市）。邹城市政协原副主席，孟氏宗亲联谊会原理事长。2017年6月去世。

弘扬传承文明
恪守始祖遗训
续修孟氏家谱

亚圣七十五代嫡次孙
亚圣宗府奉祀官代理孟祥居
大陆孟氏后裔代表

丁酉孟夏

# 序　一

我是先圣孔子的第七十五代裔孙孔祥林，孟宪良是亚圣孟子第七十二代孙，孟宪良先生编著的《血脉·孟姓家书》一书顺利成稿，同为孔孟一家人，我甚以欣慰，我愿意和大家共享阅读《血脉·孟姓家书》带来的快乐。

《血脉—孟姓家书》是一部不可多得的融合孟子思想、展现孟子文化的精品力作。作品从孟姓起源，孟姓（氏）行辈、派、户，孟母教子的故事，孟姓的修谱续志，孟姓历史名人和现代名人，孟子与孔子的历史渊源，孟子学说等方面进行了翔实而精确的阐述。全书引用了大量史实，文献史料丰富，文笔流畅，通俗易懂，是当代学习儒家文化的优秀读本。

邹城孟氏系出黄帝，本为姬姓，十九世传至姬昌，世称文王，其子武王灭商，建立周朝，分封天下，四子周公姬旦分封鲁国。周公因先后辅佐武王、成王，不能东行就国，派儿子伯禽就封。伯禽九传到鲁桓公，庶出长子庆父后裔为鲁国世卿，称孟孙氏，子孙遂以孟为姓。但邹城孟氏不以得姓孟孙氏为始祖，而以孟子为始祖，这是因为孟子实为孟姓第一名人。

孟子生不逢时，未能成为孔子弟子，深以为憾，但他入私塾学习孔子之道，从学孔子之孙子思的门人，得识孔子思想，于是他以孔子及其思想继承者自居，继承并发展孔子思想，终于以思孟学派著称于世，成为孔子以后又一位儒学大师，因而儒家思想也被称作“孔孟之道”。

西汉初兴，统治者采用孟子的“罪人不孥”、养老等政治主张，推行许多善政。北宋将《孟子》定为国家教科书，列为科举考试的经典，朱熹将其与《大学》《中庸》《论语》合称“四书”，“四书”与“五经”并列，成为儒家经典。儒家思想也被称作“孔孟之道”。孟子被尊称为亚圣，从祀在文庙内，配享孔子，并在孟子家乡邹县建造了奉祀的庙宇。

孟子成为圣人，被称为“孔子以后一人，功不在禹下”，得益于母亲最多，孟母三迁教子更是千古佳话，而孟母亦成为后代母教之模范。此母，此子，孟氏焉何不以孟子为始祖？

北宋始封孟子为邹国公，孔子四十五代孙孔道辅任职兖州太守，查找孟子坟墓，察访孟子后裔，访得孟宁为孟子四十五代嫡孙，奏请朝廷专主孟子祀事，明景泰三年（1452）又加封孟子五十六代孙孟希文为世袭翰林院五经博士，给予其管理孟子后裔的权力，并免除孟氏族人的差役。孟氏家族修家谱，定族规，划派分户，成为继孔氏以后，全中国同时也是世界上最为规范的家族之一。

孟姓位居中国姓氏人口的第八十四位，是人口较少的姓氏，但孟母三迁教子的事迹使孟氏后裔尤其重视教育，致使家族名人辈出，成为中国望族。九代孙孟卿西汉时传授儒家经典，弟子和门人开创后氏礼、大戴礼、小戴礼、庆氏礼和疏氏春秋，都被列为国家教科书，设立博士；儿子孟喜研究《周易》，开创“孟氏易”，弟子白光、崔牧，徒孙京房也都被立为太学博士。孟氏经学成为一时显学。

更难能可贵的是，孟氏后裔信守孟子思想。唐末时，四十代孙孟知祥割据两川，建立后蜀，蠲除苛捐杂税，安集流民，发展经济，安定一方，实践孟子的“仁政”思想。南宋时，四十八代孙孟琪祖孙五代抗战，灭金于蔡州，抗蒙于鄂川，体现了“威武不能屈”的大丈夫品格。明清旧军孟氏八大祥诚心经商，为富重仁，焚烧洋布，捐资赈灾，施医舍药，设立义学，开办书院，“一孟皆善”，展现了仁义礼智的道德。

“一位名人造就了一个优秀家族，但是大部分人对这个家族并没有多少了解，即使是孟子裔孙，对于家族历史也是知之甚少。当别人

问及家族情况，竟不知如何开口。”孟子七十二代孙孟宪良先生有感于此。

孟宪良先生喜欢研究学问，以弘扬中华民族优秀传统文化为己任，尤其是对于孟子文化传播具有强烈的使命感。他的儒学功底和文字功底深厚，多年来，始终坚守儒家文化，对孔子思想、孟子思想进行了深入透彻的研究，在对儒家文化的见解上有许多独到之处，其中不乏真知灼见。自他担任青岛孟子文化研究会会长以来，心怀家族，自觉担当，不辞辛苦，孜孜徒徒，经过不懈努力，终于完成了为孟姓家族编辑一本书的心愿。今日书成，可喜可贺，不仅惠及孟姓族人，也将惠及每一位读者。

《血脉—孟姓家书》中的“家书”不应理解为“烽火连三月，家书抵万金”中的“家信”，而应该作“孟家的书”理解。既然是孟姓自己的家书，作为孟姓子孙都应该收藏《血脉—孟姓家书》，不断地加以学习、研究、传扬，让它广为流传，造福家族。《血脉—孟姓家书》又是一本介绍孔孟学说、阐述孟子思想、孟子文化的读本，孟子的学说具有普世性，早已超越了一个家族、一个民族、一个国家的限制，成为世界文化遗产，从这个层面上说，孟子是全世界的孟子、全人类的孟子，《血脉—孟姓家书》一书，对于敬仰孟子、研究孟子学说的人来说将不无裨益。

宪良先生邀我作序，孔孟一家，理难推辞，所以略作数语，是为序。

孔祥林

中国孔庙保护协会名誉会长

世界儒学大会秘书处秘书长

2017 年 7 月 6 日

# 序　二

孟姓家族源远流长，根深枝茂，名人辈出。亚圣孟子以“仁”为核心的思想理论体系更是中华民族的文化瑰宝。族史之脉，文化积淀，镌刻着孟姓文化烙印，承载着孟姓智慧精神。做好孟姓族史的传承与共享，既是孟姓人寻根谒祖之需求，也是强宗固族之根基。

漫漫岁月、世风沿革，或自然或人为之故，青岛地区孟姓族史已珍为稀有，然欲探孟姓源流，难寻路径。有感于此，孟子第七十二代孙、青岛孟子文化研究会会长孟宪良宗亲编写了这本《血脉—孟姓家书》，追溯族史变迁、修补族谱支脉。家书力求简约系统，以便族人快速了解。本书文约事丰、通俗易懂，信手翻阅，家族概况了然于胸。庶几可凝聚“我是孟姓而自豪，孟姓以我为骄傲”之共识。

世上流传的孟姓族谱、孟姓文化书籍，卷帙浩繁、汗牛充栋，孟宪良宗亲编著的《血脉—孟姓家书》却另辟蹊径。本书特点突出，立足于文化视野和历史维度，对孟子文化、孟姓代表人物、孔孟学说、古代教育等做了全面解读。本书对青岛孟姓支派的研究，填补了孟姓后裔东迁青岛的历史空白，具有极高的史料价值，显得尤为珍贵。促使孟宪良宗亲动笔撰写此书的动机，源于一次迟到的祭祀亚圣孟子大典。2015 年夏，青岛即墨市的孟宪良、孟宪进兄弟俩与宗亲孟昭饪一道，第一次参加了邹城孟府的祭祖活动。此次邹城故里之行，虽然只有两天时间，却给孟宪良留下了终生难忘的印象。祭孟大典让孟宪良感受到了孟子文化的博大精深，目睹了声势浩大的祭祖盛况，他的内心激荡起身为孟子后裔的自豪与骄傲。

孟宪良是一名富有强烈家族使命感的孟姓宗亲。在邹城期间，他先后参加了孟母、孟子祭祀大典和全国孟姓家族续谱工作会议，如火如荼的孟姓家族续谱形势，让他既感到振奋，又感到压力和愧疚。对比之下，青岛的修谱工作远远落在全国之后。据考证，青岛地区以及东北三省的孟姓族人，很多源自即墨，而即墨的孟姓宗亲，确确实实源自邹城。但是由于历史原因和诸多人为因素，一直到 2015 年，青岛地区的孟姓族人也没有确切了解到自己与邹城孟姓家族的渊源关系，如果没有邹城之行，青岛孟姓人甚至不知道自己就是孟子的嫡系后裔。

正本清源方能实至名归，认祖归宗不忘桑梓故里。邹城归来之后，孟宪良深感责任重大、责无旁贷，自告奋勇地承担起续修青岛市孟姓族谱、传播孟子文化的重任。他不辞劳苦，几经努力，发起成立了青岛孟子文化研究会；他“三顾茅庐”请来了青岛市有影响力的孟姓宗亲，组建了青岛市续修孟姓族谱委员会；他苦涉史海，专心致志，埋头于孟姓文化、孟子研究，潜心写作，终于完成《血脉—孟姓家书》一书。该书汇聚了孟宪良宗亲的心血，从孟姓起源、字辈派户、历史典故、思想流派、孟姓名人等方面，多维度、系统性整理记述了孟姓族史，是一本鉴古知今的族史资料全本。

吾辈喜作族史序，续写华章看《家书》。冀望此书付梓面世，能够激发全体族人敦宗睦族、凝聚血亲意识，实现作者“薪火相传”“泽及千秋”的殷切意愿！

孟子思想研究会会长

孟子宗亲联谊会会长

2017 年 6 月 26 日

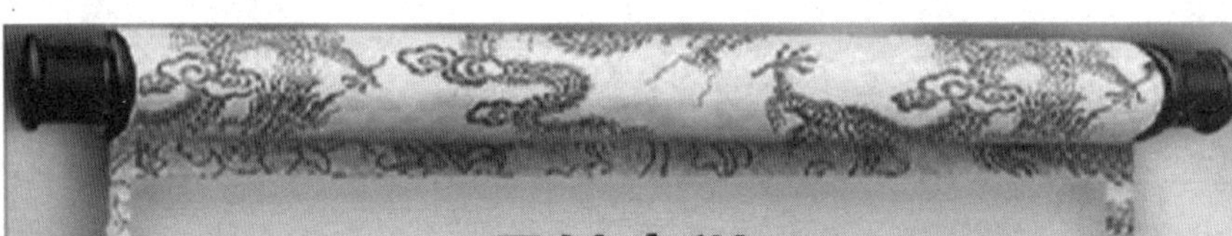

# 孟姓家训

## 一、敬　学

孟姓世家，亚圣之裔，孟母三迁，断机教子；
勤奋耕读，敬学尊师，德高品优，恒远学致；
博学慎思，勤勉励志，兴儒继学，诗书传世。

## 二、处　世

正直规矩，慎行谨言，诚信有道，得理谦和；
居功不傲，威武不屈，知荣守辱，人缘广聚；
受恩勿忘，施惠莫彰，厚德载福，仁爱传广。

## 三、齐　家

贫贱不移，富贵不淫，勤俭业旺，忠厚养馨；
父慈子孝，兄友弟恭，夫妻敬爱，婆媳和睦；
家洁衣整，收支积蓄，宗亲互助，子孙继延。

## 四、治　国

人和政通，民贵君轻，与时俱进，利惠百姓；
明德崇法，忠于职守，政得其民，忠爱无疆；
持恒修志，尊严做人，浩然正气，家国天下。

孟宪良整理

# 目 录

# 第一篇
# 孟姓起源与历史

# 一、孟姓寻源

## （一）黄帝·公孙·姬姓——周姓——鲁姓——孟姓

**黄帝**：姓公孙，生于寿丘（今曲阜），长于姬水（今陕西境内），又姓姬，即孟姓的四十一世祖。

**周姓得姓始祖**：源于姬姓，是黄帝的后裔，始姓古公亶父（即周太王）周文王姬昌的祖父，周武王姬发曾祖父，即孟姓的二十五世祖。

**鲁姓得姓始祖：**源于姬姓，周武王之弟，姬旦，即周公旦，周公旦之子伯禽于鲁国。鲁伯禽，即孟姓的二十一世祖。

**孟姓得姓始祖：**源于姬姓，名庆父，鲁桓公（姬允）的庶长子，是鲁国孟姓的得姓始祖，即孟姓的十三世祖。

# 孟姓的继衍图

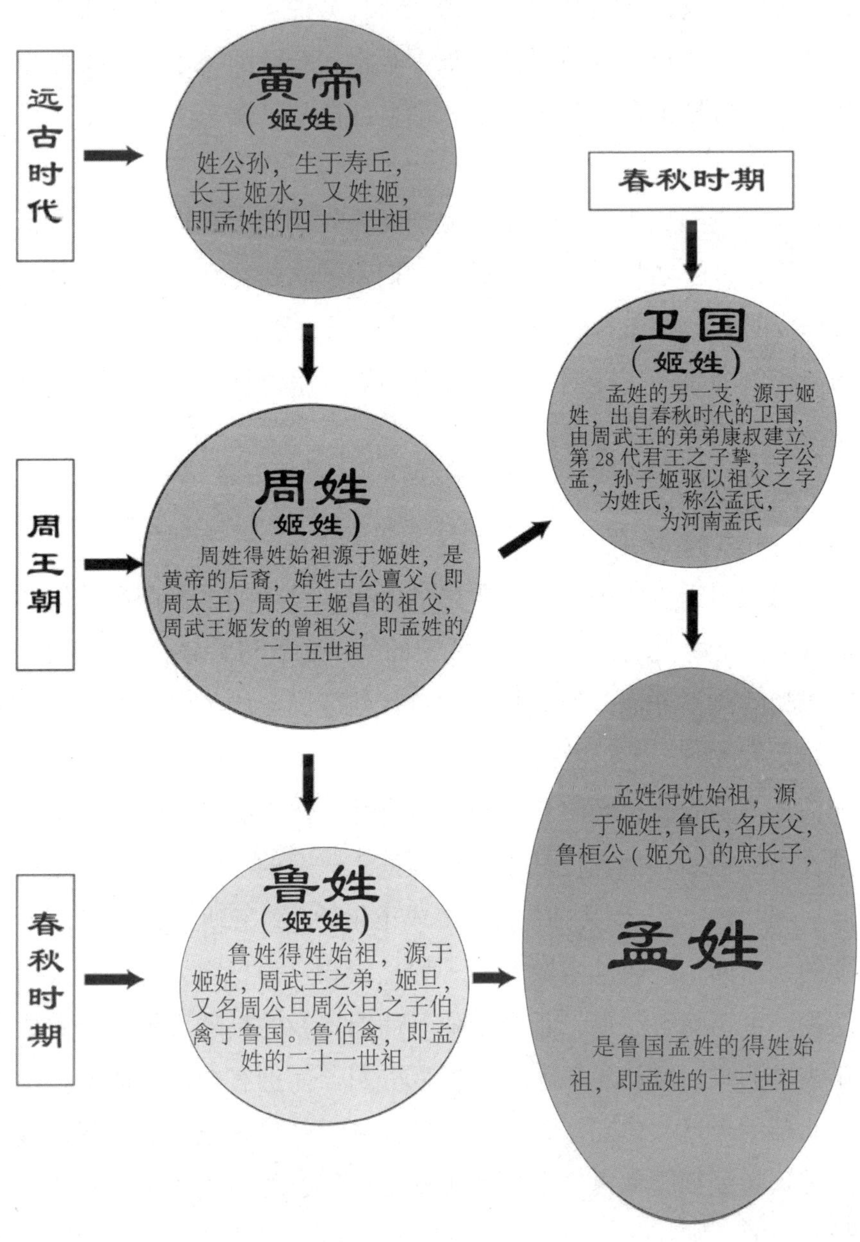

远古时代
黄帝
（姬姓）
姓公孙，生于寿丘，长于姬水，又姓姬，即孟姓的四十一世祖
周王朝
周姓
（姬姓）
周姓得姓始祖源于姬姓，是黄帝的后裔，始姓古公亶父（即周太王）周文王姬昌的祖父，周武王姬发的曾祖父，即孟姓的二十五世祖
春秋时期
鲁姓
（姬姓）
鲁姓得姓始祖，源于姬姓，周武王之弟，姬旦，又名周公旦周公旦之子伯禽于鲁国。鲁伯禽，即孟姓的二十一世祖
春秋时期
卫国
（姬姓）
孟姓的另一支，源于姬姓，出自春秋时代的卫国，由周武王的弟弟康叔建立，第28代君王之子挚，字公孟，孙子姬驱以祖父之字为姓氏，称公孟氏，为河南孟氏
孟姓得姓始祖，源于姬姓，鲁氏，名庆父，鲁桓公（姬允）的庶长子，
孟姓
是鲁国孟姓的得姓始祖，即孟姓的十三世祖

## （二）孟姓的先祖

孟姓的先祖出自黄帝。黄帝（前2717—前2599），古华夏部落联盟首领，中国远古时代华夏民族的共主，五帝之首。据说他是少典与附宝之子，黄帝姓公孙，生于寿丘（今曲阜），长于姬水（今陕西境内），又姓姬，居轩辕之丘，故号轩辕帝。黄帝以统一华夏部落与征服东夷、九黎族而统一中华的伟绩被载入史册。

黄帝及子少昊、曾孙帝誉中，分别是孟姓的四十一世祖、四十世祖和三十八世祖。帝誉之长子后稷是尧舜时期掌管农业之官，教民耕种，开创了种稷和麦的人，被誉为稷神或农神，是周朝的始祖，孟姓的三十七世祖。后稷的裔孙古公亶父（即周太王）为狄所逼，率领族人迁居至陕西岐山下的周原，其孙是周文王，曾孙周武王。

## （三）孟姓起源

孟姓家族出于鲁国姬姓，而鲁国的始祖便是周初大名鼎鼎的周公。周公姓姬名旦，是周文王的儿子，周武王的弟弟。周初大分封，周公封于鲁，但当时周朝廷离不开他，他的长子伯禽代他就国，成了鲁国的开国君主。姬伯禽亦是孟姓的二十一世祖。

在商末周初的社会剧烈变动中，周公是一位政治上的风云人物。

周文王去世后，他辅佐武王，在周武王灭商的过程中，一直是武王的得力助手。武王死后，他又辅佐成王，成王年幼，周王朝又新建，政局不稳，周王朝的统治面临严峻的考验。周公毅然摄政，为稳定人心，安抚内外，巩固统治，可谓呕心沥血。正由于他对西周王朝的卓越贡献，因此成为西周初年杰出的政治家和思想家，并得以受封，而拥有今山东西部、南部乃至江苏北部的土地，建立了鲁国，以辅佐周室。鲁国成为当时诸侯国中的重要封国，备受列国尊重。在这片土地上，周公的后代繁衍生息，孟氏家族就是其中的一支。

孟姓起源于鲁桓公的庶长子庆父。鲁桓公有四子，嫡长子太子姬同即鲁庄公继承鲁国国君；庶长子庆父又称共仲，其后代称仲孙氏，庶子之长又称“孟”，故又称孟孙氏；庶次子叔牙其后代称叔孙氏；嫡次子季友其后代称季孙氏。其子皆被鲁庄公封官为卿，后代亦形成了大家族。由于三家皆出自鲁桓公之后，所以被人们称为“三桓”。

庆父在诸子中排行老大，而“孟”字在次序里代表最大的，所以，庆父之孙改称孟孙氏。后来，孟孙氏又简化为孟氏。庆父以后世系如下：

穆伯（敖）—孟文伯（谷）—孟献子（蔑）—孟庄子（速）—孟孝伯（羯）—孟僖子（貜）—孟懿子（何忌）—孟武伯（彘）—孟敬子（捷）—孟敏—孟激—孟子。

其中孟文伯、孟献子、孟庄子三代是春秋时孟氏家族中最声名显赫的人物，他们为孟氏家族的建立、巩固和振兴做出了很大贡献。孟文子是庆父之孙，他处事谨慎小心，《国语·鲁语》载，鲁文公曾想迁孟文子之宅，被孟文子婉言拒绝了，人称其善守祖业。

从孟文伯开始，之后孟氏家族逐渐成为鲁国的世家望族。譬如孟献子历仕宣公、成公、襄公三朝，在鲁国的内政、外交中都有出色表现，襄公初年还曾一度执掌鲁政；孟献子以俭朴闻名于当时，而且还知人善任，求贤若渴，开后世养士之先例。

由于孟文子、孟献子、孟庄子三代人的努力及他们所取得的杰出成就，此时孟氏家族势力大振，鲁文公赏赐城地作为孟氏的世袭封邑。直到孟武伯时，孟氏开始走向衰落。虽然孟武伯也以尚武著称，但他为相时，不能很好地处理鲁国与邻国的关系，与鲁公及孟氏家族内部的关系也都变得相当紧张。孟武伯之后，孟氏家族的有关记载便逐渐从文献中消失了。

孟姓的另一支出自春秋时代的卫国。卫国由周武王的弟弟康叔建立，康叔，姓姬名封，也是姬姓的后代。据史料记载，卫灵公有位庶兄叫公孟絷，其子孙就以公孟为姓了。后来公孟简化为孟姓了。如上这两支孟氏从根源上讲都是同宗共祖，为周文王之后裔。

## （四）亚圣孟姓始祖

孟子（约前372—前289），名轲，邹国凫村人，是战国时期伟大的思想家、政治家和教育家，儒家学派的重要代表人物。孟子将孔子的学问、精神大加推崇，并继承和发展了孔儒学说，将儒学上升到了治国安邦的国学地位，被世人尊称为“亚圣”，与孔子并称“孔孟”。由于其对社会的贡献，历代朝廷对孟子的后裔都优待有加，孟姓家族也得以在孟子先祖的庇佑下发展壮大。从此，孟姓家族又恢复了往日的兴盛。由于孟子杰出的历史功绩和其对家族所做出的贡献，孟姓后裔尊孟子为孟姓始祖。

## （五）亚圣孟子大事年表

公元前372年，周烈王四年。

**孟子出生于**邹国之邹乡即邹县城北25里的凫村。

公元前370年，周烈王六年。

**孟子三岁：**孟子父亲孟激去世。

公元前369年，周烈王七年。

**孟子四岁：**孟母三迁始。

公元前364年，周显王五年。

**孟子九岁：**孟母携孟子三迁的故事在此前后。

公元前363年，周显王六年。

**孟子十岁：**孟母杀豚不欺子的故事在此前后。

公元前 358 年，周显王一年。

**孟子十五岁：**孟子受业于子思门人。孟母断机教子的故事在此前后。

公元前 354 年，周显王十五年。

**孟子十九岁：**孟子娶妻田氏。

公元前 350 年，周显王十九年。

**孟子二十三岁：**孟子欲休妻。

公元前 349 年，周显王二十年。

**孟子二十四岁：**孟子在邹。

公元前 347 年，周显王二十二年。

**孟子二十六岁：**孟子在邹，仲子出生。

公元前 346 年，周显王二十三年。

**孟子二十七岁：**孟子在邹。

公元前 343 年，周显王二十六年。

**孟子三十岁：**孟子在邹。

公元前 339 年，周显王三十年。

**孟子三十四岁：**孟子讲学于邹鲁之间。

公元前 337 年，周显王三十二年。

**孟子三十六岁：**招万章、公孙丑、曹交等弟子。

公元前 332 年，周显王三十七年。

**孟子四十一岁：**孟子在邹，答邹穆公问。

公元前 331 年，周显王三十八年。

**孟子四十二岁：**孟子居平陆。

公元前 330 年，周显王三十九年。

**孟子四十三岁：**孟子到任国，拜访季任。

公元前 329 年，周显王四十年。

**孟子四十四岁：**孟子首次至齐国，齐相诸子来见孟子。

公元前 328 年，周显王四十一年。

**孟子四十五岁：**孟子与告子辩论。

公元前 326 年，周显王四十三年。

**孟子四十七岁：**孟子见齐威王不采纳其“仁政”主张，遂离开齐国至宋国。孟子在宋与宋人勾践论游说之道。

公元前 325 年，周显王四十四年。

**孟子四十八岁：**孟子离开宋国，回到邹国。

公元前 324 年，周显王四十五年。

**孟子四十九岁：**孟子从邹国到滕国推行仁政。

公元前 323 年，周显王四十六年。

**孟子五十岁：**孟子在滕。

公元前 322 年，周显王四十七年。

**孟子五十一岁：**孟子离滕回邹。

公元前 321 年，周显王四十八年。

**孟子五十二岁：**孟子在邹。周显王卒。

公元前 319 年，周慎靓王二年。

**孟子五十四岁：**孟子与公孙丑论短丧。

公元前 318 年，周慎靓王三年。

**孟子五十五岁：**孟子在范遇齐王子。

孟子至齐，答齐宣王问。

孟子论“我四十不动心”。

孟子在齐为客卿。

孟子迎母仉氏就养于齐。

公元前 316 年，周慎靓王五年。

**孟子五十七岁：**孟子出吊滕文公。

公元前 315 年，周慎靓王六年。

**孟子五十八岁：**鲁平公欲见孟子，孟子返回齐国，与充虞论葬母。

齐宣王问孟子伐燕。

公元前 312 年，周赧王三年。

**孟子六十一岁：**燕人叛齐，齐宣王说“吾甚惭于孟子”。

孟子论“臣视君如寇仇”。

孟子与淳于髡辩论。

孟子辞官离开齐国。

孟子遇之于石丘。

公元前 311 年，周赧王四年。

**孟子六十二岁：**孟子去鲁，未遇鲁侯而返邹。

公元前 309 年，周赧王六年。

**孟子六十四岁：**孟子在滕，滕文公立孟子之滕馆于上官。

公元前 306 年，周赧王九年。

**孟子六十七岁：**自滕返邹。

公元前 305 年，周赧王十年。

**孟子六十八岁：**在邹著书、讲学。

公元前 300 年，周赧王十五年。

**孟子七十三岁：**鲁欲施乐正子为政，孟子闻之甚喜。

公元前 295 年，周赧王二十年。

**孟子七十八岁：**讲学于邹鲁间。

公元前 294 年，周赧王二ˆ一年。

**孟子七十九岁：**在邹著书、讲学。

公元前 292 年，周赧王二十三年。

**孟子八十一岁：**教学不辍。

公元前 291 年，周赧王二十四年。

**孟子八十二岁：**夫人田氏卒，下葬于邹城东北四基山麓。

公元前 290 年，周赧王二十五年。

**孟子八十三岁：**《孟子》约编撰于此时。

公元前 289 年，周赧王二十六年。

**孟子八十四岁：**孟子卒于周历正月十五日，即夏历十一月十五日，是日为冬至，邹人因哭孟子而废贺冬之礼，遂以成俗。

**（根据孟子世家、道光版孟子世家谱流寓莱州府即墨县族谱整理）**

## （六）亚圣孟姓世系溯源

1. 传疑时代

**四十三世祖：**伏羲。

**四十二世祖：**少典。

**四十一世祖：**黄帝。

**四十世祖：**玄嚣（即少昊）。

**三十九世祖：**蟜极。

**三十八世祖：**帝誉，帝誉的儿子在中国历史上是很有名的，他和元妃姜原生弃即后稷，弃是周朝的始祖；和次妃简狄生契，契是商朝的祖先；和次妃庆都生尧，尧是中国历史上有名的圣贤之君，五帝之一；和次妃常仪生了挚，挚继承了誉的帝位，九年后将帝位禅让给尧。

**三十七世祖：**后稷。

**三十六世祖：**不窜。

**三十五世祖：**鞠。

**三十四世祖：**公刘。

**三十三世祖：**庆节。

**三十二世祖：**皇仆。

**三十一世祖：**差弗。

**三十世祖：**毁险。

**二十九世祖：**公非。

**二十八世祖：**高圉。

**二十七世祖：**亚圉。

**二十六世祖：**公叔祖类。

2. 信史时代

**二十五世祖：**古公亶父，周太王。

**二十四世祖：**季历，周王季。

**二十三世祖：**周文王姬昌。

**二十二世祖：**周公姬旦。

**二十一世祖：**鲁伯禽（姬伯禽）。

**二十世祖：**鲁炀公。

**十九世祖：**鲁魏公。

**十八世祖：**鲁献公。

**十七世祖：**鲁武公。

**十六世祖：**鲁孝公。

**十五世祖：**鲁惠公。

**十四世祖：**鲁桓公。

**十三世祖：**庆父，共仲，鲁桓公之庶长子，初称仲孙氏，后改称孟孙氏、孟氏。

**十二世祖：**穆伯（敖）。

**十一世祖：**孟谷，孟文伯。

**十世祖：**孟蔑，孟献子。

**九世祖：**孟速，孟庄子。

**八世祖：**孟羯，孟孝伯。

**七世祖：**孟貜，孟僖子。

**六世祖：**孟何忌，孟懿子。

**五世祖：**孟彘，孟武伯。

**四世祖（曾祖父）：**孟捷，孟敬子。

**三世祖（祖父）：**孟敏。

**二世祖（父亲）：**孟激，字公宜，元延祐三年（1316）追封郝国公；配仉氏，仉氏是生育孟子的孟母，后被追封为郡国宣献夫人；明嘉靖九年（1530）配享启圣祠，称先贤；清雍正元年（1723）改祀崇圣祠。

**始祖亚圣一代：**孟子，即孟轲。

**亚圣二代（儿子）：**孟仲子，北宋政和五年（1115）追封“新泰伯”。

**亚圣三代（孙子）：**孟睪，邹之处士，隐居不仕，好静、多智虑，容貌俊仪，通五经，美词章。

**亚圣四代（曾孙）：**孟寓，朝召不受，性忠厚淳朴，不骄侮人，善于与人交往，治家有道。

**亚圣五代（玄孙）：** 孟舒，字子怀，汉高祖时封云中牧。

**亚圣六代孙：** 孟之后，隐居不仕。

**亚圣七代孙：** 孟昭，汉朝博士，博览经史，文贯古今。

**亚圣八代孙：** 孟但，汉武帝时太子门大夫，精易道。

**亚圣九代孙：** 孟卿，汉朝淮阳太守、太傅。

**亚圣十代孙：** 孟喜，字长卿，汉宣帝时举孝廉，仕至郎官。

**亚圣十一代孙：** 孟镃，抱道不仕，主奉祀事。

**亚圣十二代孙：** 孟兴，汉朝尚书郎。

**亚圣十三代孙：** 孟尝，字伯周，东汉和帝时举茂才，拜徐令、合浦太守。

**亚圣十四代孙：** 孟展，字君城，不仕。

**亚圣十五代孙：** 孟龇，东汉桓帝时为济阳太守，灵帝时转太常，后至熹平六年（177）拜太尉。

**亚圣十六代孙：** 孟敏，字叔达，东汉新郡太守；博学能文，有“荷甑堕地不顾”的故事。

**亚圣十七代孙：** 孟光，字孝裕，东汉灵帝后期为讲部史；蜀汉拜议郎、符节令、屯骑校尉、长鲁少府、大司农。

**亚圣十八代孙：** 孟康，字公休，曹魏明帝时为散骑侍郎，弘农太守，典农校尉，渤海太守，给事中，散骑常侍，中书令，封广陵亭侯。

**亚圣十九代孙：** 孟宗，字恭武，孙吴嘉禾末年为永宁令、右御史，宝鼎三年为司空；“二十四孝”之一，有“哭竹生笋”之事。

**亚圣二十代孙：** 孟揖，晋朝惠帝时为庐陵太守。

**亚圣二十一代孙：** 孟观，字叔时，晋朝惠帝时为殿中郎，后为黄门侍郎。

**亚圣二十二代孙：** 孟嘉，字万年，晋朝安西大将军长史，江州别驾，性无苟合，言无夸矜，为时所重。

**亚圣二十三代孙：** 孟怀玉，晋安帝时封鄱阳县侯，后为阳丰县令，任江州刺史、南中郎将。

**亚圣二十四代孙：** 孟表，字武达，曾为南齐马头太守；北魏孝文帝时为辅国大将军、南兖州刺史、豫州刺史，因功封汶阳县伯，散骑常侍、光禄大夫、平西大将军。

**亚圣二十五代孙：**孟斌，北魏孝文帝时为右丞相。

**亚圣二十六代孙：**孟威，字能重，北魏平北大将军、光禄大夫、骠骑大将军、左光禄大夫。

**亚圣二十七代孙：**孟恂，字修仁，北魏永熙末年为东州太守；后周文帝举为太子少师、太子太傅、车骑大将军。

**亚圣二十八代孙：**孟儒，字敬业，北魏彭城王韶典；北齐文宣帝除中书舍人。累迁东郡太守、广平太守、太中大夫、卫将军。

**亚圣二十九代孙：**孟景，隋炀帝时为鹰扬将军。

**亚圣三十代孙：**孟善谊，隋朝河内通守。

**亚圣三十一代孙：**孟诜，唐高宗时擢进士第，累迁凤阁舍人。武后时为春宫侍郎、相王召为侍读、拜同州刺史。

**亚圣三十二代孙：**孟大融，唐玄宗屡召不仕，后隐居于王屋山。

**亚圣三十三代孙：**孟浩然，少好节义，喜济人患难，工于诗；四十游京师，唐玄宗诏咏其诗，至"不才明主弃"之语，玄宗谓："卿自不求仕，朕未尝弃卿，奈何诬我？"因放还未仕，后隐居鹿门山，著诗二百余首。

**亚圣三十四代孙：**孟云卿，字宜甫，唐肃宗时为校书郎，与诗人杜甫善交。（弟孟庭玲，孟庭玲子孟郊，孟郊子孟常谦）

**亚圣三十五代孙：**孟简，字几道，唐德宗时举进士，迁仓部员外郎、元和中拜谏仪大夫，初为常州刺史，后累迁户部尚书、御史中丞、山南道节度使。

**亚圣三十六代孙：**孟常谦，唐德宗时为安州（湖北安陆）刺史、侍御史、安州防御兵马使。

**亚圣三十七代孙：**孟遵庆，旨召不仕。

**亚圣三十八代孙：**孟踣，唐元和末旨召不仕。韩文公云：年甚少，礼法娴。手持文一编甚钳。退披其编以读之，尽其书无有不能。其所与友尽善之。

**亚圣三十九代孙：**孟方立，唐朝末年昭义节度留守。

**亚圣四十代孙：**孟承诲，后晋太府卿。

**亚圣四十一代孙：**孟汉卿，后周左羽林大将军。

**亚圣四十二代孙：**孟贯，不仕，工于诗词，主奉祀事。

**亚圣四十三代孙：**孟昶，隐居不仕，主奉祀事。

**亚圣四十四代孙：**孟公济，少励高行，不乐仕进，避契丹之乱，藏谱于屋壁，隐居东山而终。

（注：从孟子到四十四代，皆按同治版《孟子世家谱》记述。之所以这样处理，是因为从孟子到第四十四代期间传承世系，不论是从正史记载，还是《三迁志》论述；不论是从《元和姓纂》一书阐述，还是相关墓志铭的出土，都反映出其间的父子传承有存疑）

**亚圣四十五代孙：**孟宁，宋仁宗景祐四年（1037）孔道辅守兖州，访得孟子墓在四基山之阳，又于凫村访得四十五代孟宁，推荐于朝，拜迪功郎、邹县主簿。率领族众，修编祖谱，主奉祀事。至此家事复兴，无废缺现象。孟氏后裔尊为中兴祖，附祀故里祠。生二子：孟存、孟坚。

**亚圣四十六代孙：**孟存，主奉祀事，生二子：孟况、孟海。

**亚圣四十七代孙：**孟况，宋朝鱼城教谕，主奉祀事。

**亚圣四十八代孙：**孟彬，宋朝临沂县主簿，主奉祀事，生二子：孟澄、孟沂。

**亚圣四十九代孙：**孟澄，仕为滕县尹，主奉祀事。

**亚圣五十代孙：**孟德成，居滕，刘庄（今微山县南羊庄）元太宗时复其家；仕峰州知州，为族长，主奉祀事，生三子：孟述祖、孟光祖、孟荣祖。

**亚圣五十一代孙：**孟述祖，主奉祀事，生四子：孟惟清、孟惟忠、孟惟敬、孟惟信。

**亚圣五十二代孙：**孟惟清，主奉祀事。

**亚圣五十三代孙：**孟之平，主奉祀事，生三子：孟思春、孟思温、孟思润。

**亚圣五十四代孙：**孟思春，主奉祀事。

**亚圣五十五代孙：**孟克刚，主奉祀事，无嗣。

**亚圣五十六代孙：**孟希文，字士焕，他是孟子四十五代孙孟宁次子孟坚的第九代孙孟克仁的长子，明景泰三年（1452）授世袭翰林院五经博士，主奉祀事；孟氏授世职自此开始。

**亚圣五十七代孙：**孟元，字长伯，1489 年承袭世职，其侄孟公紫

1533 年承袭世职。

**亚圣五十八代孙：**孟公綮，字先文，是孟元的弟弟孟亨的儿子，1523 年代袭世职。

**亚圣五十九代孙：**孟彦璞，字朝玺，1567 年承袭世职。

**亚圣六十代孙：**孟承光，字永观，1601 年承袭世职，长子孟宏略（其子孟闻玉）。

**亚圣六十一代孙：**孟宏誉，字振扬，1623 年代袭世职；孟闻玉长大后即让职，朝廷改封孟宏誉为锦衣卫千户。

（孟宏誉，生一子孟闻玺，孟闻玺生孟贞仁）

**亚圣六十二代孙：**孟闻玉，字尤甫，明崇祯二年（1629 年）承袭世职，主奉祀事。（早卒，无子，由孟闻玺子孟贞仁袭承世职）

**亚圣六十三代孙：**孟贞仁，字静若，清顺治元年（1644 年）承袭世职，主奉祀事。

**亚圣六十四代孙：**孟尚桂，字播馨，清康熙五十五年（1716 年）承袭世职，主奉祀事。

**亚圣六十五代孙：**孟衍泰，字懋东，清康熙五十九年（1720 年）承袭世职，主奉祀事。

**亚圣六十六代孙：**孟兴说，字起辉，于乾隆五年（1740 年）早卒，未承袭世职。

**亚圣六十七代孙：**孟毓瀚，字钟北，清乾隆十六年（1751）承桃大宗，承袭世职，主奉祀事。

（注：孟毓瀚无子，由孟兴铳的二弟孟兴铮的孙子，孟毓潔的儿子孟传槌为继承人）

**亚圣六十八代孙：**孟传槌，字国模，乾隆四十五年（1780）承桃大宗，承袭世职，主奉祀事。

**亚圣六十九代孙：**孟继娘，字体耀，嘉庆二十五年（1820）承袭世职，主奉祀事。并于道光四年（1824）主修《孟子世家谱》。

**亚圣七十代孙：**孟广均，字京华，乙酉科举拔贡，戊子科举人。于道光十二年（1832）承袭世职，主奉祀事；钦加主事衔，晋员外郎；先后创建或修复了庙、府、林、孟母断机堂及庙户营三迁祠等古建筑群，并支持修纂了《重纂三迁志》《孟子世家谱》，为我们今天能看到孟庙、孟府之完整面貌，以及参考研究孟氏家族的兴衰成败、沿革变迁等方面资料，均做出了重大贡献。

**亚圣七十一代孙：** 孟昭铃，字伯衡，四氏学廪生，同治十三年（1874）承袭世职，主奉祀事。

**亚圣七十二代孙：** 孟宪泗，字法鲁，光绪年间承袭世职，主奉祀事，生三子：孟庆桓、孟庆榕、孟庆棠。

**亚圣七十三代孙：** 孟庆桓，字颂武，因早卒，未能承袭世职，由弟孟庆棠（字泽南）于光绪二十年（1894）代袭世职；至光绪三十一年（1905）正式承袭；民国二十四年（1935）由"世袭翰林院五经博士"改称为"亚圣奉祀官"。子二：孟繁骥、孟繁骒。

**亚圣七十四代孙：** 孟繁骥，字雪生，1939 年承袭亚圣奉祀官；生三子：孟祥协、孟祥肃、孟祥孚。1949 年至台湾，1990 年于台湾病逝。

**亚圣七十五代孙：** 孟祥协，1990 年接任父职"亚圣奉祀官"，居台湾，2015 年于台湾去世。孟祥协未婚无子，由弟孟祥肃之子孟令继继承世职。

**亚圣七十六代孙：** 孟令继，现居台湾，2015 年 4 月 29 日首回邹城带领海内外孟氏子孙敬祭孟母和亚圣孟子。生子二：孟德睿、孟德缙。

## （七）孟姓先祖们的荣耀

孟姓氏族是中国最荣耀的世族之一，他们在中华民族近五千年的发展过程中做出了杰出的贡献，从始祖孟子到黄帝的四十一世祖中，涌现出五位帝王、八位国君、十位卿相和一位圣人。孟姓的四十一世祖是中华民族的共主黄帝，其子少昊、曾孙帝誉三

周文王

代帝王，共执掌国家权力250余年。

第二十三世祖周文王，姬姓名昌，是周朝的奠基者，在位50年，是中国历史上的一代明君。

周公旦

孟姓的二十二世祖，周公旦，姬代执掌鲁国时间跨越350年。

孟姓的（得姓祖）十三世祖庆父，是鲁国的上卿（相当于宰相）鲁桓公的庶长子；鲁桓公的后代孟孙氏、叔姓名旦，周朝立国五年后周武王去世，成王年幼，辅佐成王摄政七年（相当于帝王）。

孟姓的二十一世祖鲁伯禽，姬姓名禽，周文王姬昌之孙，周公旦长子，周武王姬发之侄，周朝诸侯国鲁国第一任国君，其后的子孙孟姓的二十世祖鲁炀公，十九世祖鲁魏公，十八世祖鲁献公，十七世祖鲁武公，十六世祖鲁孝公，十五世祖鲁惠公，十四世祖鲁桓公，都是鲁国的国君，八孙氏、季孙氏，皆被鲁庄公奉官为卿，被称为“三桓”，他们在政治上互相支持，联合执政辅佐鲁国国君。十二世祖穆伯（敖），十一世祖孟谷，孟文伯，十世祖孟蔑，孟献子，九世祖孟速，孟庄子，八世祖孟羯，孟孝伯，七世祖孟獲，孟僖子，六世祖孟何忌，孟懿了，五世祖孟彘，孟武伯，四世祖孟捷，孟敬子，共十代都是鲁国的卿（相当于丞相或宰相），执掌朝政大约跨越250年。

孟姓始祖孟子（一世祖），孟轲，是中国儒家文化的代表人物，被誉为“亚圣”。

三十七世祖后稷，姬姓名弃，是中国农耕经济的创始人，对中国农业生产的发展做出了杰出贡献。

后稷教民种田图

# 二、亚圣孟姓（氏）行辈、派、户及人口迁徙

## （一）亚圣孟子后裔的孟姓行辈

孟姓按行辈起名始于宋朝末年，孟姓自孟子到孟宁，没有固定代序辈分。从五十代起，孟姓族人开始有意识地在同辈兄弟取名时采用同一个字来表明代序，也便于识别、记忆。从五十代到五十五代行辈字分别为：德、祖、惟、之、思、克。但要求并不严格，特别是经过元、明易代之乱，族人四散流徙，给子孙取名时也就没有遵循此规矩。

孟子后人正式订出行辈是在明朝。朱元璋于明洪武年间（1368—1398年）御赐孔孟后人十个辈字：

希、言、公、彦、承、弘、闻、贞、尚、胤。

（后清代为避帝讳，将弘改为宏，胤改为衍）

清乾隆五年（1740）御赐十字：

兴毓传继广，昭宪庆繁祥。

道光十九年（1839）御赐十字：

令德维垂佑，钦绍念显扬。

民国九年（1920）北洋政府批准二十字：

“建道敦安定，懋修肇彝常，裕文焕景瑞，永锡世绪昌。”

注：“祖”字辈在名后，如：孟述祖、孟琇祖等。

孟府一瞥

## （二）辈分及代序

孟姓行辈从五十代开始

| 德 | 祖 | 惟 | 之 | 思 | 克 | |
|---|---|---|---|---|---|---|
| 50代 | 51代 | 52代 | 53代 | 54代 | 55代 | |
| | 希 | 言 | 公 | 彦 | 承 | |
| | 56代 | 57代 | 58代 | 59代 | 60代 | |
| | 宏 | 闻 | 贞 | 尚 | 衍 | |
| | 61代 | 62代 | 63代 | 64代 | 65代 | |
| | 兴 | 锍 | 传 | 继 | 广 | |
| | 66代 | 67代 | 68代 | 69代 | 70代 | |
| | 昭 | 宪 | 庆 | 繁 | 祥 | |
| | 71代 | 72代 | 73代 | 74代 | 75代 | |
| | 令 | 德 | 维 | 垂 | 佑 | |
| | 76代 | 77代 | 78代 | 79代 | 80代 | |
| | 钦 | 绍 | 念 | 显 | 扬 | |
| | 81代 | 82代 | 83代 | 84代 | 85代 | |
| | 建 | 道 | 敦 | 安 | 定 | |
| | 86代 | 87代 | 88代 | 89代 | 90代 | |
| | 懋 | 修 | 肇 | 彝 | 常 | |
| | 91代 | 92代 | 93代 | 94代 | 95代 | |
| | 裕 | 文 | 焕 | 景 | 瑞 | |
| | 96代 | 97代 | 98代 | 99代 | 100代 | |
| | 永 | 锡 | 世 | 绪 | 昌 | |
| | 101代 | 102代 | 103代 | 104代 | 105代 | |

亚圣后裔依世次按辈字命名，乃皇帝御赐，祖宗所定之家法，世族所立之规矩，孟氏后人务必严格遵守。

孟姓族谱要求族人严格遵照字辈起名，否则不能入谱，只作“外孟”处理。明代以来，孟氏族人遵从族规，十分讲究上下尊卑关系。平时孟氏族人见面，总要询问对方是“哪一辈的”“多少代的”，就是指系孟子的多少代孙。孟氏族人对此都十分重视。

## 孟姓行辈吉字释义（五十六字辈）

| 代次 | 50 | 51 | 52 | 53 | 54 | 55 |
|---|---|---|---|---|---|---|
| 行辈 | 德 | 祖 | 惟 | 之 | 思 | 克 |

| 代次 | 56 | 57 | 58 | 59 | 60 | 61 | 62 | 63 | 64 | 65 |
|---|---|---|---|---|---|---|---|---|---|---|
| 行辈 | 希 | 言 | 公 | 彦 | 承 | 宏 | 闻 | 贞 | 尚 | 衍 |
| 释义 | 盼望 | 学问 | 公平 | 才学 | 继续 | 广大 | 名望 | 坚定 | 高尚 | 延长 |
| 训字 | 士 | 伯 | 文 | 朝 | 永 | 以 | 质 | 用 | 之 | 懋 |

| 代次 | 66 | 67 | 68 | 69 | 70 | 71 | 72 | 73 | 74 | 75 |
|---|---|---|---|---|---|---|---|---|---|---|
| 行辈 | 兴 | 毓 | 传 | 继 | 广 | 昭 | 宪 | 庆 | 繁 | 祥 |
| 释义 | 旺盛 | 教育 | 转授 | 连续 | 扩大 | 光明 | 法令 | 吉庆 | 繁荣 | 祥和 |
| 训字 | 起 | 钟 | 振 | 体 | 京 | 显 | 法 | 泽 | 羽 | 瑞 |

| 代次 | 76 | 77 | 78 | 79 | 80 | 81 | 82 | 83 | 84 | 85 |
|---|---|---|---|---|---|---|---|---|---|---|
| 行辈 | 令 | 德 | 维 | 垂 | 佑 | 钦 | 绍 | 念 | 显 | 扬 |
| 释义 | 美好 | 道德 | 维护 | 垂念 | 辅助 | 恭敬 | 接续 | 惦记 | 表现 | 发扬 |
| 训字 | 至 | 道 | 若 | 长 | 绵 | 佩 | 久 | 存 | 裕 | 志 |

| 代次 | 86 | 87 | 88 | 89 | 90 | 91 | 92 | 93 | 94 | 95 |
|---|---|---|---|---|---|---|---|---|---|---|
| 行辈 | 建 | 道 | 敦 | 安 | 定 | 懋 | 修 | 肇 | 彝 | 常 |
| 释义 | 设立 | 道理 | 厚道 | 平静 | 安定 | 盛大 | 完美 | 开始 | 法度 | 长久 |
| 训字 |  |  |  |  |  |  |  |  |  |  |

| 代次 | 96 | 97 | 98 | 99 | 100 | 101 | 102 | 103 | 104 | 105 |
|---|---|---|---|---|---|---|---|---|---|---|
| 行辈 | 裕 | 文 | 焕 | 景 | 瑞 | 永 | 锡 | 世 | 绪 | 昌 |
| 释义 | 丰富 | 文明 | 光明 | 景仰 | 祥瑞 | 永久 | 赏赐 | 世代 | 事业 | 兴旺 |
| 训字 |  |  |  |  |  |  |  |  |  |  |

## （三）亚圣孟子的嫡系支脉

孟姓自战国时期孟轲到现在（2018），七十六代孟令继主支直系的两千三百九十年，共生子孙一百四十人，其中有四十五代是单传，二十五代生子九十五人，另有主支六代无子移支。

一世祖孟轲至以后的二十代均为单传，他们是孟轲—孟仲子—孟 睪—孟寓—孟舒—孟之后—孟昭—孟但—孟卿—孟喜—孟鐵—孟兴—孟尝—孟展—孟有或—孟敏—孟光—孟康—孟宗—孟揖—孟观。孟观即为孟轲的第二十一代孙；孟观生二子：长子孟嘉、次子孟陋；孟嘉又生二子：长子孟怀玉、次子孟龙符，他们是孟轲的第二十三代孙。

从孟怀玉以下十代，即孟轲的第三十三代孙又均为单传，即孟怀玉—孟表—孟斌—孟威—孟恂—孟儒—孟景—孟善谊—孟诜—孟大融—孟浩然。孟浩然是唐代大诗人，他是孟轲的第三十三代孙；孟浩然生了两个儿子：长子孟云卿、次子孟庭玲；孟云卿生二子：长子孟简、次子孟华，他们是孟轲的第三十五代孙，但孟简、孟华均无后代，所以把孟庭玲的孙子孟郊（唐代大诗人）之子孟常谦作为孟轲的第三十六代继承人；孟常谦生二子：长子孟遵庆、次子孟元阳；孟遵庆生一子：孟踣；孟踣生二子：长子孟方立、次子孟方迁，他们是孟轲的第三十九代孙。

从第三十九代至第四十五代均为单传，他们是孟方立—孟承诲—孟汉卿—孟贯—孟昶—孟公济—孟宁。

（注：从孟子到第四十四代期间传承世系，不论是从正史记载，还是《三迁志》论述；不论是从《元和姓纂》一书阐述，还是相关墓志铭的出土，都反映出其间的父子传承有存疑，《孟子与孟氏宗族》一书也未能做出确定性的结论）

宋朝仁宗年间，从四十五代中兴祖孟宁，孟宁生二子：长子孟存、次子孟坚；孟存生二子：长子孟况、次子孟海；孟况生一子孟彬；孟彬生二子：长子孟澄、次子孟沂；孟澄生一子孟德成；孟德成生三子：孟述祖、孟光祖、孟荣祖；孟述祖是孟子的第五十一代孙，生四子：孟惟清、孟惟忠、孟惟敬、孟惟信；孟惟清生孟之平；孟之平生三子：长子孟思春、次子孟思温、二子孟思润；孟思春生孟克刚，孟克刚是孟轲的第五十五代孙；孟克刚无子，又以四十五代孟宁次子孟坚的第九代孙孟克仁的长子孟希文为继承人，因而孟希文则为孟轲的第五十六代传人。

从第五十七代起人丁兴旺，孟希文生四子：长子孟元、次子孟亨、三子孟利、四子孟贞；孟元生一子孟公緊，孟公紫为五十八代继承人，生十子：长子孟彦璞、次子孟彦堀、三子孟彦璋、四子孟彦璃、五子孟彦玮、六子孟彦琳、七子孟彦环、八子孟彦瑙、九子孟彦珍、十子孟彦瑚；孟彦璞生二子：长子孟承光，次子孟承恩；孟承光生七子：长子孟宏略、次子孟宏誉、三子孟宏含、四子孟宏谋、五子孟宏志、六子孟宏德、七子孟宏亮；孟宏略生孟闻玉，明朝天启二年（1622 年），孟宏略死于战事，孟闻玉年幼，于是改由孟宏略的弟弟孟宏誉为六十一代传承人，后孟闻玉长大为六十二代传承人，孟闻玉早卒无子；由孟闻玺的儿子孟贞仁为六十三代继承人；孟贞仁生八子：长子孟尚桂、次子孟尚质、二子孟尚文、四子孟尚琏、五子孟尚珂、六子孟尚瑾、七子孟尚瞰、八子孟尚巩；孟尚桂为六十四代继承人，生九子：长子孟衍泰、次子孟衍岱、三子孟衍岳、四子孟衍峰、五子孟衍峻、六子孟衍恒、七子孟衍岐、八子孟衍长、九子孟衍久；孟衍泰为六十五代传承人，生七子：长子孟兴铢、次子孟兴车享、三子孟兴钎、四子孟兴车吴、五子孟兴车奇、六子孟兴钠、七子孟兴车圭；孟兴铢是孟轲的第六十六代孙，这时已是清康熙年间；孟兴铳生孟毓瀚，孟毓瀚无子，由孟兴铳的二弟孟兴尊的孙子孟毓潔的儿子孟传槌为继承人，他是孟轲的第六十八代孙，孟传槌生四子：长子孟继娘、次子孟继炽、三子孟继姚、四子孟继焯；孟继娘生孟广均为孟子的七十代继承人，孟广均生四子：长子孟昭铃、次子孟昭钤、三子孟昭雒、四子孟昭镭；孟昭铃生四子：长子孟宪泗、次子孟宪洙、三子孟宪潔、四子孟宪济；孟宪泗生三子：长子孟庆桓、次子孟庆榕、三子孟庆棠；因孟庆桓、孟庆榕均无子，由七十三代孟庆棠之子孟繁骥为孟轲第七十四代传人，生三子：长子孟祥协、次子孟祥肃、三子孟祥孚。孟繁骥于 1949 年至台湾，七十五代孙孟祥协，未婚无子；由七十五代孟祥肃之子孟令继为孟轲的七十六代孙，孟令继生二子：长子孟德睿、次子孟德缙；现居台湾。（详见孟子嫡裔相承图）

## 亚圣孟子嫡裔相承图

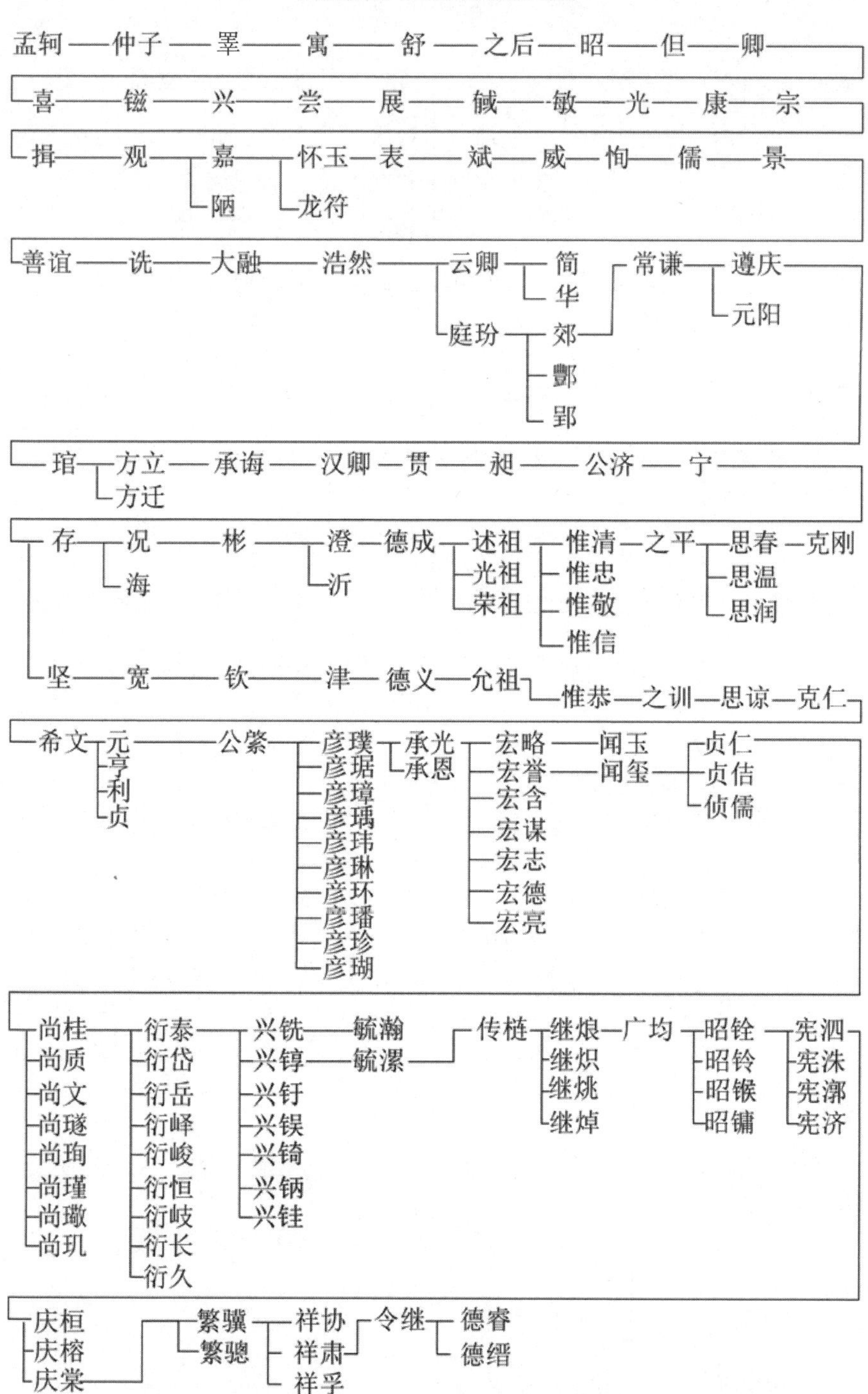

孟轲—仲子—睪—寓—舒—之后—昭—但—卿
喜—镃—兴—尝—展—緎—敏—光—康—宗
揖—观—嘉—怀玉—表—斌—威—恂—儒—景
陋
龙符
善谊—诜—大融—浩然—云卿—简
华
庭玢—郊—常谦—遵庆
元阳
鄷
郢
琯—方立—承诲—汉卿—贯—昶—公济—宁
方迁
存—况—彬—澄—德成—述祖—惟清—之平—思春—克刚
海
沂
光祖
荣祖
惟忠
惟敬
惟信
思温
思润
坚—宽—钦—津—德义—允祖—惟恭—之训—思谅—克仁
希文—元—公綮—彦璞—承光—宏略—闻玉—贞仁
亨
利
贞
彦琚
彦璋
彦瑀
彦玮
彦琳
彦环
彦璠
彦珍
彦瑚
承恩
宏誉—闻玺—贞佶
宏含
宏谋
宏志
宏德
宏亮
侦儒
尚桂—衍泰—兴铣—毓瀚
尚质
尚文
尚璲
尚珣
尚瑾
尚璥
尚玑
衍岱
衍岳
衍峄
衍峻
衍恒
衍岐
衍长
衍久
兴镎—毓潔—传梿—继焿—广均—昭铨—宪泗
兴钎
兴锳
兴锜
兴钠
兴硅
继炽
继烑
继焯
昭钤
昭镲
昭镛
宪洙
宪滭
宪济
庆桓
庆榕
庆棠—繁骥—祥协
繁骢
祥肃—令继—德睿
德缙
祥孚

## 亚圣孟子嫡裔（孟宁以后）相承图

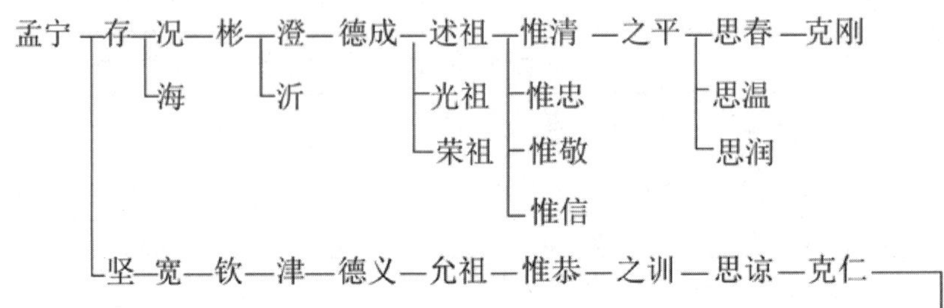


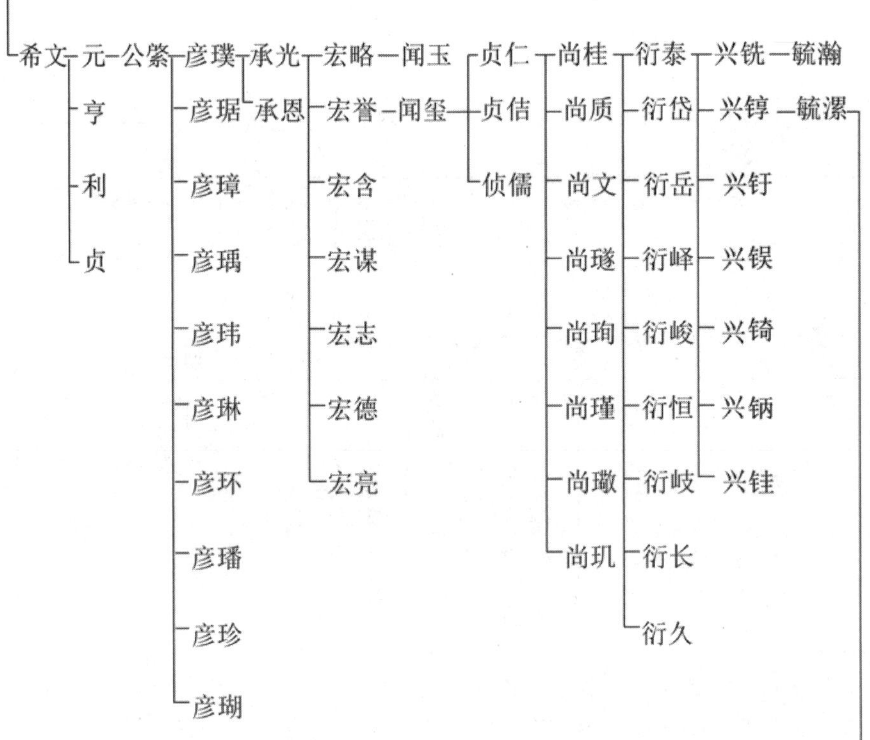


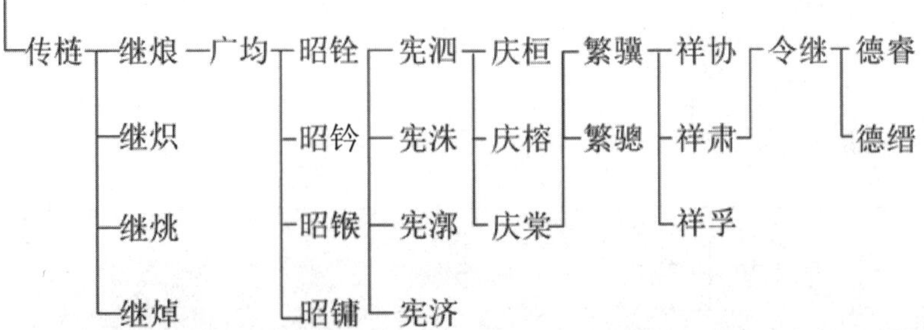

## （四）亚圣孟姓派、户的划分

孟姓家谱字辈排行汇编《孟子世家谱》明确记载了“分派以十一，别户以二十”，这“十一派”“二十户”的孟氏后裔，是孟子四十五代后裔的嫡传子孙。其中一派、八派至十一派和第一大宗户、第十六关南户至二十林前户是孟宁次子孟坚的后代；二派至七派和第二城西户至第十五临鞍户是孟宁长子孟存的后代。

孟子后裔自四十六代，即中兴祖孟宁的两个儿子，长子孟存，次子孟坚，经过九代的繁衍，到五十五代“克”字辈，共计有四十二人，但只有孟克仁、孟克诚、孟克昭、孟克威、孟克珏、孟克宽、孟克尹、孟克继、孟克绪、孟克缙、孟克纶这十一支有记载。这十一支即划分为十一派，按祖宗法制，以始祖的嫡长子为大宗，此时的嫡长子是中兴祖孟宁的次子孟坚的第七代孙孟之训（父亲是孟允祖的长子孟惟恭）的儿子孟思谅之子孟克仁为一派，中兴祖孟宁的长子孟存的七世孙孟之宏（父亲是孟述祖的二儿子孟惟忠）长子孟思言的长子孟克诚为二派，孟思言的次子孟克昭为三派，孟存的七世孙孟之玉、长子、长孙孟克威为四派，孟存的七世孙孟之玉的次子、孙孟克珏为五派，孟存的七世孙孟之秀、子孟思能的儿子孟克宽为六派，孟存的七世孙孟之谦、子孟思通的儿子孟克尹为七派；孟坚的七世孙孟之全、子孟思儒的长子孟克继为八派，次子孟克绪为九派，三子孟克缙为十派，四子孟克纶为十一派。

孟子后裔自“克”字辈传到五十六代“希”字辈，共计有三十三人，其中只有孟希文、孟希渊、孟希源、孟希升、孟希唤、孟希本、孟希胜、孟希誉、孟希钺、孟希政、孟希然、孟希浩、孟希鼎、孟希和、孟希松、孟希屏、孟希铃、孟希钟、孟希通、孟希达、孟希宽、孟希曼等二十二人有谱系；其他十一人无记载。这二十二人就划分为二十户，其中有一支为一户，也有一支分为二户、二户，并各自命名。

以四十五代孟宁的次子，四十六代孟坚的十世孙、始授翰林院五经博士的孟希文为第一大宗户；孟希文传孟元，孟元传孟公綮，孟公紫长子孟彦璞承袭世职为大宗户；将其他三子孟彦堀、孟彦璋、孟彦璠从大宗户分了出来，划分为第十六关南户；四十六代孟存的子孙、第二派孟克诚的二子孟希渊、孟希源，划为第二城西户；第三派孟克昭长子孟希升之长子孟遷为第三故里户；次子孟俊为第四故宅户；孟克昭之次子孟希唤之长子孟注为第五皃绎户；次子孟敏为第六西阁户；三子孟善为第七影堂户；第四派孟克威三子，长子孟希本之长子孟详为第八元庵户；次子孟训为第九山头户；三子孟聪为第十林东户；孟克威次子孟希胜为第十一龙渊户；三子孟希誉为第十二古彭户；第五派孟克珏之子孟希钺为第十三泗源户；第六派孟克宽之子孟希政为第十四大源户；第七派孟克尹之长子孟希然、次子孟希浩二支合为第十五临鞍户；四十六代孟坚的子孙、第八派孟克继之三子孟希鼎、孟希和、孟希松三支合为第十七基阳户；第九派孟克绪之三子孟希屏、孟希铃、孟希钟三支合为第十八家庙户；第十派孟克缙之长子孟希通、次子孟希达二支合为第十九潦源户；第十一派孟克纶之长子孟希宽、次子孟希曼二支合为第二十林前户。

为了加强各派各户族人的管理，孟氏家族的管理体系非常严谨，每户都有推选的户头、户举负责本户家族事务及续修支谱的人丁造册、登记等事宜，统计核实后上报宗府存档。各户有户头、户举，全族设族长和举事，以行使对全族的管理权。族长和举事是孟氏家族中除宗子外占有重要位置的两个职务，是代表宗子（世袭翰林院五经博士，后改奉祀官）处理族间一切事物的权威人士。至今，孟氏家族对自己的“派”“户”辈分依旧很重视，孟氏族人希望能够理清世系，摆正自己在家族中的位置。

亚圣孟姓家族管理体系图

**宗子**

(世袭翰林院五经博士后改奉祀官)

**族长** **举事**

(处理族间一切事物的权威人士,行使对全族的管理)

**户头** **户举**

(负责本家族事物及续修支谱和人丁造册)

## 孟氏十一派、二十户划分表

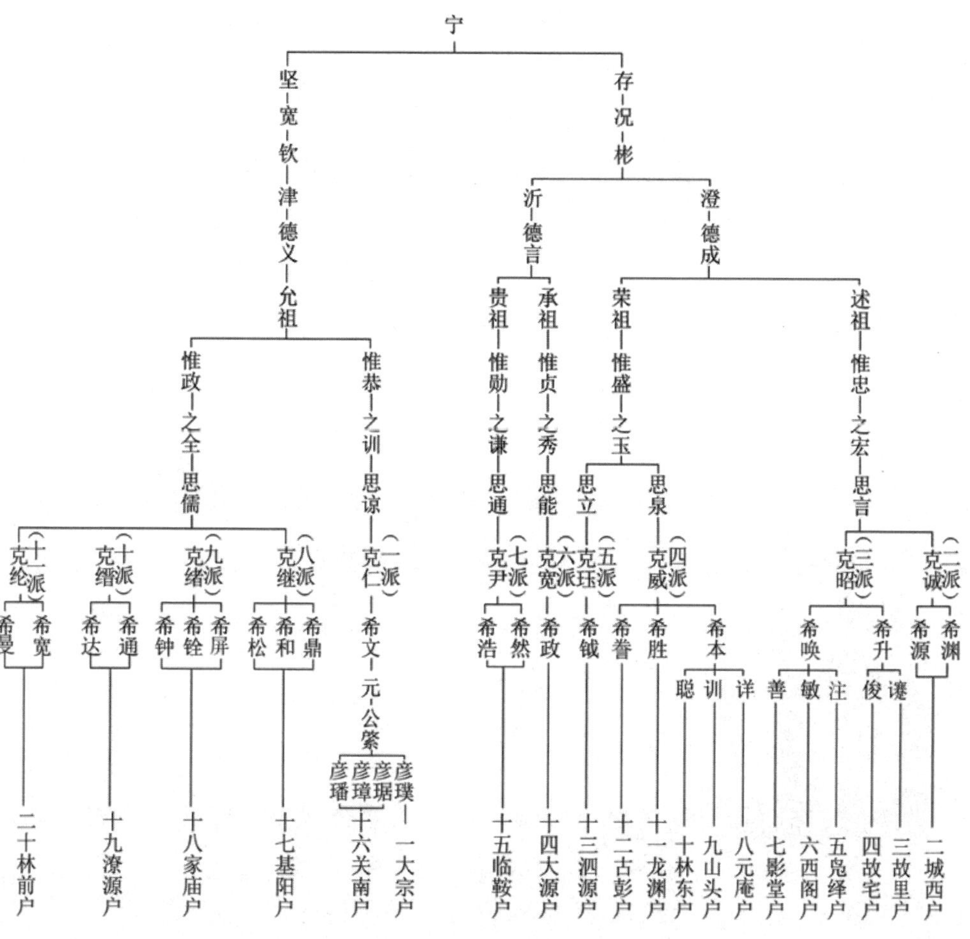

## （五）《孟子世家谱》同治谱中派、户、支名称释义

### 1. 派

（1）中兴祖孟宁传至五十五代，留居邹城者十一人，分为十一派。

（2）中兴祖孟宁前外迁者称派。

（3）中兴祖孟宁后至分十一派期间，外迁者中部分称派。

### 2. 户

十一派延续至五十六代（明代），居邹城、曲阜者分为二十户。

### 3. 支

中兴祖孟宁后外迁者，多数以地名建支。流寓山东省内各支派名称只冠县名，落居其他各省之支派加冠省名。

**摘自孟氏宗亲联谊会2016年3月《孟子世家谱》续修资料汇编**

**链接**

孟繁骥（亚圣74代嫡长孙、“繁”字辈），1907年出生于今山东邹城市。毕业于天津南开大学附属中学，后就读于山东大学。1939年承袭亚圣奉祀官。1945年离开邹县迁居南京，1949年携家去台湾。1968年在台成立孟氏宗亲会并任会长，先后被推选为台湾地区孔孟学会理事、邹县旅台同乡联谊会会长。1990年6月26日病逝于台湾。

## （六）《孟子世家谱》十一派、二十户及之外的嫡传子孙新考

孟子世家谱中的十一派、二十户是孟子四十五代孙孟宁的嫡传子 孙，但在分派、户前后流寓全国各地的嫡传子孙没有被列入派、户之 中，但他们同样是孟子的嫡传裔孙。

随着社会文明的进步和交通、信息的快速发展，在对各地、各版本《孟子世家谱》的研究中发现，近年来全国各地在续修家谱的过程中已发现 大批失传分支。根据各地的道光版、同治版、光绪版、民国版的支谱记载，第五十五代至第五十六代均与孟府“同治四年谱”记载有不符之处，据流寓全国各地的支谱记载，不完全统计五十五代“克”字辈至 少一百四十三人，同治四年（1865年）《孟子世家谱》仅记载四十二 人，有一百零一人未作记载；五十六代“希”字辈至少一百八十一 人，而《孟子世家谱》仅记载二十户二十二人，一百六十余人无记 载；有很多流寓各地的嫡传子孙没有列入《孟子世家谱》的派、户嫡传裔孙中。

**下列是孟宁长子孟存的嫡传裔孙，五十五代“克”字辈后代四十三人：**

克刚、克嵩、克贤、克鲁、克宗、克洪、克谐、克哲、克明、克从、克允、克文、克壁、克衍、克远、克横、克庄、克周、克温、克美、克治、克已、囿常、景阳、孟圭、孟显、孟璋、孟现、孟金、孟爱、景明、克孝、克明、克俗、克复、克益、克端、克当、克登、克恭、克达、克国、克和。

**五十六代“希”字辈后代四十八人：**

希源、希传、希世、希淖、希庆、希升、希拳、希防、希深、希守、希先、希某、希灵、希善、希调、希政、希道、希学、希尹、希贤、希岩、希敏、希增、希瑞、希吉、希陵、希贤、希铭、希铁、希钊、孟京、孟城、孟安、希伦、希仁、希常、希蛰、希时、希节、希官、希民、希知、希温、希荣、希义、希蕴、希周、希亮。

**孟宁次子孟坚的嫡传子孙，五十五代＂克＂字辈后代八十九人：**

克重、克中、克已、克利、克俗、克勉、少甫、克彰、子伦、孟彬、克良、克韶、克某、克勤、克俭、克谦、克修、克宁、克安、克二、克式、景祥、克福、克中、克礼、克信、克资、克宗、克文、克儒、克志、克贤、克先、克元、克哲、克良、克震、克迎、克程、克诚、克益、克德、克勇、克仁、克谕、克金、克习、克或、克某、克威、克敬、克信、克全、克斌、克贵、克荣、克宽、克绍、克祥、克兴、克让、克钎、克勤、克应、克通、克良、克斌、克恕、克作、克英、克杰、克忠、克悦、克庆、克善、克晏、克太、克钦、克顺、克忠、克义、士庸、士中、士友、友才、士峰、士通、士弘、士能。

**五十六代“希”字辈后代一百一十一人：**

希贤、希谧、希谧、希镐、孟贤、希文、希成、希绳、希某、希孔、希伦、希经、希书、希易、友强、希义、希礼、希智、希仁、希荣、希祥、希全、希苗、希鑫、希某、希瑜、希俊、希春、希景、希元、孟春、孟友、孟口、孟胜、孟全、希赵、希仁、希义、希礼、希智、希美、希孝、希举、希缙、希孝、希毅、希弟、希敬、希爱、希政、希赞、希谅、希锦、希甫、希英、希臣、希智、希勉、希祯、希源、希贤、希圭、希魁、希元、希先、希奇、希嘉、希天、希宗、希忠、希端、希安、希盛、希海、希水、希玉、希聪、希山、希升、希良、希哲、希岳、希惠、希逵、希晰、希铎、希孔、希邻、希信、希贤、希游、希龄、希明、希清、希圣、希贤、希太、希贤、孟踪、孟瑛、孟津、孟琅、孟璜、从德、孟原、孟谧、孟预、孟福、孟补、孟瑞、孟恩。

（此统计仅限于新发现各地谱书记载）

45代　46　47　48　49

- 孟宁
  - 孟存
    - 孟况
      - 孟彬
        - 孟澄①（后裔：二派、三派、鳌山支、四派、五派、河南睢县等）
        - 孟沂②（后裔：六派、江苏镇江、七派、滕州、济宁微山、峨山支、济南东、单县等）
    - 孟海
      - 孟兴——孟安③
      - 孟旺
  - 孟坚
    - 孟宽
      - 孟倚——孟在④（后裔：安徽淮南寿县、金乡、河北沧州等）
      - 孟润
        - 孟栋⑤
        - 孟材⑥（后裔：单县、东阿、河南永城、临沂兰山、连云港、赣榆、东平、济南长清等）
        - 孟松⑦（后裔：沂水县司马庄等）
      - 孟滋——孟昕⑧
      - 孟钦
        - 孟玉⑨
        - 孟津⑩（后裔：一派、郓城、梁山、八派、滕州、九派、邹城、十派、十一派、平邑、河南清丰、河南焦作、苏鲁边区（丕郷地区）等）
      - 孟均——孟礼⑪（后裔：安徽淮北支）
    - 孟仔
      - 孟琪
      - 孟顺
      - 孟燕
      - 孟显——纪光⑫（后裔：山西介休支）

中兴祖孟宁后裔世系新考分布图

## 您不在孟子世家谱中的十一派二十户，说不定您的支系 血脉黑孟子也会更加亲近

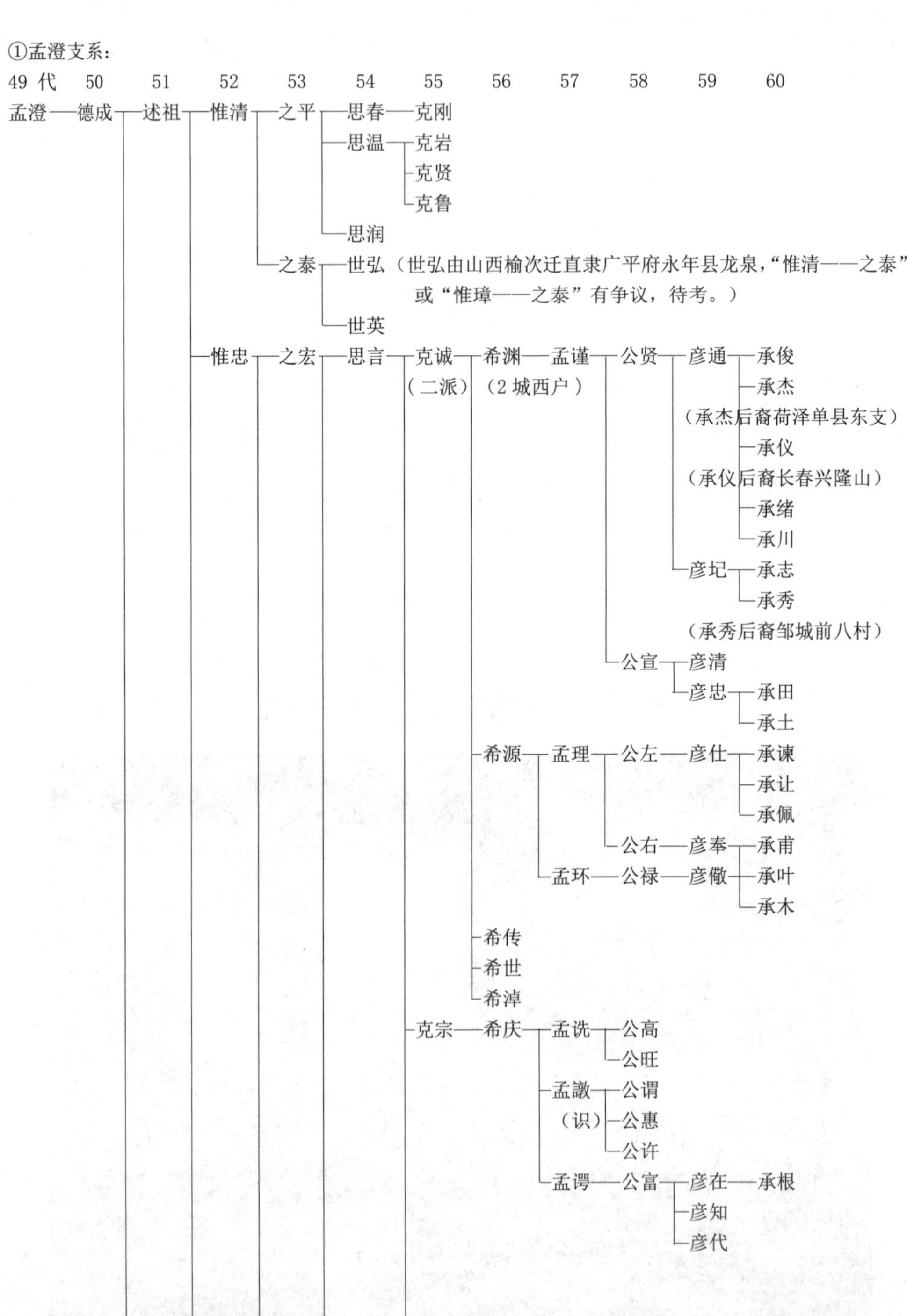

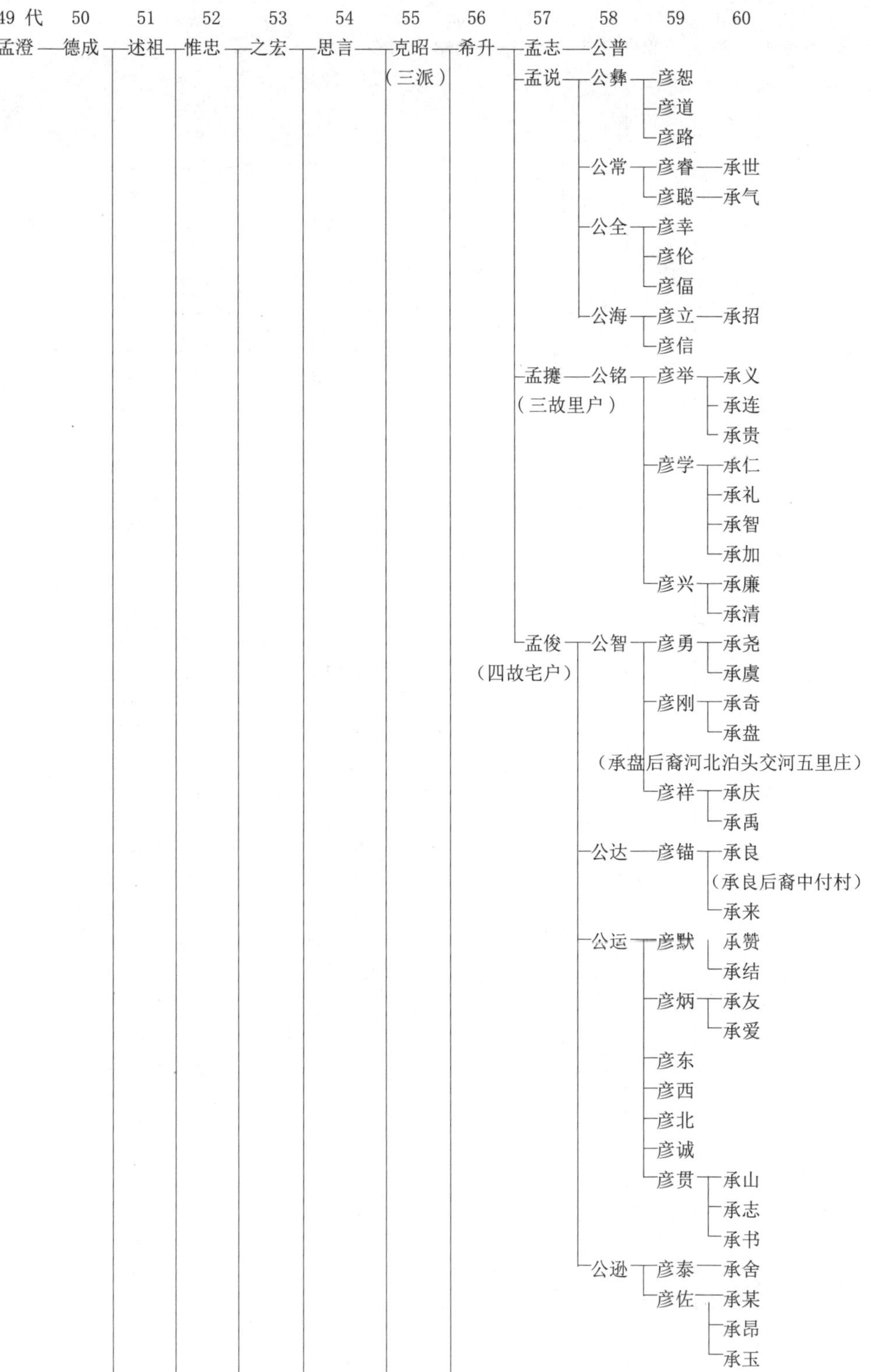

49 代 50 51 52 53 54 55 56 57 58 59 60
孟澄—德成—述祖—惟忠—之宏—思言—克昭—希升—孟志—公普
（三派）
孟说—公彝—彦恕
彦道
彦路
公常—彦睿—承世
彦聪—承气
公全—彦幸
彦伦
彦偪
公海—彦立—承招
彦信
孟攙—公铭—彦举—承义
（三故里户）
承连
承贵
彦学—承仁
承礼
承智
承加
彦兴—承廉
承清
孟俊—公智—彦勇—承尧
（四故宅户）
承虞
彦刚—承奇
承盘
（承盘后裔河北泊头交河五里庄）
彦祥—承庆
承禹
公达—彦锚—承良
（承良后裔中付村）
承来
公运—彦默—承赞
承结
彦炳—承友
承爱
彦东
彦西
彦北
彦诚
彦贯—承山
承志
承书
公逊—彦泰—承舍
彦佐—承某
承昂
承玉

49代 50 51 52 53 54 55 56 57 58 59 60

- 孟澄——德成——述祖——惟忠——之宏——思言——克昭
  - 希拳
  - 希昉
    - 孟让
      - 公干
        - 彦诚——承训
        - 彦尊
        - 彦佛
      - 公钦——彦彩
        - 承道
        - 承达
    - 孟谆
      - 公德——彦池
        - 承爵
        - 承位
      - 公幸
        - 彦美
        - 彦士
  - 希唤
    - 孟注（五凫绎户）——公振
      - 彦良——承恩
      - 彦恭
        - 承登
        - 承擎
      - 彦敬
        - 承中
        - 承明
        - 承全
      - 彦诗
        - 承本
        - 承浙（承浙后裔曲阜后宣东西村）
        - 承浪
    - 孟敏（六西阁户）
      - 公塘——彦华——承代
      - 公芳
        - 彦元
          - 承言
          - 承照
          - 承郎
          - 承煦
          - 承昇
        - 彦黄
          - 承桂
          - 承橘
          - 承梧（曲阜凫村孟宪山等）
    - 孟善（七影堂户）
      - 公恺
        - 彦正
          - 承好
          - 承士
          - 承福
          - 承禄
        - 彦宁
          - 承金
          - 承玉
        - 彦安——承锦
      - 公悌
      - 公怀——彦恂
        - 承云
        - 承雷
        - 承沾
        - 承露
        - 承霜

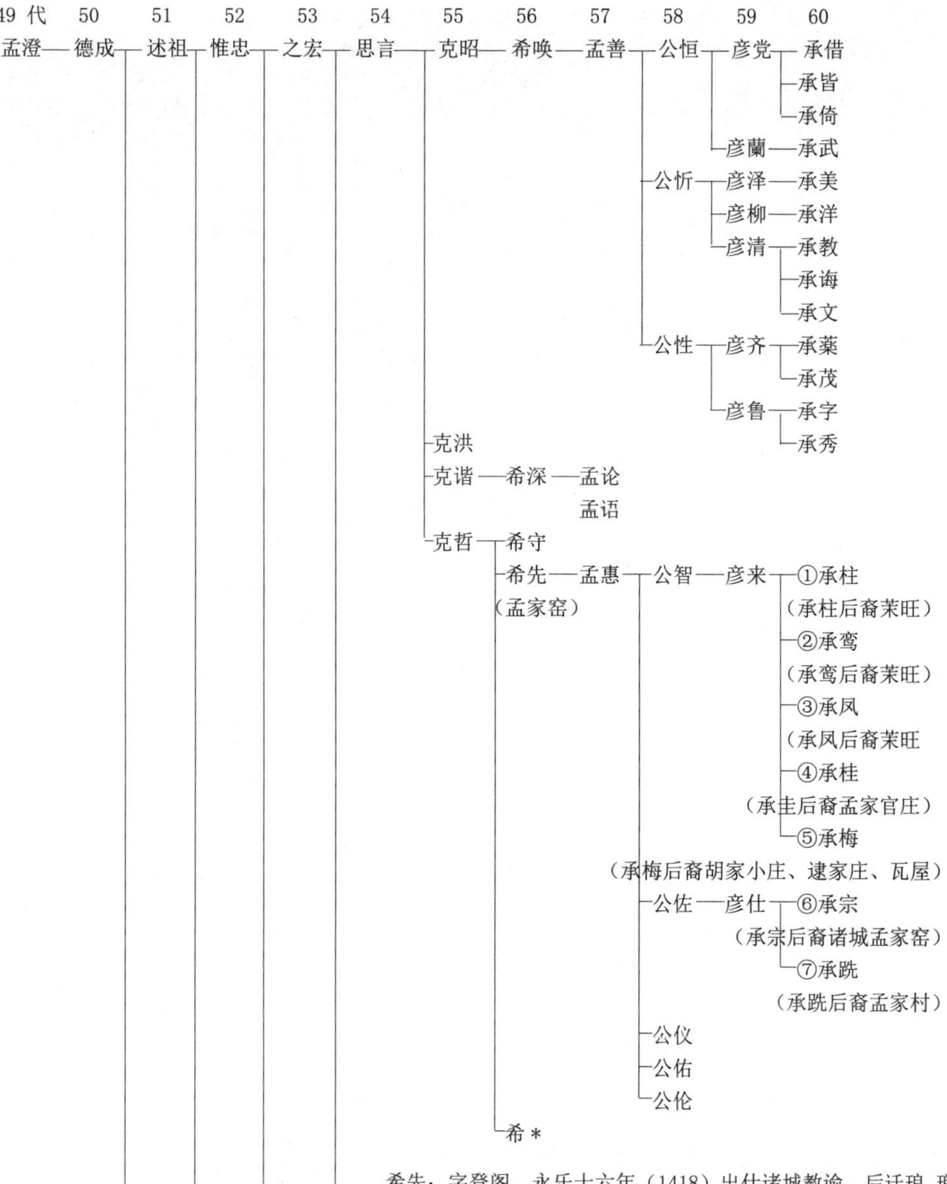


希先：字登阁，永乐十六年（1418）出仕诸城教谕，后迁琅 琊大窑庄，大窑孟氏以烧窑为生，故又名孟家窑。初 人丁甚旺，至天启四年（1624），祖莹要脉遭奸邻毁 坏，适逢瘟疫，后裔不幸罹难，大多相继殒殁，得同 宗鳌山千户相助，生者陆续四散，所剩七支携老谱各 奔东西，大窑今已无孟氏

注：希守后裔居临沂孟家于埠，但新修《孟家于埠支谱》 列在之端公名下。黄岛区藏南镇茉旺村曾有碑记：“临沂孟家于埠希守后裔，查找其二弟希先……”
惜碑已毁，仅存碑座及碑文，待考

49代　50　51　52　53　54　55　56　57　58　59　60　61

孟澄——德成——述祖——惟忠——之宏——思厚——克明——希灵——孟隆（早亡）

（于氏）（安氏）孟铄　孟铄归邹，后裔在高密孟家沟、胶州苗家庄、河流孟等。后裔称为高密鳌山支。（青岛宗亲会副会长孟繁国等）

（陈氏）

希善——孟珂——公笃——彦璋——承景、承先

（朱氏）（张氏）（朱氏）（孔氏）

（李氏）（顾氏）（成氏）

（鳌山卫）（碾子头）海阳孟格庄——承海、承江、承任

彦达——承谦、承仁

（王氏）

彦瑞——承贤、承弼

（李氏）

（孟珂后裔分碾子头支和海阳孟格庄支）

孟球（董氏）

①大嵩卫

公强——彦明——承印、承绶

彦光——承宦

公胜——彦硕——承瑚

彦邦

（辽宁沈阳宗亲会前理事长孟令保等）

②孟家滩

公瑾——彦悦——承奎

（兑）

彦德

公惠——彦康

公风——彦怀——承禄

彦成——承元——宏仁

（宏仁公迁孟家庄）

承羡

（辽宁沈阳宗亲会前秘书长孟弟荣等）

（孟球后裔分大嵩卫支和胶南孟家滩支）

（孟承禄后裔：孟家庄孟彬（广）等）

孟宏仁后裔：孟家庄（青岛宗亲会名誉会长孟广耀等）

孟学——公潮——彦齐——承兰

（郭氏）（林氏）（朱氏）（柳氏）

公江——彦礼——承凤

（尹氏）（萧氏）（陈氏）

公湖——彦清——承亮

（辛氏）（唐氏）（王氏）

（孟学公后裔即墨王村蒲湾头、金口孟家庄等地）

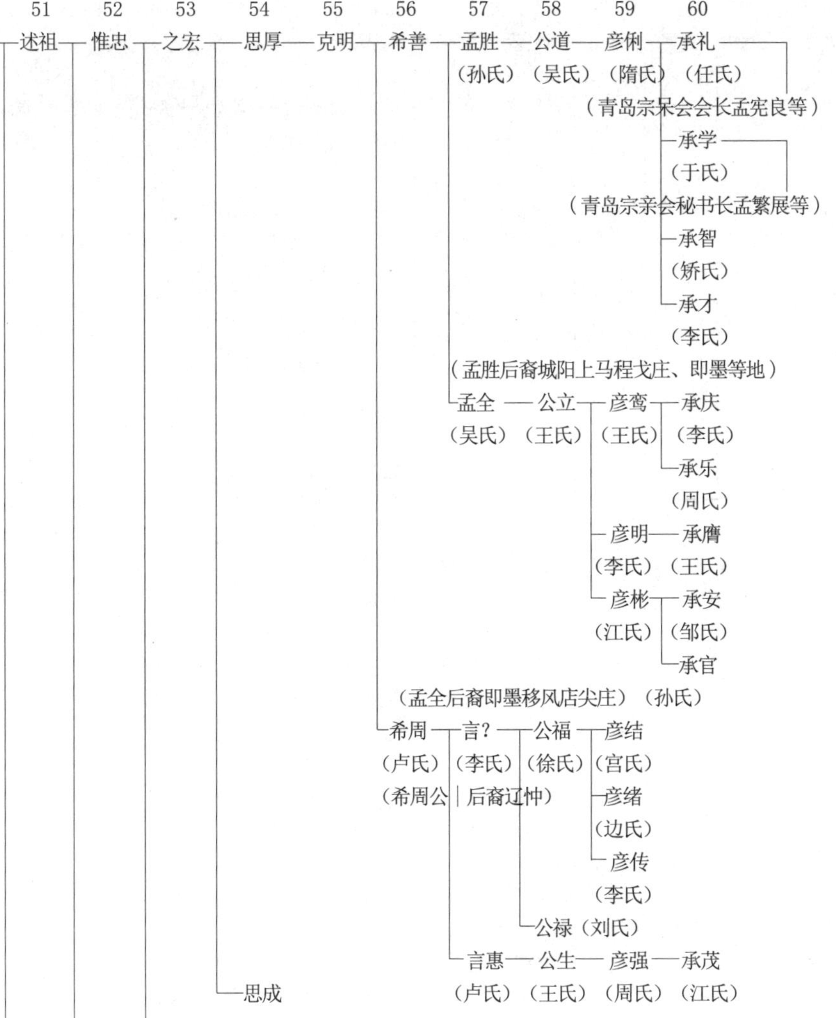


［孟希灵：字妙智，初以军功，授永清卫千户，永乐十四年（1416），又世袭鳌山卫千户，封武略将军（从五品官）。子铢素不喜武，早回邹，籍弟希善袭职。］

［孟希善：字妙令，正统五年（1440）承袭兄鳌山卫千户职，亦颇胜任，封武略将军（从五品官）］

［孟珂：字鸣玉，景泰三年（1452）承袭鳌山卫千户，素笃桑梓，遣弟球等各归邹谒宗子，以选补奉祀生员云］

［孟球：字鸣佩，补故里寺奉祀生员，于明正统北狩奋志救驾而归，帝嘉其功，景泰七年（1456）封怀远将军（从三品官），世袭登州府大嵩卫指挥（同知）。正统年间数次灵山卫武弁路海滨赴邹祭庙归谒，羡利渔盐，及兄珂袭职，遂迁胶之南境居焉，今为孟家滩。（大嵩卫：今烟台海阳）］

［孟公笃：字之信，成化元年（1465）承袭鳌山卫千户（从五品官），后南征过邹谒庙，世袭鳌山卫之千户］

［孟公强：字季问，明成化八年（1472）承任大嵩卫指挥（从三品官），正德元年（1506 年）赐匾额：邹泽世家。后裔于明末迁辽东］

49代 50 51 52 53 54 55 56 57 58 59 60

- 孟澄——德成
  - 述祖
    - 惟忠
      - 之毅——思璋
        - 克从
        - 克允
        - 克文（山西阳白）
          - 希政
            - 孟彪
              - 孟旺——以学
                - 继颜
                - 继绰
              - 孟恕——以举
            - 孟祥
          - 希道
          - 希学
          - 希尹
          - 希贤
          - 希岩——孟常
          - 希敏
          - 希增
        - 克璧（汶上）
          - 希瑞——言理——公勋——彦恩——承代
          - 希吉
            - 言春——公善——彦学——承理
            - 言庆——公奉——彦臣——承湘
      - 之通
        - 思古
          - 克衍
          - 克远
        - 思宗
    - 惟敬
      - 之忠——思华
      - 之纲
        - 思欣——克横
        - 思迪
          - 克庄
          - 克周
      - 之柔——思仪——克温——希陵（单县北支）
    - 惟信——之明——思英
  - 光祖
    - 惟贤
      - 之津
        - 思正——克美
        - 思民——克治
        - 思恩
      - 之润
    - 惟宗——之环——思福——克己——希贤——言夏——公爵
      - 彦斌
        - 承光
        - 承鲁
      - 彦班——承明
    - 惟圮——之口——思副

| 49代 | 50 | 51 | 52 | 53 | 54 | 55 | 56 | 57 | 58 | 59 | 60 |
|---|---|---|---|---|---|---|---|---|---|---|---|
| 孟澄 | 德成 | 荣祖 | 惟义 | 之流 | 思从 | | | | | | |
| | | | 惟进 | 之荣 | 思安 | | | | | | |
| | | | 惟盛 | 之玉 | 思泉 | 克威（四派） | 希本 | 孟祥（8元庵户） | 公泉 | 彦昇 | 承县 |
| | | | | | | | | | | 彦明 | 承万 |
| | | | | | | | | | | 彦富 | 承见 |
| | | | | | | | | | | | 承储 |
| | | | | | | | | | 公朴 | 彦彬 | 承恩（承恩后裔枣庄山亭桑村、藤县、滕州） |
| | | | | | | | | | 公润 | 彦林 | 承在 |
| | | | | | | | | | 公滋 | 彦参 | 承海 |
| | | | | | | | | | | 彦叁 | 承垒 |
| | | | | | | | | 孟训（九山头户） | 公迪 | 彦臣 | 承登（承登后裔汶上） |
| | | | | | | | | | | | 承科 |
| | | | | | | | | | | | 承举 |
| | | | | | | | | | | | 承德 |
| | | | | | | | | | | 彦智 | 承鲁 |
| | | | | | | | | | | | 承仪 |
| | | | | | | | | | | | 承康 |
| | | | | | | | | | | | 承安 |
| | | | | | | | | | | | 承良 |
| | | | | | | | | | 公淳 | 彦志 | 承富 |
| | | | | | | | | | | | 承普 |
| | | | | | | | | | | | 承祐 |
| | | | | | | | | | | 彦存 | 承旭 |
| | | | | | | | | | | | 承耀 |
| | | | | | | | | | | | 承魁 |
| | | | | | | | | | | 彦朗 | 承进 |
| | | | | | | | | | | | 承顺 |
| | | | | | | | | | 公勉 | 彦浩 | 承利 |
| | | | | | | | | | | | 承贞 |
| | | | | | | | | | | 彦则 | 承西 |
| | | | | | | | | | | | 承东 |
| | | | | | | | | | | | 承南 |
| | | | | | | | | | 公温 | 彦道 | |
| | | | | | | | | 孟聪（十林东户） | 公长 | 彦竹 | 承稳 |
| | | | | | | | | | | 彦习 | 承雪 |
| | | | | | | | | | | | 承霜（承霜后裔滕州） |
| | | | | | | | | | | 彦永 | |
| | | | | | | | | | | 彦浅 | |
| | | | | | | | | | 公安 | 衍杲 | 承上 |
| | | | | | | | | | | | 承大 |
| | | | | | | | | | | | 承仁 |

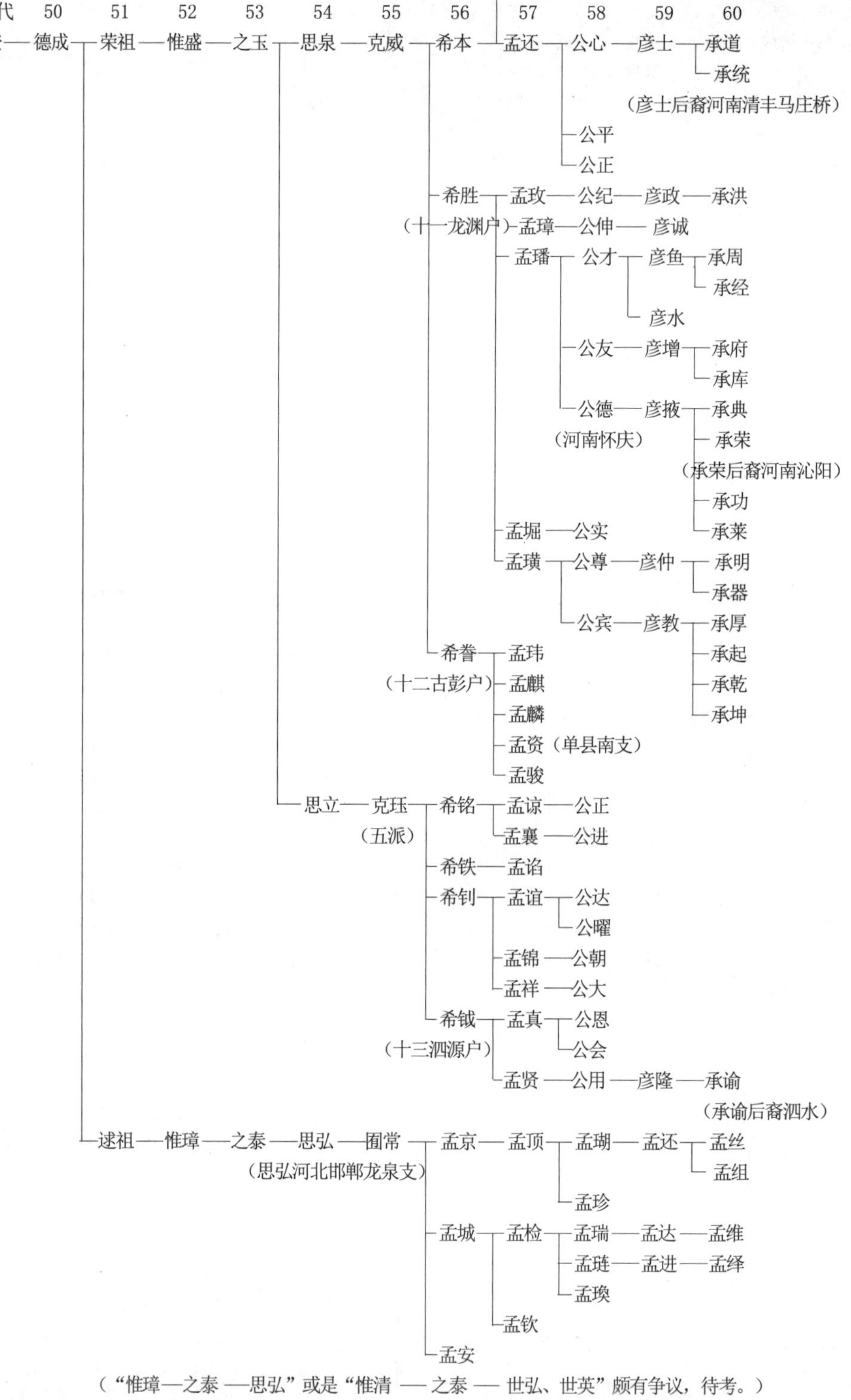


（“惟璋—之泰—思弘”或是“惟清—之泰—世弘、世英”颇有争议，待考。）

②孟沂支系：

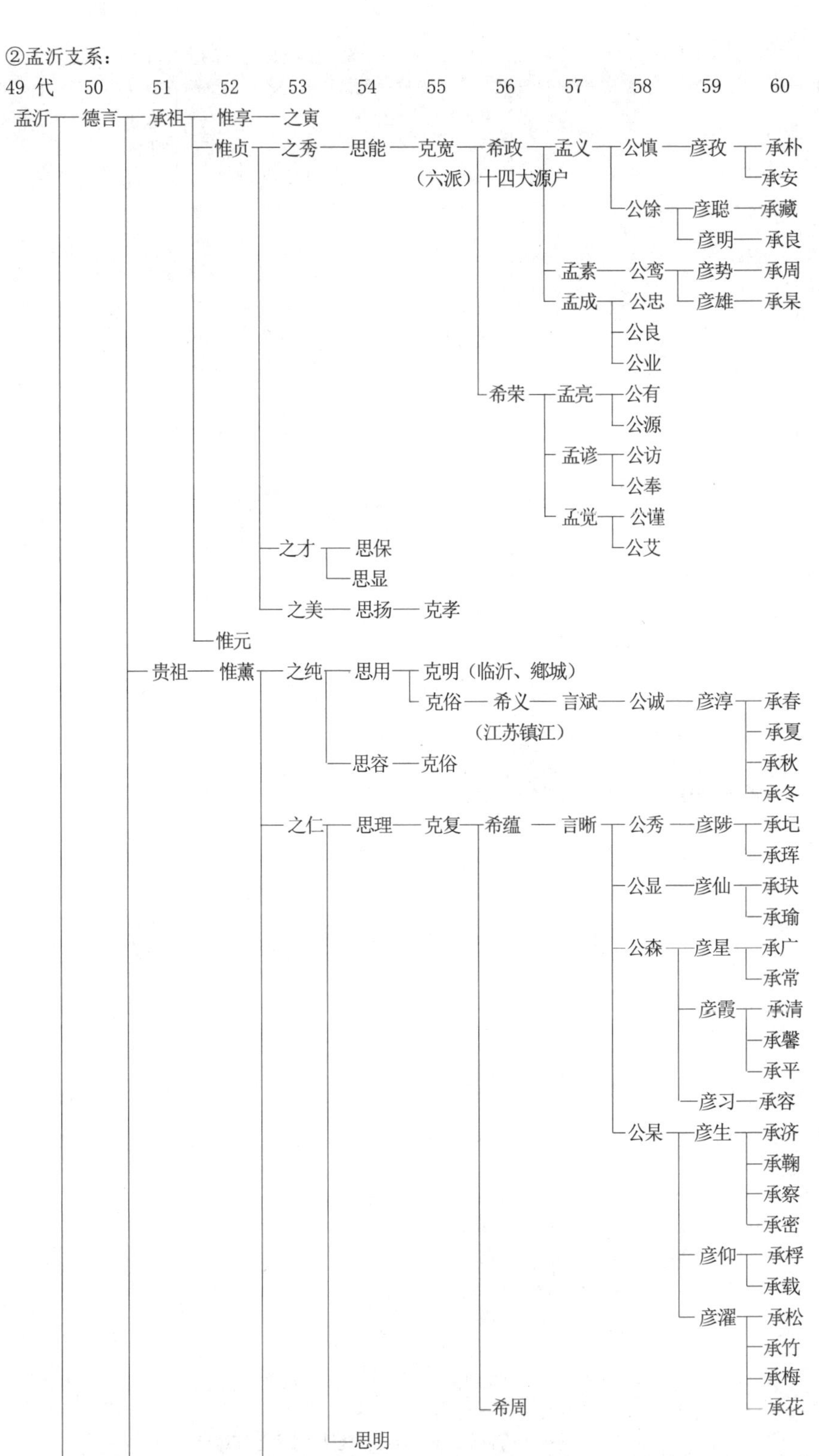

49 代
50
51
52
53
54
55
56
57
58
59
60
孟沂
德言
承祖
惟享
之寅
惟贞
之秀
思能
克宽
希政
孟义
公慎
彦孜
承朴
承安
（六派）十四大源户
公馀
彦聪
承藏
彦明
承良
孟素
公鸾
彦势
承周
彦雄
承杲
孟成
公忠
公良
公业
希荣
孟亮
公有
公源
孟谚
公访
公奉
孟觉
公谨
公艾
之才
思保
思显
之美
思扬
克孝
惟元
贵祖
惟薰
之纯
思用
克明（临沂、郯城）
克俗
希义
言斌
公诚
彦淳
承春
承夏
承秋
承冬
（江苏镇江）
思容
克俗
之仁
思理
克复
希蕴
言晰
公秀
彦陟
承圮
承珲
公显
彦仙
承玦
承瑜
公森
彦星
承广
承常
彦霞
承清
承馨
承平
彦习
承容
公杲
彦生
承济
承鞠
承察
承密
彦仰
承桴
承载
彦濯
承松
承竹
承梅
承花
希周
思明

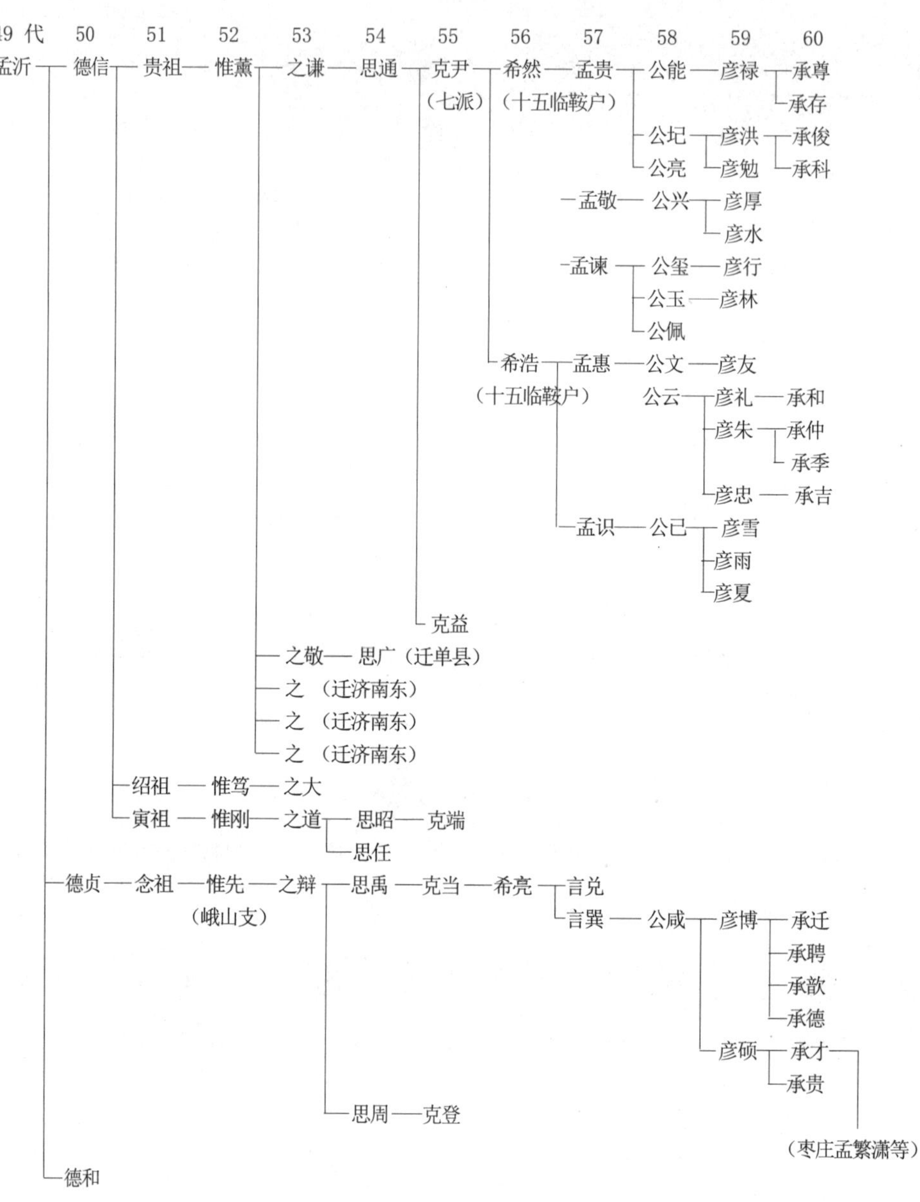


③孟安支系：

49 代　50　51　52　53　54　55

孟安——德深——璘祖——惟璋——之泰——思圣——克恭
　　　　　　　　　　惟亨——之晋——思斧——克达
　　　　　　　　　　　　　　　　　思德——克然
　　　　　　　　　　　　　　　　　思鲁——克润
　　　　　　　　　　　　　　　　　　　　　克和
　　　　　　　　　　　　　　　　　思行

（思德：明初迁直隶正定府获鹿县（今石家庄鹿泉市））

④孟在支系：

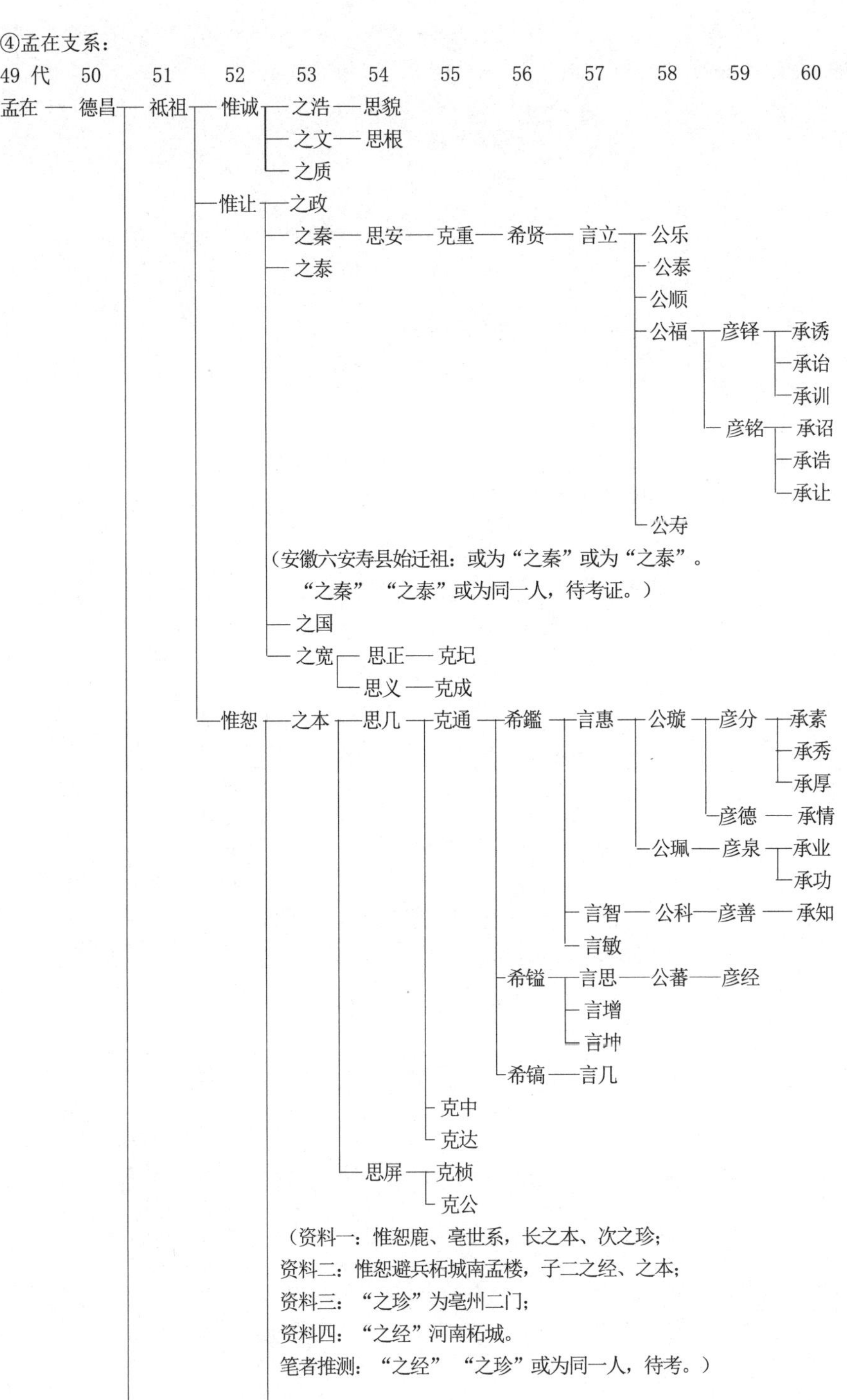

49 代 50 51 52 53 54 55 56 57 58 59 60
孟在 — 德昌 — 祇祖 — 惟诚 — 之浩 — 思貌
之文 — 思根
之质
惟让 — 之政
之秦 — 思安 — 克重 — 希贤 — 言立 — 公乐
公泰
公顺
公福 — 彦铎 — 承诱
承诒
承训
彦铭 — 承诏
承诰
承让
公寿
之泰
（安徽六安寿县始迁祖：或为“之秦”或为“之泰”。
“之秦”“之泰”或为同一人，待考证。）
之国
之宽 — 思正 — 克圮
思义 — 克成
惟恕 — 之本 — 思几 — 克通 — 希鑑 — 言惠 — 公璇 — 彦分 — 承素
承秀
承厚
彦德 — 承情
公珮 — 彦泉 — 承业
承功
言智 — 公科 — 彦善 — 承知
言敏
希镃 — 言思 — 公蕃 — 彦经
言增
言坤
希镐 — 言几
克中
克达
思屏 — 克桢
克公
（资料一：惟恕鹿、亳世系，长之本、次之珍；
资料二：惟恕避兵柘城南孟楼，子二之经、之本；
资料三：“之珍”为亳州二门；
资料四：“之经”河南柘城。
笔者推测：“之经”“之珍”或为同一人，待考。）

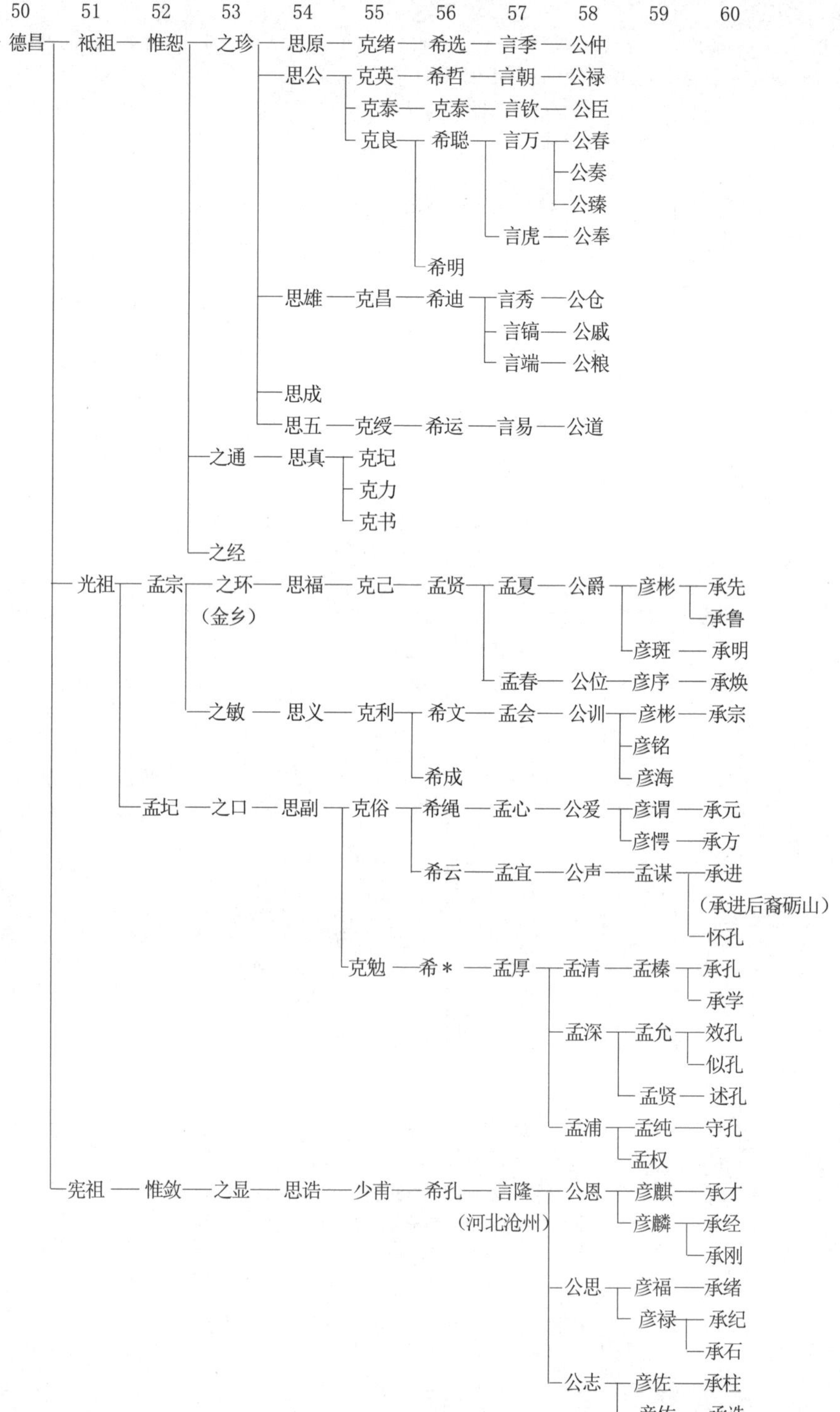
49 代 50 51 52 53 54 55 56 57 58 59 60
孟在 — 德昌 — 祇祖 — 惟恕 — 之珍 — 思原 — 克绪 — 希选 — 言季 — 公仲
思公 — 克英 — 希哲 — 言朝 — 公禄
克泰 — 克泰 — 言钦 — 公臣
克良 — 希聪 — 言万 — 公春
公奏
公臻
言虎 — 公奉
希明
思雄 — 克昌 — 希迪 — 言秀 — 公仓
言镐 — 公戚
言端 — 公粮
思成
思五 — 克绥 — 希运 — 言易 — 公道
之通 — 思真 — 克圮
克力
克书
之经
光祖 — 孟宗 — 之环 — 思福 — 克己 — 孟贤 — 孟夏 — 公爵 — 彦彬 — 承先
（金乡）
承鲁
彦斑 — 承明
孟春 — 公位 — 彦序 — 承焕
之敏 — 思义 — 克利 — 希文 — 孟会 — 公训 — 彦彬 — 承宗
彦铭
希成
彦海
孟圮 — 之口 — 思副 — 克俗 — 希绳 — 孟心 — 公爱 — 彦谓 — 承元
彦愣 — 承方
希云 — 孟宜 — 公声 — 孟谋 — 承进
（承进后裔砺山）
怀孔
克勉 — 希＊ — 孟厚 — 孟清 — 孟榛 — 承孔
承学
孟深 — 孟允 — 效孔
似孔
孟贤 — 述孔
孟浦 — 孟纯 — 守孔
孟权
宪祖 — 惟敛 — 之显 — 思诰 — 少甫 — 希孔 — 言隆 — 公恩 — 彦麒 — 承才
（河北沧州）
彦麟 — 承经
承刚
公思 — 彦福 — 承绪
彦禄 — 承纪
承石
公志 — 彦佐 — 承柱
彦佑 — 承选

⑤孟栋、⑥孟材支系：

49代 50 51 52 53 54 55 56 57 58 59 60

- 孟栋—德温
- 孟材—德仁
  - 禧祖
  - 福祖
    - 惟迁—之瑜（单县西支）
      - 思诚
        - 克彰
          - 希伦
            - 言知
            - 言高
            - 言章
              - 公江
              - 公海
              - 公清—彦廓
                - 承有
                - 承惠
                - 承祯
                - 承宾
            - 言强
          - 希经
          - 希书
          - 希易
        - 克宽
        - ？子伦—友强—孟周—允精
      - 思语（东阿孟家庄）—孟彬
        - 希仁
          - 言爵—公乾—彦旺—承美
          - 言位
            - 公云
              - 彦府
                - 承枝
                - 承叶
              - 彦存—承孔
            - 公科—彦城
              - 承荣
              - 承华
            - 公臣—彦儒
              - 承忠
              - 承恕
        - 希义
          - 言化—公忠
            - 彦田—承相
            - 彦宠—承典
          - 言商—公宏—彦宾—承奉
          - 言汤
        - 希礼—言珏—公离
          - 彦有—承兴
          - 彦全—承旺
        - 希智
          - 言赞—公江—彦林
            - 承才
            - 承奇
          - 言良—公朋—彦福—承贤
          - 言朝
          - 言汉—公友—彦禄—承举
    - 惟基—之淇（河南永城）—思照—克良
      - 希荣
        - 言春—公贤
          - 彦逵
            - 承宽
            - 承时
          - 彦通
          - 彦选—承军
        - 言新
        - 言旭—公思
          - 彦登—承钦
          - 彦典
          - 彦立
        - 言璋—公孔—彦昌
        - 言忠—公鲁—彦津—承连
      - 希祥
      - 希全

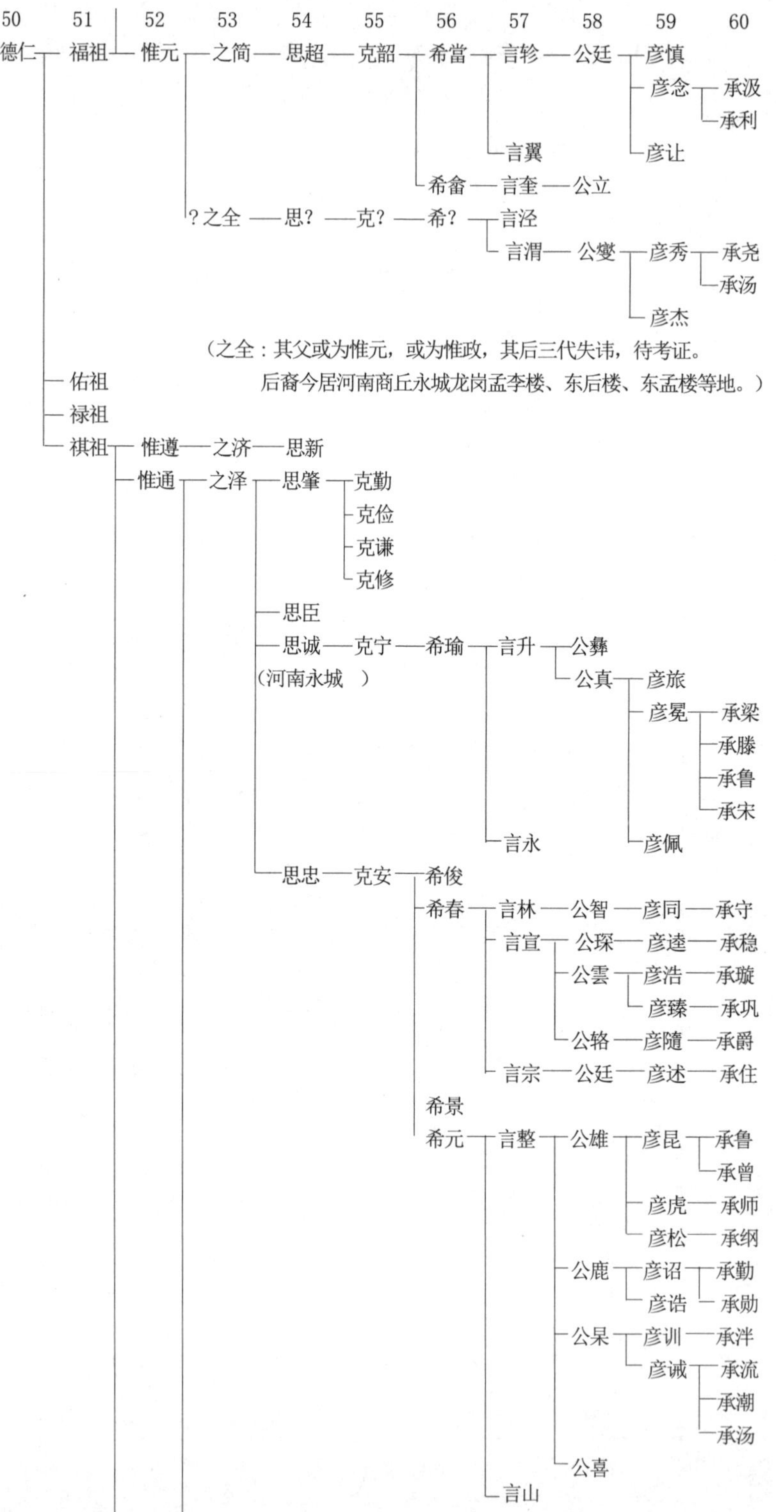
49代 50 51 52 53 54 55 56 57 58 59 60
孟材—德仁—福祖—惟元—之简—思超—克韶—希當—言轸—公廷—彦慎
彦念—承汲
承利
言翼
彦让
希畬—言奎—公立
?之全—思?—克?—希?—言泾
言渭—公燮—彦秀—承尧
承汤
彦杰
（之全：其父或为惟元，或为惟政，其后三代失讳，待考证。
后裔今居河南商丘永城龙岗孟李楼、东后楼、东孟楼等地。）
佑祖
禄祖
祺祖—惟遵—之济—思新
惟通—之泽—思肇—克勤
克俭
克谦
克修
思臣
思诚—克宁—希瑜—言升—公彝
（河南永城 ）
公真—彦旅
彦冕—承梁
承滕
承鲁
承宋
言永
彦佩
思忠—克安—希俊
希春—言林—公智—彦同—承守
言宣—公琛—彦逵—承稳
公雲—彦浩—承璇
彦臻—承巩
公辂—彦随—承爵
言宗—公廷—彦述—承住
希景
希元—言整—公雄—彦昆—承鲁
承曾
彦虎—承师
彦松—承纲
公鹿—彦诏—承勤
彦诰—承勋
公杲—彦训—承泮
彦诚—承流
承潮
承汤
公喜
言山

49代 50 51 52 53 54 55 56 57 58 59 60

- 孟材——德仁——祺祖——惟通——之澄——思祉
  - 思祯
    - 天津麦穗沽村。（天津孟子后裔宗亲联谊会会长孟宪立等）
    - 克宽（克宽：河北高碑店始迁祖）
    - 克玉（得玉）——希广（福广）
      - 言友（普友）
        - 公钺（孟钺）
          - 彦逵（孟逵）
            - 承中（时中）
            - 承庆（时庆）
            - 承娄（时娄）
          - 彦礼（孟礼）
            - 承廷（时廷）
            - 承常（时常）
        - 公睿（孟睿）
          - 彦祥（孟祥）——承科（时科）
          - 彦汪（孟汪）
            - 承合（时合）
            - 承登（时登）
        - 公镇（孟镇）
          - 彦深（孟深）——承政（时政）
          - 彦高（孟高）
            - 承才（孟才）
            - 承环（孟环）
        - 公鲑（孟检）
          - 彦举（孟举）——承在（孟在）
          - 彦莪（孟莪）——承杭（孟杭）
        - 公鉴（孟鑑）——彦泽（孟泽）——承宗（孟宗）

        ［孟彦逵：官名孟逵，明成化丙午、丁未联捷进士，历官陕西按察司佥事。（成化丙午年为成化二十二年即1486年，成化丁未年即1487年）］
      - 言荣（普荣）
        - 公钊（孟钊）——彦成（孟成）——承元（孟元）
        - 公钦（孟钦）——彦泾（孟泾）
          - 承寅（孟寅）
          - 承惠（孟惠）
        - 公云（孟云）——彦瓒（孟瓒）
          - 承佩（孟佩）
          - 承斌（孟斌）
        - 公雨（孟雨）——彦昇（孟昇）——承盘（孟盘）
        - 公奇（孟奇）——彦演（孟演）——承良（孟良）
      - 言铭（普铭）
        - 公彪（孟彪）——彦浩（孟浩）
          - 承贤（孟贤）
          - 承坡（孟坡）
        - 公春（孟春）——彦沂（孟雨）
          - 承梅（孟梅）
          - 承和（孟和）
        - 公锦（孟锦）——彦洋（孟洋）
          - 承楫（孟楫）
          - 承颜（孟颜）
        - 公堂（孟堂）——彦潭
          - 承奎
          - 承宣（子玄）

49 代 50 51 52 53 54 55 56 57 58 59 60

- 孟材——德仁——祺祖——惟通——之澄
  - 思祯——克玉
    - 希广——言德（普德）
      - 公俊（孟俊）——彦清（孟清）
        - 承松（延松）
        - 承柏（延柏）
      - 公信（孟信）——彦文（孟文）
        - 承梅（延梅）
        - 承龄（延龄）
        - 承榛（延榛）
      - 公淮（孟淮）——彦奉（孟奉）
        - 承志（孟志）
        - 承济（孟济）
        - 承宪（孟宪）
        - 承玉（子玉）
      - 公班（孟班）——彦相（孟相）
        - 承株（延株）
        - 承枝（延枝）
        - 承智（延智）
    - 希山（福山）
      - 言林（德林）——公汤（孟汤）
        - 彦刚（孟刚）——承仕（朝仕）
        - 彦柔（孟柔）
        - 彦昂（孟昂）——承选（朝选）
        - 彦锐（孟锐）——承科（朝科）
        - 彦强（孟奉）
          - 承登（朝登）
          - 承举（朝举）
        - 彦鲁（孟鲁）——承正（朝正）
      - 言公（海公）
  - 思邹
  - 思祥——克二
  - 思隆

（注：1. 据《天津市地名志·宁河县册》记载："麦穗沽：属苗庄乡……明永乐五年（1407 年）山东孟、王、刘三姓来此落户，因小麦长势好又靠近蓟运河，故名麦穗沽。"此村原名"麦子沽"，民国后改为"麦穗沽"。2. 麦穗沽村祖辈传言：思祯公来落户，后裔兄弟五人，部分复迁他处，解放前附近孟氏后裔于寒食节都回本村祭祖，祖坟原来非常大，惜于解放初修水渠被毁，后来重修一"空穴"祖坟，祖坟原或许是"思祯公墓"，亦或许是"思祯公长子墓"，待考，本村自66 代以后世系有详细记载。

3.《玉田支谱》载："思祯公于元季年间因宦游由邹县原籍迁居直隶玉田县孟钦庄遂改入民籍。"（元季：指元朝末年约 1368 年前后）

4. 笔者鉴于多处资料内容不符，暂时冒昧揣测：始迁祖系"思祯公"无疑，"兄弟五人"或为 55 代、或为 56 代、或为 57 代，笔者认为 55 代可能性较大，其长支居麦穗沽，其余外迁。以上仅代表笔者个人意见，待收集资料完善再行印证补充。）

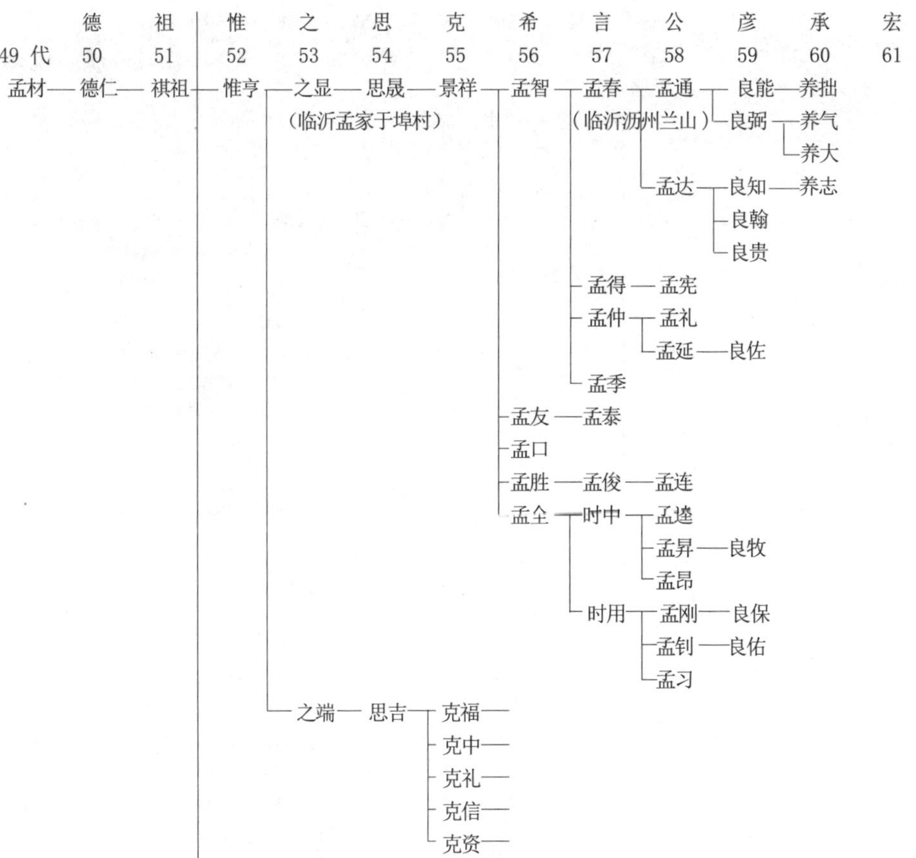


（今居江苏连云港、赣榆孟氏多为之端公后裔，世系记载较完善。）

（之端公部分后裔居临沂范家于埠村。）

（注：临沂孟家于埠村孟姓大部分属之显公后裔，仅少部分后裔属之弘（宏）公其曾孙希守后裔，本村支部书记孟令贵属孟广槐支，应为希守后裔，但近几年之端后裔孟繁科、孟繁池等新修支谱，把孟广槐支归到之端公名下待考。黄岛区藏南镇茉旺村曾有碑记：“临沂孟家于埠希守后裔，查找其二弟希先……”惜碑已毁，仅存碑座及碑文，待考。）

49代 50 51 52 53 54 55 56 57 58 59 60

孟材——德仁——祺祖——惟之

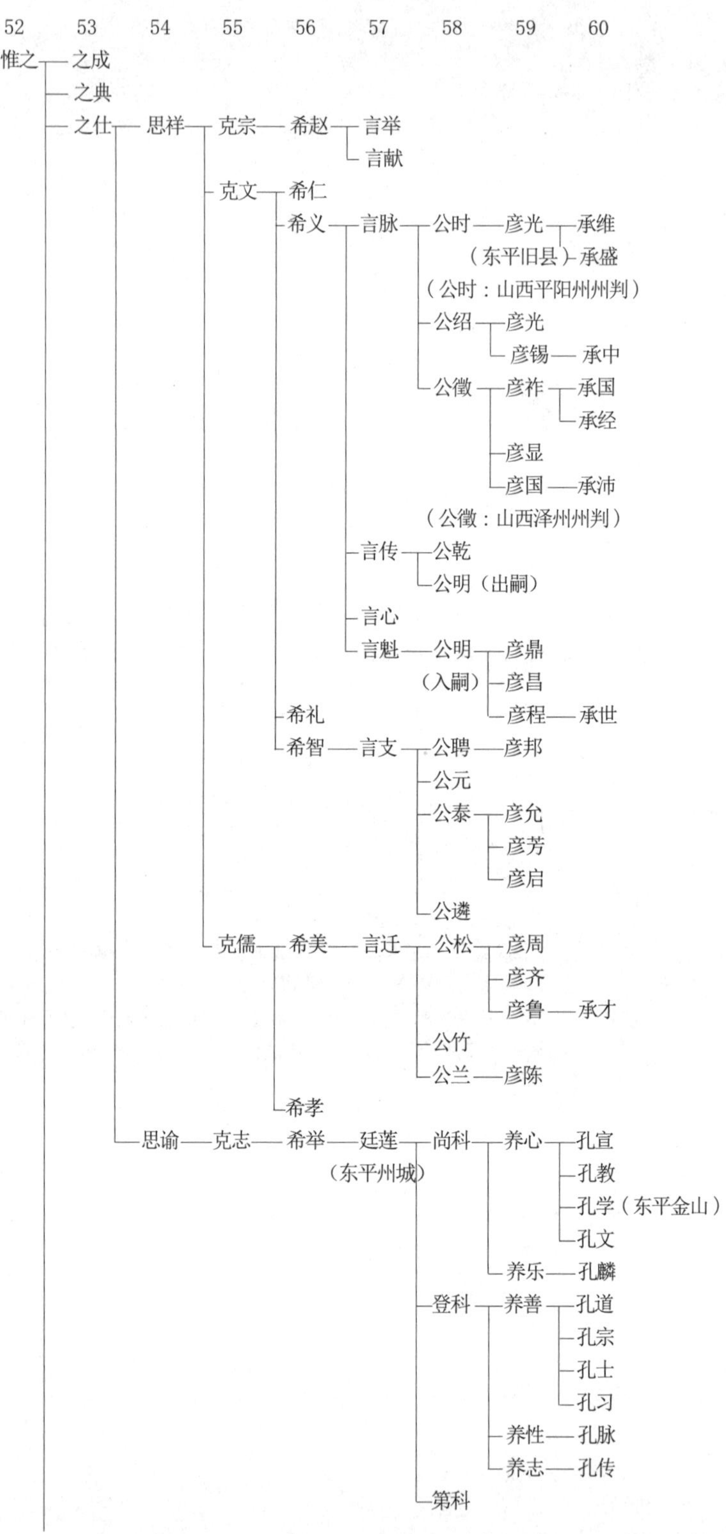

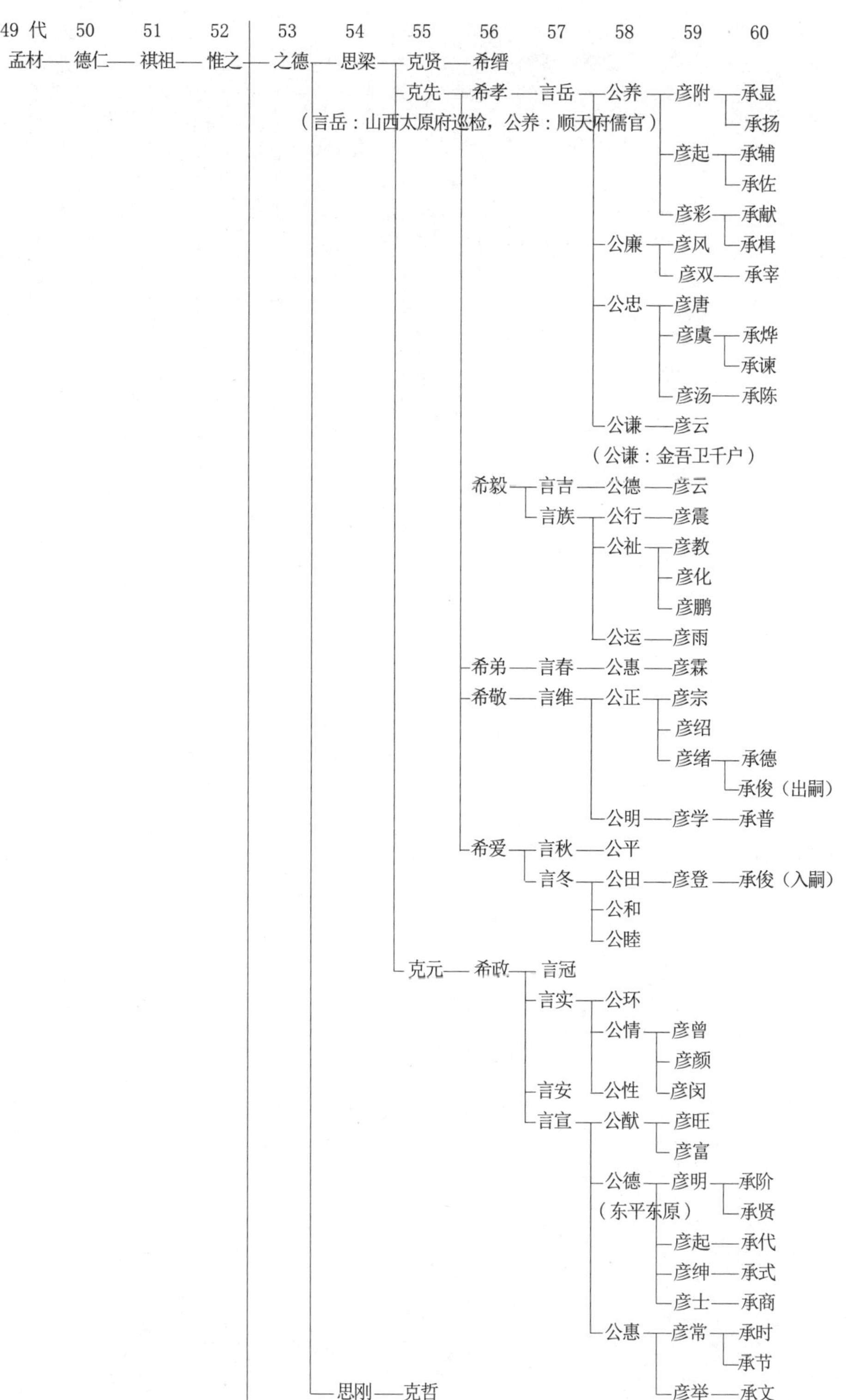
49 代 50 51 52 53 54 55 56 57 58 59 60
孟材——德仁——祺祖——惟之——之德——思梁——克贤——希缙
克先——希孝——言岳——公养——彦附——承显
承扬
（言岳：山西太原府巡检，公养：顺天府儒官）
彦起——承辅
承佐
彦彩——承献
承楫
公廉——彦风
彦双——承宰
公忠——彦唐
彦虞——承烨
承谏
彦汤——承陈
公谦——彦云
（公谦：金吾卫千户）
希毅——言吉——公德——彦云
言族——公行——彦震
公祉——彦教
彦化
彦鹏
公运——彦雨
希弟——言春——公惠——彦霖
希敬——言维——公正——彦宗
彦绍
彦绪——承德
承俊（出嗣）
公明——彦学——承普
希爱——言秋——公平
言冬——公田——彦登——承俊（入嗣）
公和
公睦
克元——希政——言冠
言实——公环
公情——彦曾
彦颜
言安
公性——彦闵
言宣——公猷——彦旺
彦富
公德——彦明——承阶
（东平东原）
承贤
彦起——承代
彦绅——承式
彦士——承商
公惠——彦常——承时
承节
彦举——承文
思刚——克哲

49 代 50 51 52 53 54 55 56 57 58 59 60

孟材——德仁——祺祖——惟之——之顺（济南长清）
- 之顺——思海
- 之顺——思山——克良——希赞
  - 希赞——言登——公诚——彦顺
  - 公诚——彦英
  - 希赞——言科——公位
- 之顺——思龙
  - 思龙——克震
  - 思龙——克迎——希谅——言河——公进
- 之顺——思广——克程——希锦
  - 希锦——言经
  - 希锦——言纶
  - 希锦——言刚——公恩

⑦孟松支系：

49 代 50 51 52 53 54 55 56 57 58 59 60

孟松——德新——法祖——惟春（沂水县司马庄）
- 惟春——之璃
  - 之璃——思旺
  - 之璃——思济
  - 之璃——思珍
    - 思珍——克诚——希甫——言文——公嵩
    - 思珍——克益——希英
    - 克益——希臣
    - 思珍——克德
- 惟春——之荣
  - 之荣——思璋
  - 之荣——思瑄
  - 之荣——思玉
  - 之荣——思瑾
    - 思瑾——克勇——希智
    - 思瑾——克仁——希勉
      - 希勉——言浩——公恺——彦銮——承英
      - 希勉——言法——公整
        - 公整——彦銮（继公恺后）
        - 公整——彦鹏——承宠

⑧孟昕、⑨孟玉支系：

49 代 50 51 52 53 54 55 56 57 58 59 60 61 62

孟昕
- 德荣
- 德常

孟玉
- 德全——敬祖——惟明——之齐——思琛
- 德中——英祖——惟春——之贰——思伦——克谕——希祯——言显——公？——彦？——承？—宏咸—闻成

（克谕：字廷珍曾任职河南省卫辉通判，提升后任职陕西省簡州正堂。）

（闻成：字至圣）

⑩孟津支系：

49代 50 51 52 53 54 55 56 57 58 59 60

孟津——子安（孟广均《重纂三迁志》载："津四子：孟子安、孟定、孟靖、孟珍，无德义名，德义盖以字行云。"）
—孟定
—孟靖
—孟珍
—德义——允祖——惟恭——之庸（孟惟恭：泰定元年（1324）将"孟氏宗支图"刻于碑上藏于孔庙）
—之训——思谅——克仁——希琏（思谅：邹县主薄）
（任）—希文——孟元——公嗓——彦璞（第一大宗户）
（一派） ★ —孟亨——公肇 （祥协、祥居等）
—孟利 —彦瑞（十六关南户）
—孟贞 —彦璋（十六关南户）
—希源 —彦璠（十六关南户）
（孟元：明弘治年间详细考证孟氏历代世系，刻石立于孟庙。）
（祥协：台湾，1990年接任亚圣奉祀官，2014年去世。）
（祥居：孟氏宗亲联谊会原会长，自201祥为荣誉会长，2017年6月19日去世。）
—克金——希贤
—希圭
—克习——希魁
—希元
—希先
—希奇
—思忠——克或——希翥——孟昭——公璧——彦立——承教
（汶上） —承前
—承道
—承训
—彦平——承赐
—克某（河南杞县、夏邑）
—克威（荷泽定陶孟海）
—之普——思良——克敬——希天 言辑 —公平——彦杰——承教
（山东郓城） —希宗——言云——公毓——彦富——承祥
—承吉
—彦德
—彦安
—彦宝——承魁
—承林
—承齐
—彦玘——承县
—公辉
—言雪——公敬——彦增——承炳
—彦付——承元
—思勇——克轩

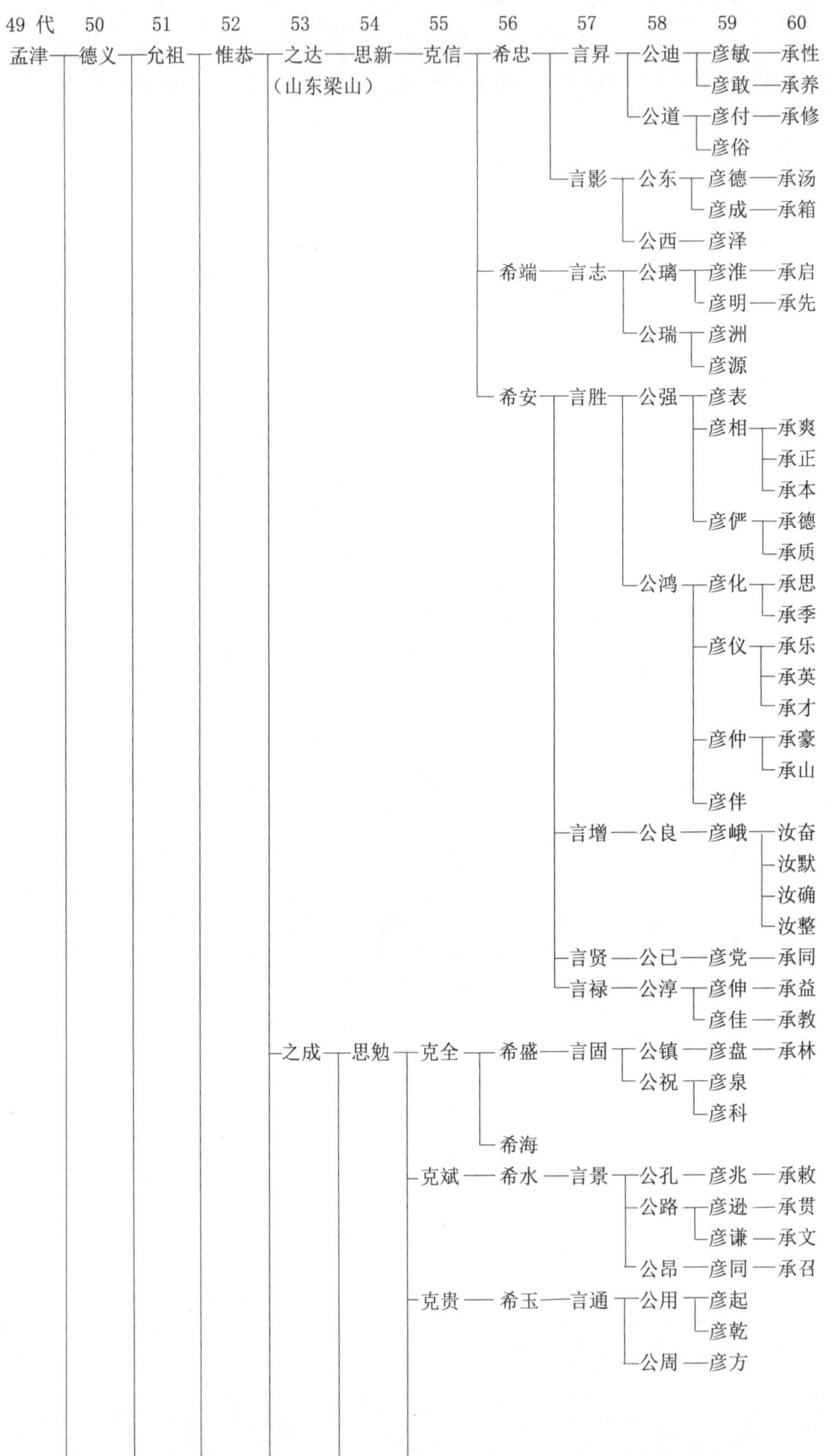

49代 50 51 52 53 54 55 56 57 58 59 60
孟津—德义—允祖—惟恭—之达—思新—克信—希忠—言昇—公迪—彦敏—承性
（山东梁山）
彦敢—承养
公道—彦付—承修
彦俗
言影—公东—彦德—承汤
彦成—承箱
公西—彦泽
希端—言志—公璃—彦淮—承启
彦明—承先
公瑞—彦洲
彦源
希安—言胜—公强—彦表
彦相—承爽
承正
承本
彦俨—承德
承质
公鸿—彦化—承思
承季
彦仪—承乐
承英
承才
彦仲—承豪
承山
彦伴
言增—公良—彦峨—汝奋
汝默
汝确
汝整
言贤—公已—彦党—承同
言禄—公淳—彦伸—承益
彦佳—承教
之成—思勉—克全—希盛—言固—公镇—彦盘—承林
公祝—彦泉
彦科
希海
克斌—希水—言景—公孔—彦兆—承敕
公路—彦逊—承贯
彦谦—承文
公昂—彦同—承召
克贵—希玉—言通—公用—彦起
彦乾
公周—彦方

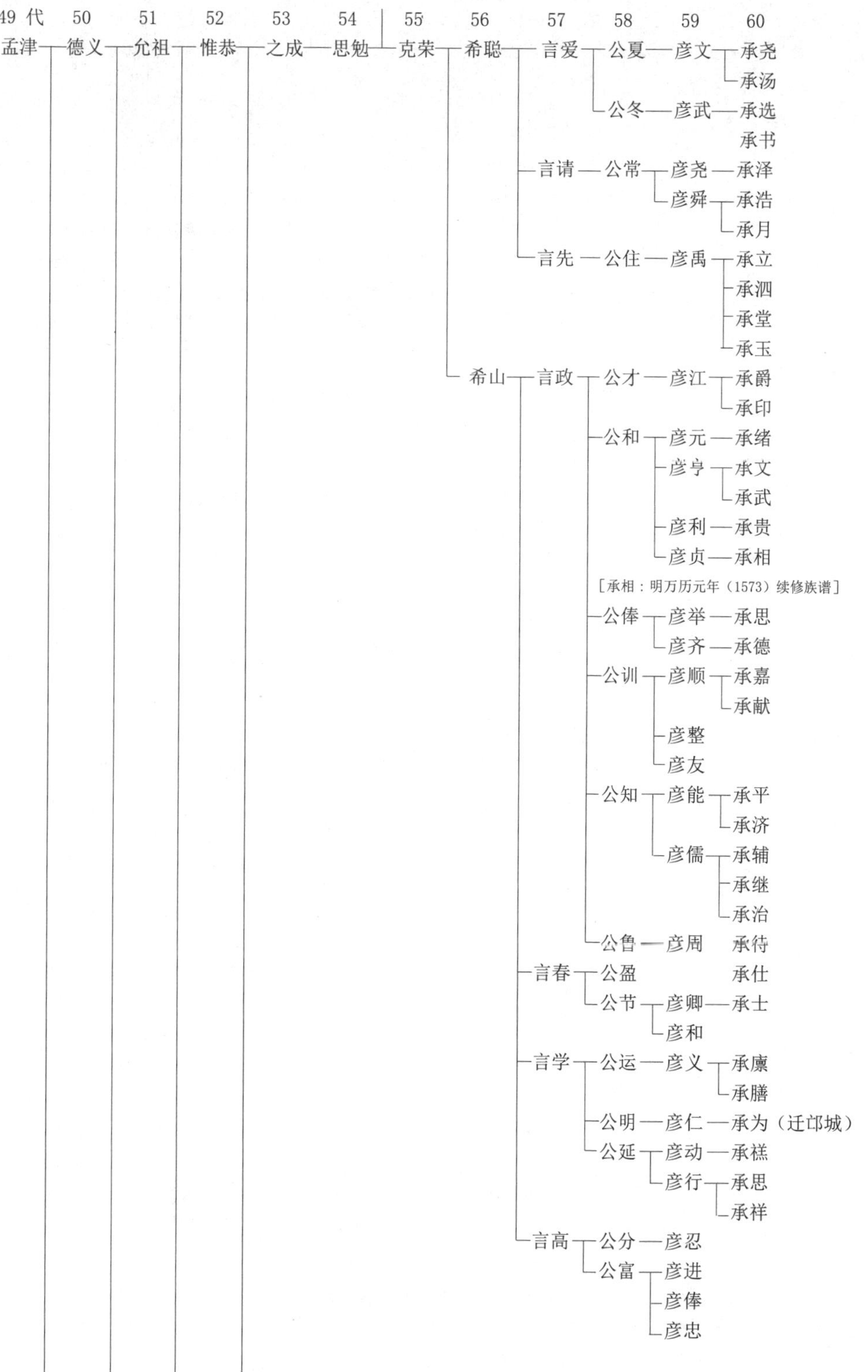

49代 50 51 52 53 54 55 56 57 58 59 60
孟津—德义—允祖—惟恭—之成—思勉—克荣—希聪—言爱—公夏—彦文—承尧
承汤
公冬—彦武—承选
承书
言请—公常—彦尧—承泽
彦舜—承浩
承月
言先—公住—彦禹—承立
承泗
承堂
承玉
希山—言政—公才—彦江—承爵
承印
公和—彦元—承绪
彦乌—承文
承武
彦利—承贵
彦贞—承相
［承相：明万历元年（1573）续修族谱］
公俸—彦举—承思
彦齐—承德
公训—彦顺—承嘉
承献
彦整
彦友
公知—彦能—承平
承济
彦儒—承辅
承继
承治
公鲁—彦周 承待
言春—公盈 承仕
公节—彦卿—承士
彦和
言学—公运—彦义—承廪
承膳
公明—彦仁—承为（迁邙城）
公延—彦动—承禩
彦行—承思
承祥
言高—公分—彦忍
公富—彦进
彦俸
彦忠

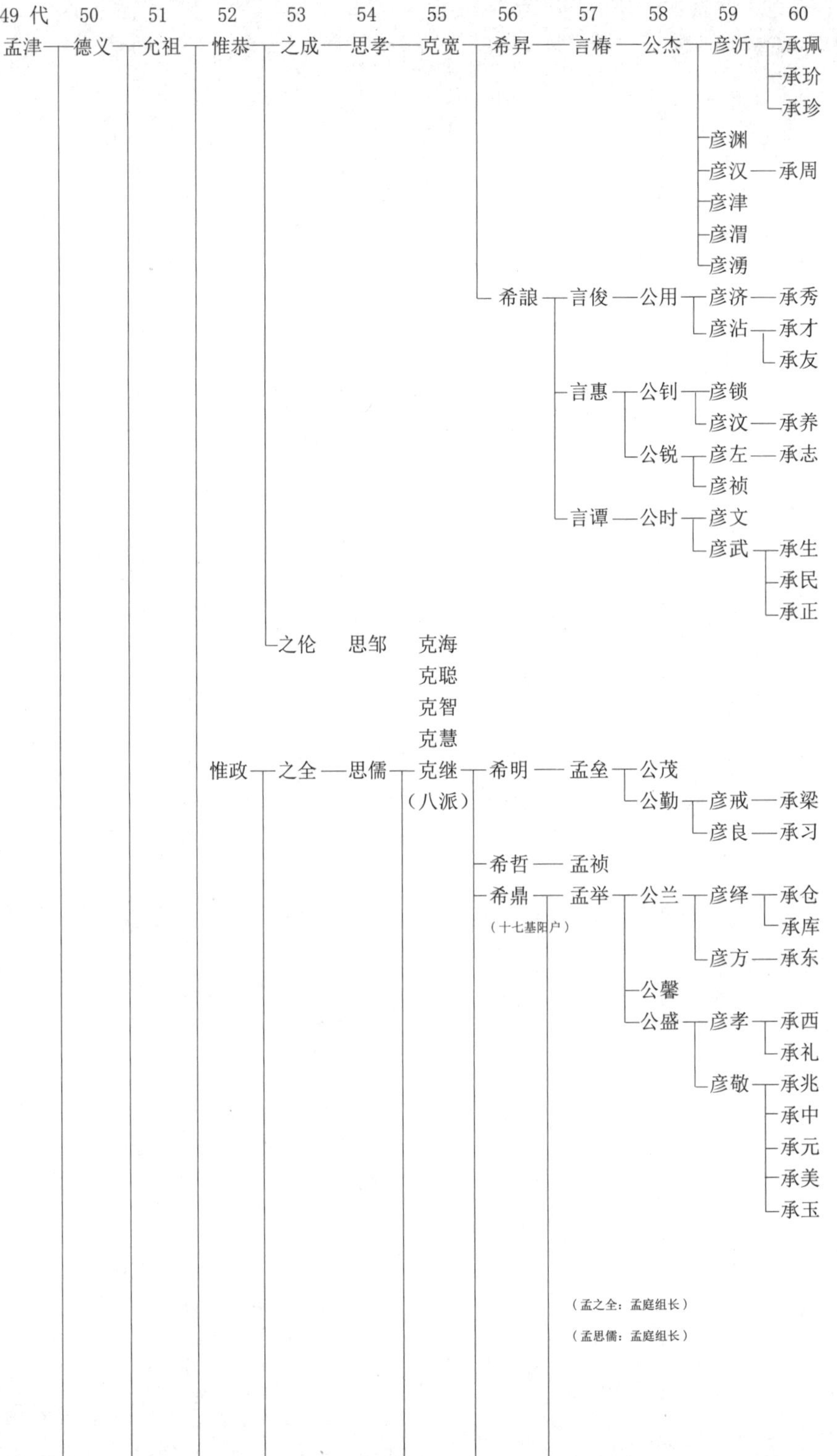

49 代 50 51 52 53 54 55 56 57 58 59 60
孟津—德义—允祖—惟恭—之成—思孝—克宽—希昇—言椿—公杰—彦沂—承珮
承玠
承珍
彦渊
彦汉—承周
彦津
彦渭
彦湧
希諒—言俊—公用—彦济—承秀
彦沾—承才
承友
言惠—公钊—彦锁
彦汶—承养
公锐—彦左—承志
彦祯
言谭—公时—彦文
彦武—承生
承民
承正
之伦 思邹 克海
克聪
克智
克慧
惟政—之全—思儒—克继—希明—孟垒—公茂
（八派）
公勤—彦戒—承梁
彦良—承习
希哲—孟祯
希鼎—孟举—公兰—彦绎—承仓
（十七基阳户）
承库
彦方—承东
公馨
公盛—彦孝—承西
承礼
彦敬—承兆
承中
承元
承美
承玉
（孟之全：孟庭组长）
（孟思儒：孟庭组长）

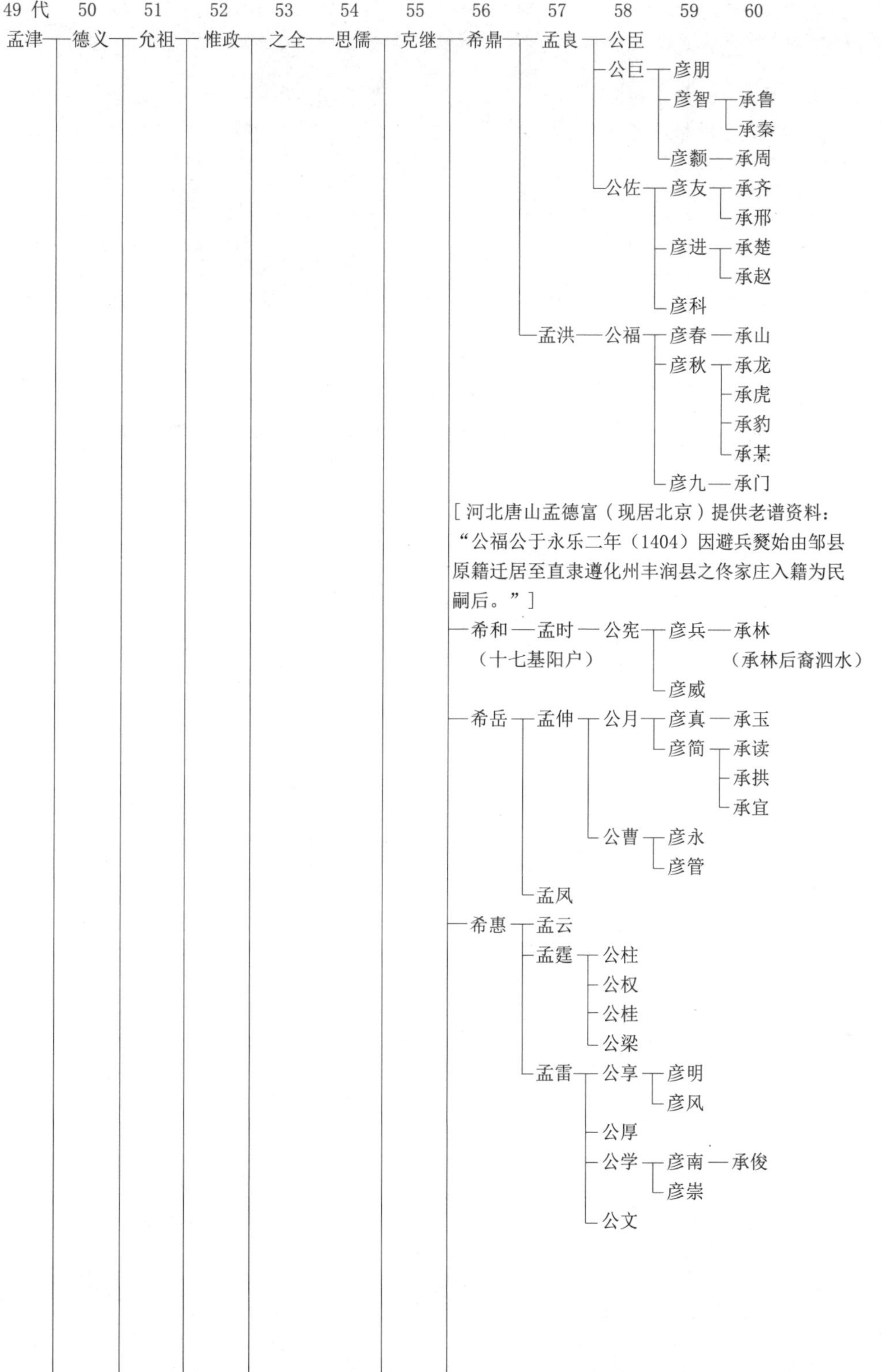
49代 50 51 52 53 54 55 56 57 58 59 60
孟津—德义—允祖—惟政—之全—思儒—克继—希鼎—孟良—公臣
公巨—彦朋
彦智—承鲁
承秦
彦颡—承周
公佐—彦友—承齐
承邢
彦进—承楚
承赵
彦科
孟洪—公福—彦春—承山
彦秋—承龙
承虎
承豹
承某
彦九—承门
[河北唐山孟德富（现居北京）提供老谱资料：“公福公于永乐二年（1404）因避兵燹始由邹县原籍迁居至直隶遵化州丰润县之佟家庄入籍为民嗣后。”]
希和—孟时—公宪—彦兵—承林
（十七基阳户）
（承林后裔泗水）
彦威
希岳—孟伸—公月—彦真—承玉
彦简—承读
承拱
承宜
公曹—彦永
彦管
孟凤
希惠—孟云
孟霆—公柱
公权
公桂
公梁
孟雷—公享—彦明
彦风
公厚
公学—彦南—承俊
彦崇
公文

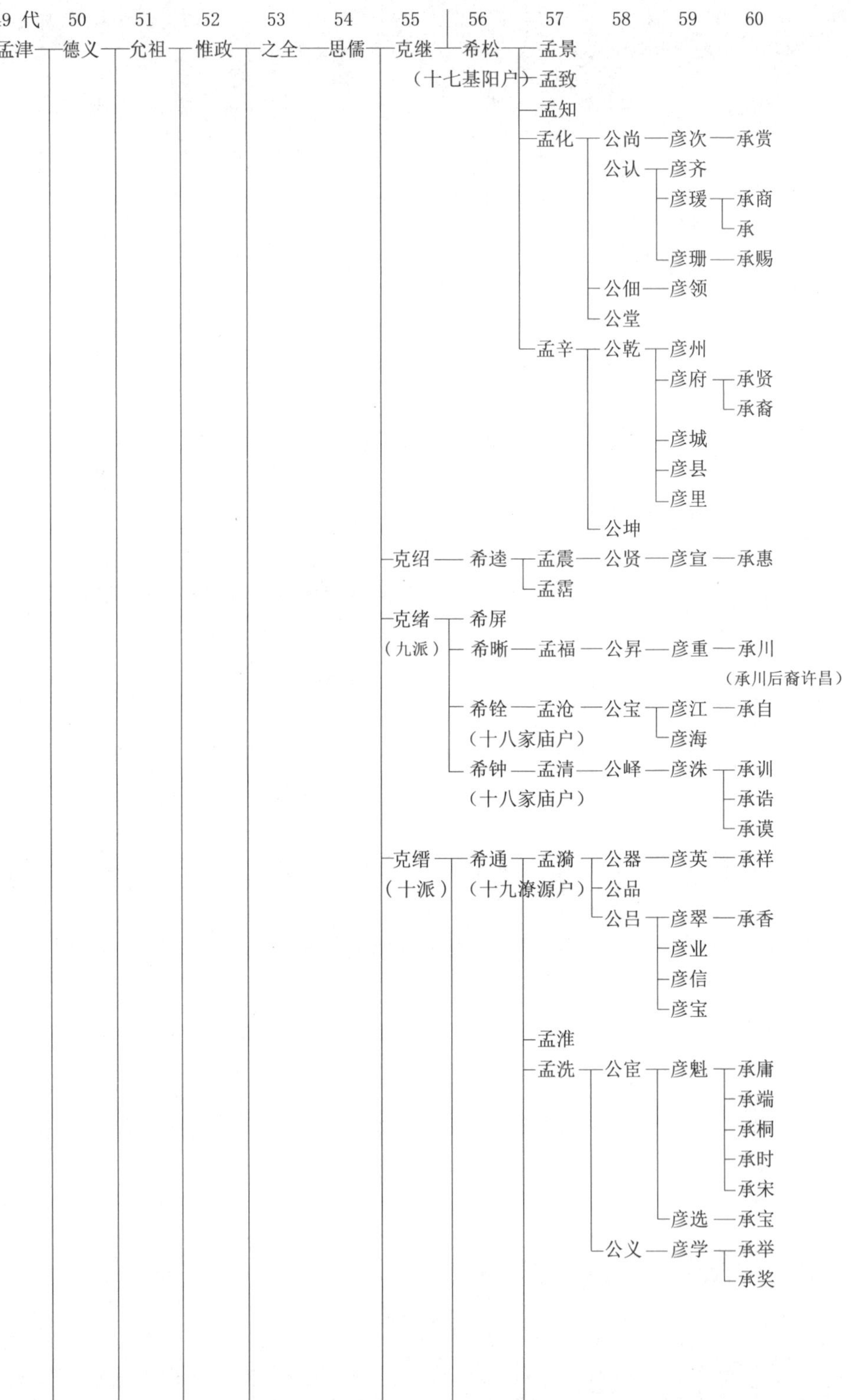
49 代 50 51 52 53 54 55 56 57 58 59 60
孟津—德义—允祖—惟政—之全—思儒—克继—希松—孟景
（十七基阳户）孟致
孟知
孟化—公尚—彦次—承赏
公认—彦齐
彦瑗—承商
承
彦珊—承赐
公佃—彦领
公堂
孟辛—公乾—彦州
彦府—承贤
承裔
彦城
彦县
彦里
公坤
克绍—希逵—孟震—公贤—彦宣—承惠
孟霈
克绪—希屏
（九派）希晰—孟福—公昇—彦重—承川
（承川后裔许昌）
希铨—孟沧—公宝—彦江—承自
（十八家庙户）彦海
希钟—孟清—公峄—彦洙—承训
（十八家庙户）承诰
承谟
克缙—希通—孟漪—公器—彦英—承祥
（十派）（十九潦源户）公品
公吕—彦翠—承香
彦业
彦信
彦宝
孟淮
孟洗—公宦—彦魁—承庸
承端
承桐
承时
承宋
彦选—承宝
公义—彦学—承举
承奖

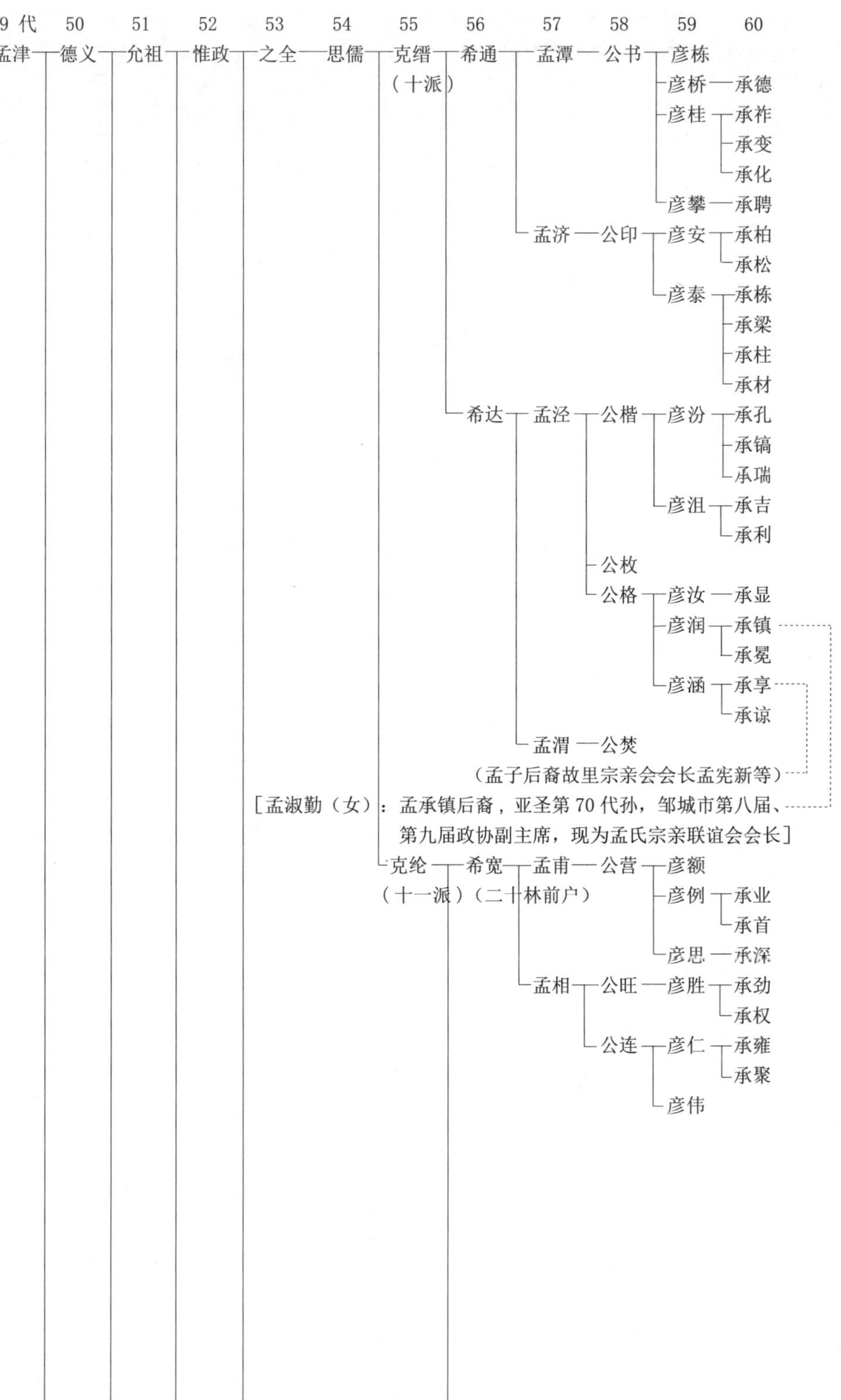
49 代 50 51 52 53 54 55 56 57 58 59 60
孟津—德义—允祖—惟政—之全—思儒—克缙—希通—孟潭—公书—彦栋
(十派)
彦桥—承德
彦桂—承祚
承变
承化
彦攀—承聘
孟济—公印—彦安—承柏
承松
彦泰—承栋
承梁
承柱
承材
希达—孟泾—公楷—彦汾—承孔
承镐
承瑞
彦沮—承吉
承利
公枚
公格—彦汝—承显
彦润—承镇
承冕
彦涵—承亨
承谅
孟渭—公焚
(孟子后裔故里宗亲会会长孟宪新等)
[孟淑勤(女):孟承镇后裔,亚圣第70代孙,邹城市第八届、
第九届政协副主席,现为孟氏宗亲联谊会会长]
克纶—希宽—孟甫—公营—彦额
(十一派)(二十林前户)
彦例—承业
承首
彦思—承深
孟相—公旺—彦胜—承劲
承权
公连—彦仁—承雍
承聚
彦伟

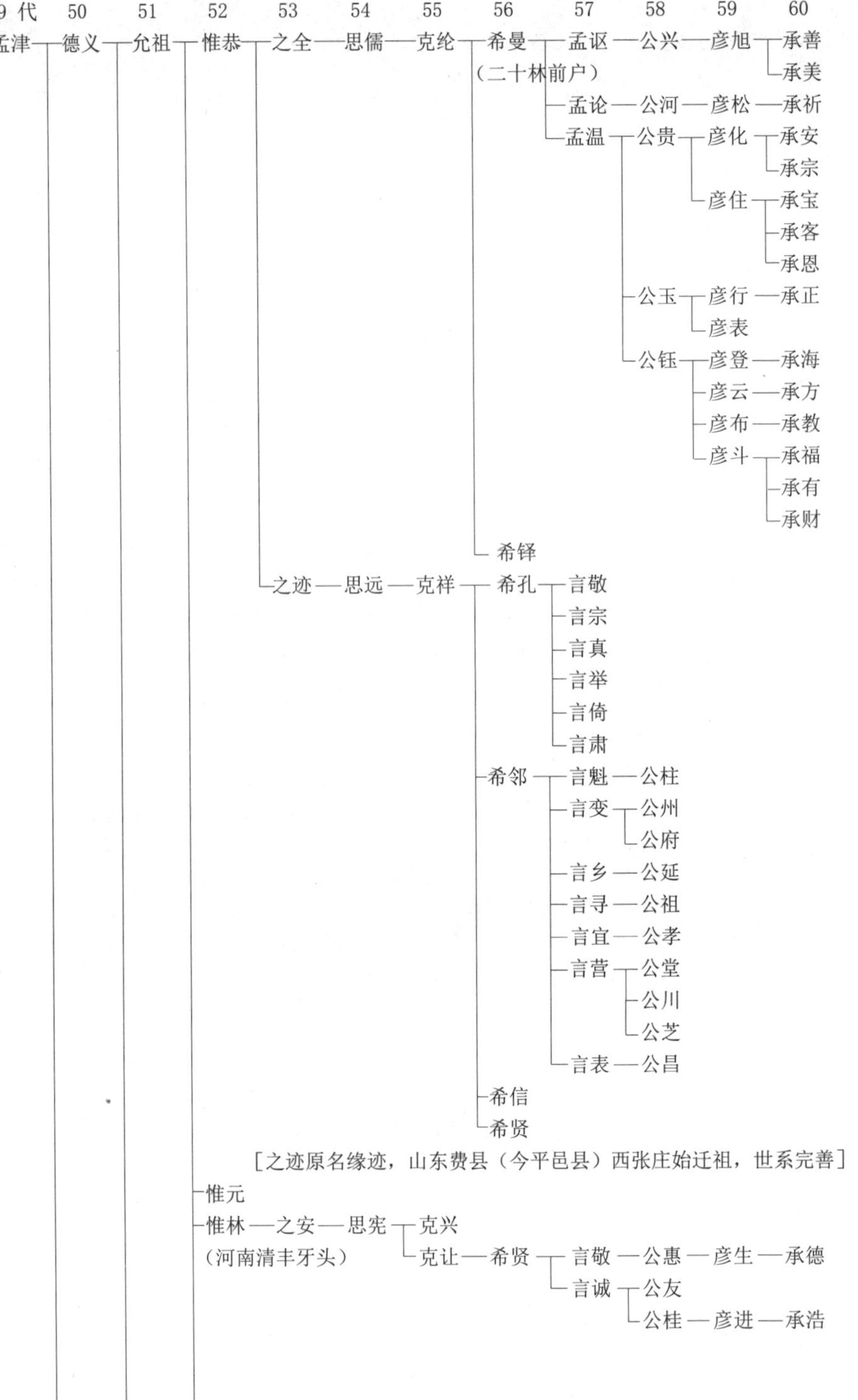
49代 50 51 52 53 54 55 56 57 58 59 60
孟津—德义—允祖—惟恭—之全—思儒—克纶—希曼—孟讴—公兴—彦旭—承善
承美
（二十林前户）
孟论—公河—彦松—承祈
孟温—公贵—彦化—承安
承宗
彦住—承宝
承客
承恩
公玉—彦行—承正
彦表
公钰—彦登—承海
彦云—承方
彦布—承教
彦斗—承福
承有
承财
希铎
之迹—思远—克祥—希孔—言敬
言宗
言真
言举
言倚
言肃
希邻—言魁—公柱
言变—公州
公府
言乡—公延
言寻—公祖
言宜—公孝
言营—公堂
公川
公芝
言表—公昌
希信
希贤
[之迹原名缘迹，山东费县（今平邑县）西张庄始迁祖，世系完善]
惟元
惟林—之安—思宪—克兴
(河南清丰牙头)
克让—希贤—言敬—公惠—彦生—承德
言诚—公友
公桂—彦进—承浩

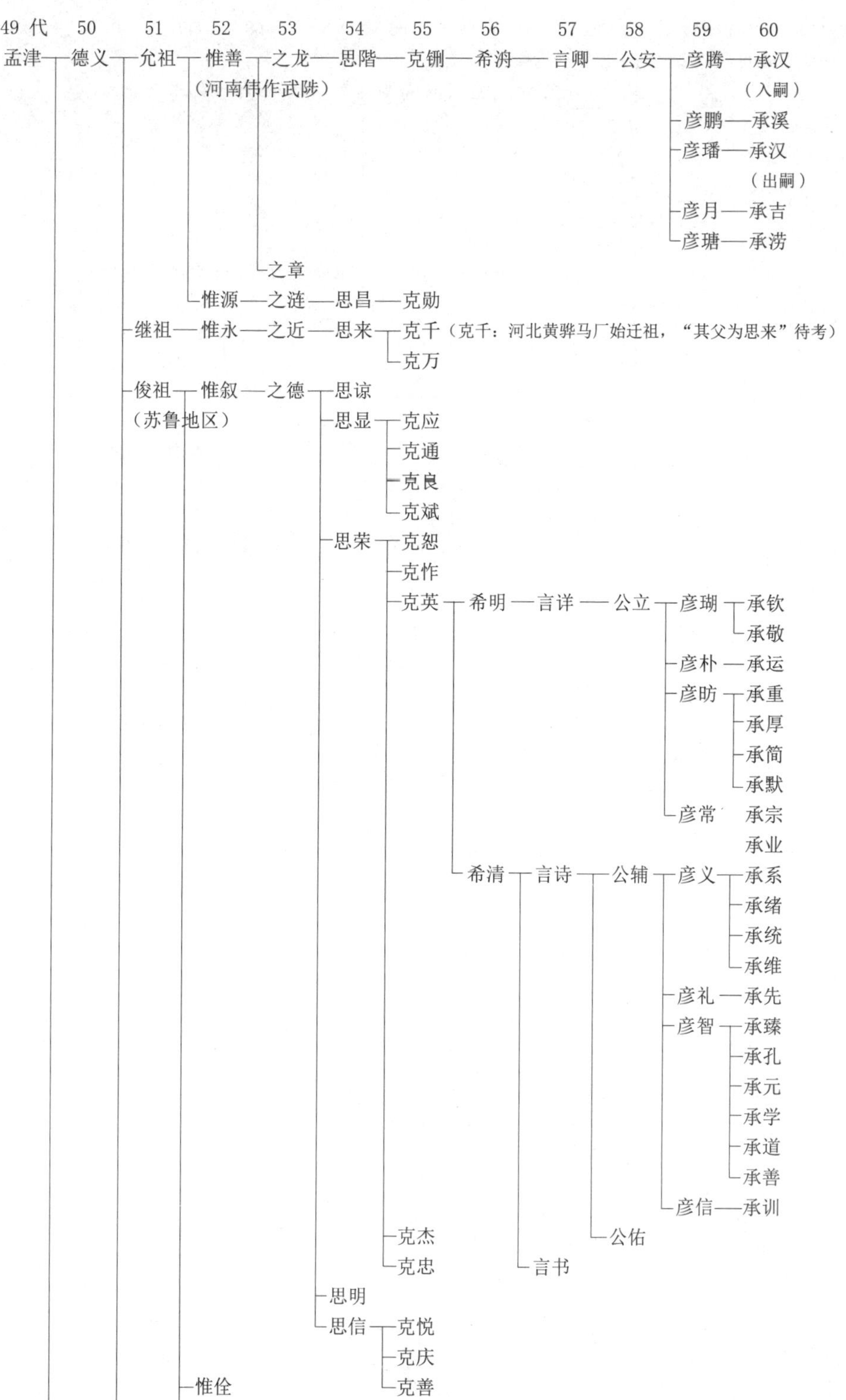
49 代 50 51 52 53 54 55 56 57 58 59 60
孟津—德义—允祖—惟善—之龙—思階—克铏—希汭—言卿—公安—彦腾—承汉
（河南伟作武陟）
（入嗣）
彦鹏—承溪
彦璠—承汉
（出嗣）
彦月—承吉
彦瑭—承涝
之章
惟源—之涟—思昌—克勋
继祖—惟永—之近—思来—克千（克千：河北黄骅马厂始迁祖，“其父为思来”待考）
克万
俊祖—惟叙—之德—思谅
（苏鲁地区）
思显—克应
克通
克良
克斌
思荣—克恕
克作
克英—希明—言详—公立—彦瑚—承钦
承敬
彦朴—承运
彦昉—承重
承厚
承简
承默
彦常 承宗
承业
希清—言诗—公辅—彦义—承系
承绪
承统
承维
彦礼—承先
彦智—承臻
承孔
承元
承学
承道
承善
彦信—承训
公佑
克杰
克忠
言书
思明
思信—克悦
克庆
克善
惟佺

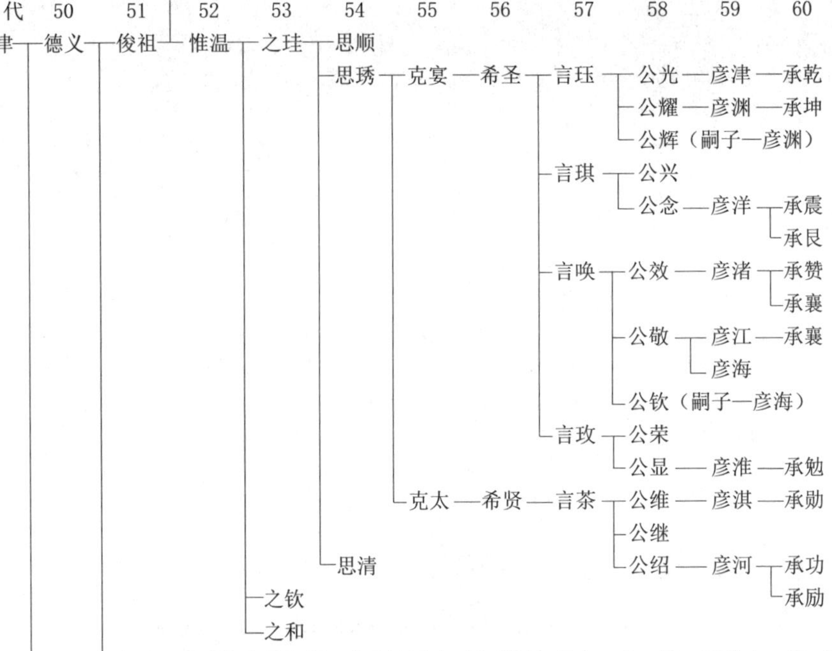


注：据沈阳孟令保提供资料，苏鲁边区（丕郯地区）分十一户：第一孟楼户、第二涑河户、第三橡林户、第四燕河户、第五陈楼户、第六官庄户、第七揭阳户、第八武河户、第九磨山户、第十苍西户、第十一峨山户。“俊祖”之下有八户：第一、第二、第三、第四、第五、第六、第七、第八户。第九磨山户与第十一峨山户不属“俊祖”支，原有观点认为“俊祖”后裔共有九户；第一至八户，还包括第十苍西户，后经考证：第十户不属于“俊祖”后裔，第十户《苍西支谱》有记载，且其世系于苍西祖茔碑文有详载，其祖应为“唐末亚圣38代孟饮”。

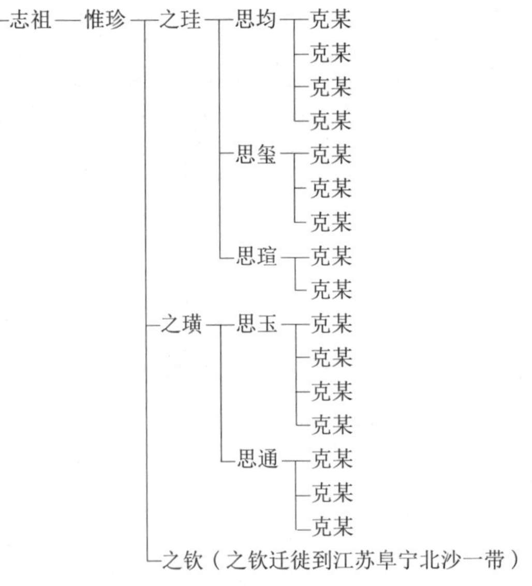

德 | 祖 惟 之 思 克 希 言 公 彦 承 宏

49代 50 51 52 53 54 55 56 57 58 59 60 61

孟津—德义—善祖—惟圣—孟敬—兴福—子成—伯高

伯胜—孟某

孟宗—孟嵩

孟桂

孟鸾—孟让

孟苍—孟铃—孟梯

孟枢

孟栋

孟杍

孟机

（孟机：王府支）

孟轮

孟铣

孟钢

孟恣

孟恺

孟进——（王府支）

（青岛宗亲会副会长孟令军等）

孟安

孟某

伯和——（寿光青龙乡孟家庄小官庄）

伯瑞

伯春

[孟德义：于元延祐年间（1314--1320年）由邹县原籍宦游徙迁青州府寿光县城东三十里东青龙乡地十一约孟家庄改入民籍，嗣复在寿光联姻世族人丁繁衍，后传一世次支善祖公复分支城南二十里西青龙乡四约纪台庄，孟兴福为纪台庄人。]

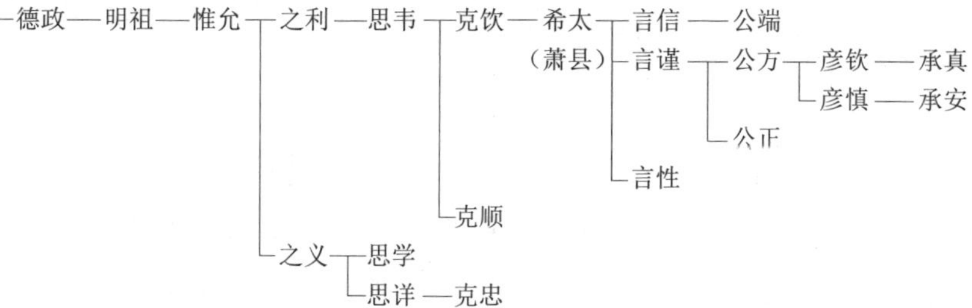


⑪孟礼支系：

49代 50 51 52 53 54 55 56 57 58 59 60 61

孟礼—德良—平祖—惟仁—之茂—思兴—克义—希贤—言忠—公俭—彦震—承谦—宏钊

（安徽淮北支）

宏针

宏业

言信

⑫孟纪光支系：（道光介休支谱）山西介休县，待考

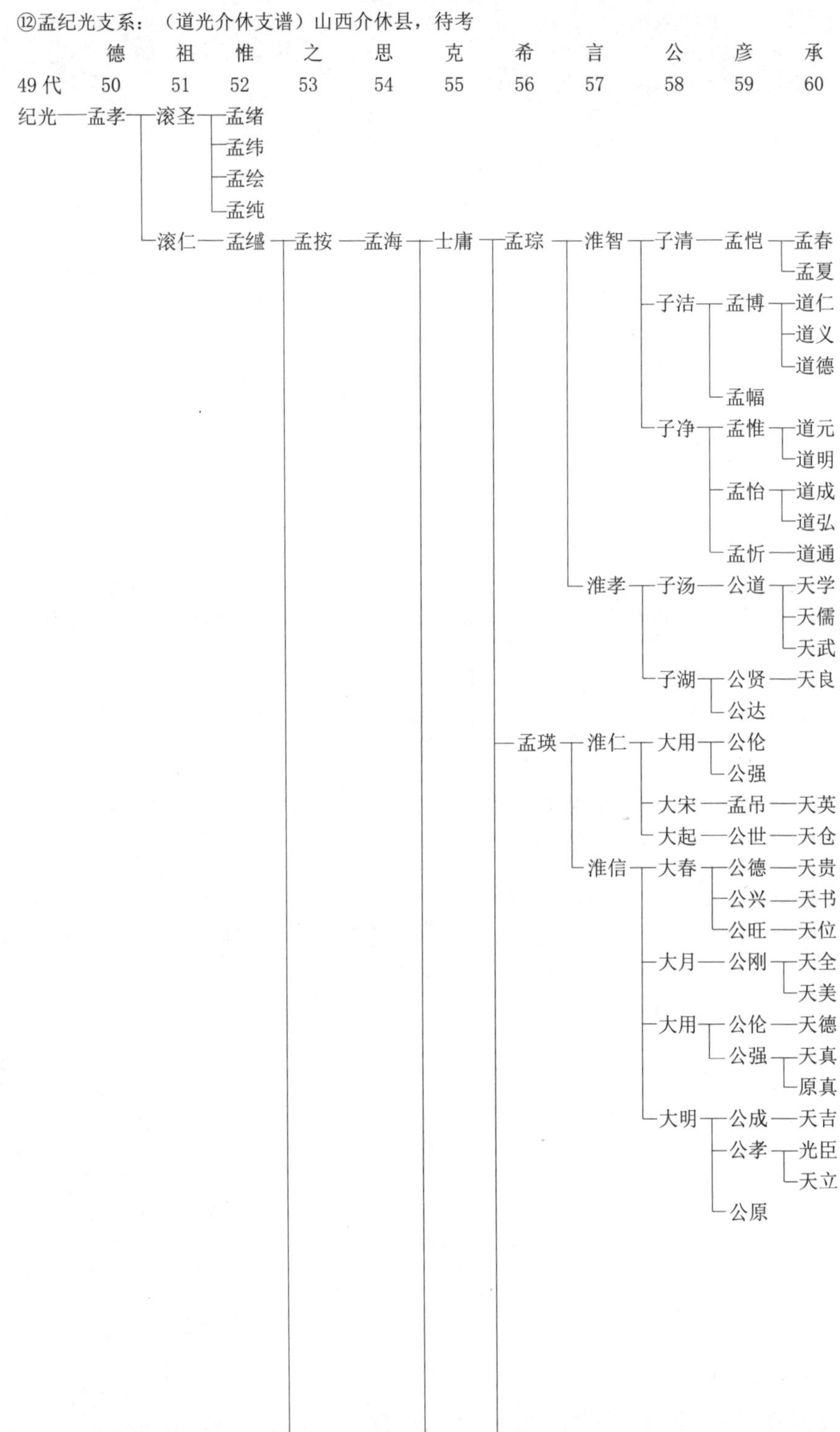

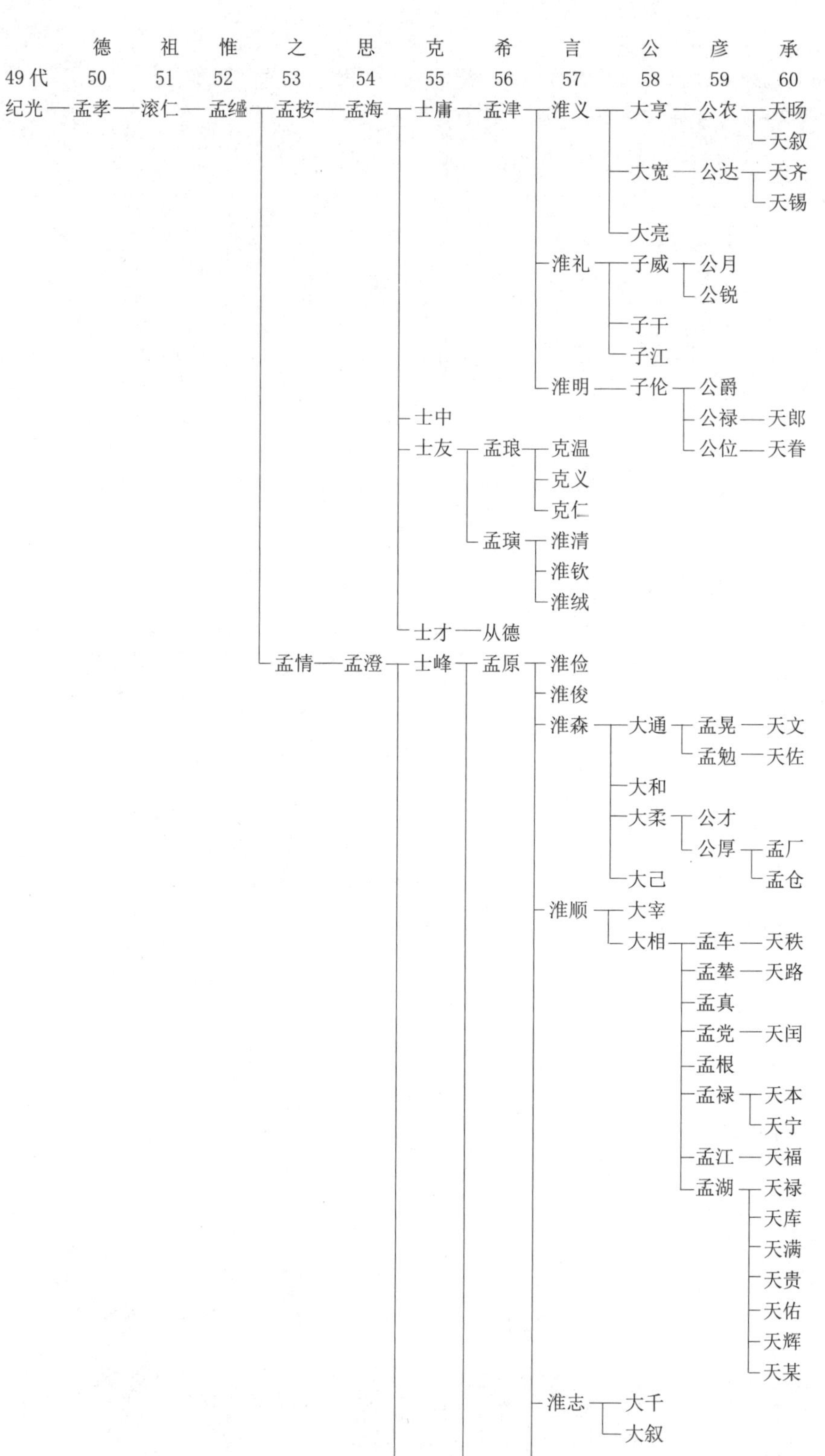
德 祖 惟 之 思 克 希 言 公 彦 承
49代 50 51 52 53 54 55 56 57 58 59 60
纪光—孟孝—滚仁—孟缳—孟按—孟海—士庸—孟津—淮义—大亨—公农—天旸
天叙
大宽—公达—天齐
天锡
大亮
淮礼—子威—公月
公锐
子干
子江
淮明—子伦—公爵
公禄—天郎
公位—天眷
士中
士友—孟琅—克温
克义
克仁
孟瑱—淮清
淮钦
淮绒
士才—从德
孟情—孟澄—士峰—孟原—淮俭
淮俊
淮森—大通—孟晃—天文
孟勉—天佐
大和
大柔—公才
公厚—孟厂
孟仓
大己
淮顺—大宰
大相—孟车—天秩
孟辇—天路
孟真
孟党—天闰
孟根
孟禄—天本
天宁
孟江—天福
孟湖—天禄
天库
天满
天贵
天佑
天辉
天某
淮志—大千
大叙

德 祖 惟 之 思 克 希 言 公 彦 承

49代 50 51 52 53 54 55 56 57 58 59 60

纪光—孟孝—滚仁—孟缁—孟情—孟澄—士峰

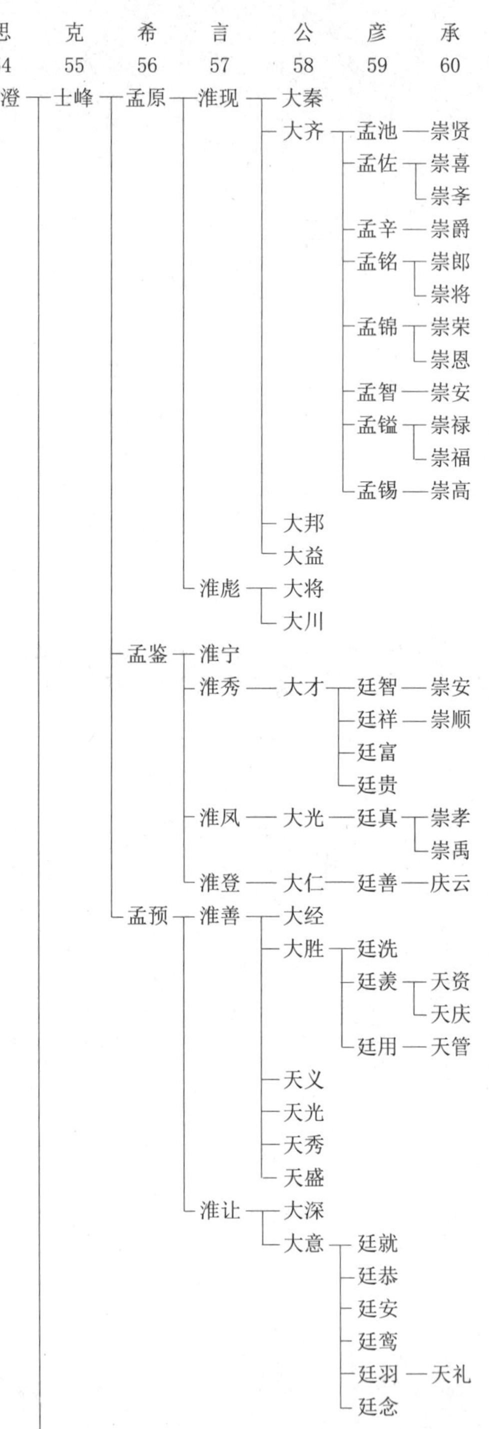

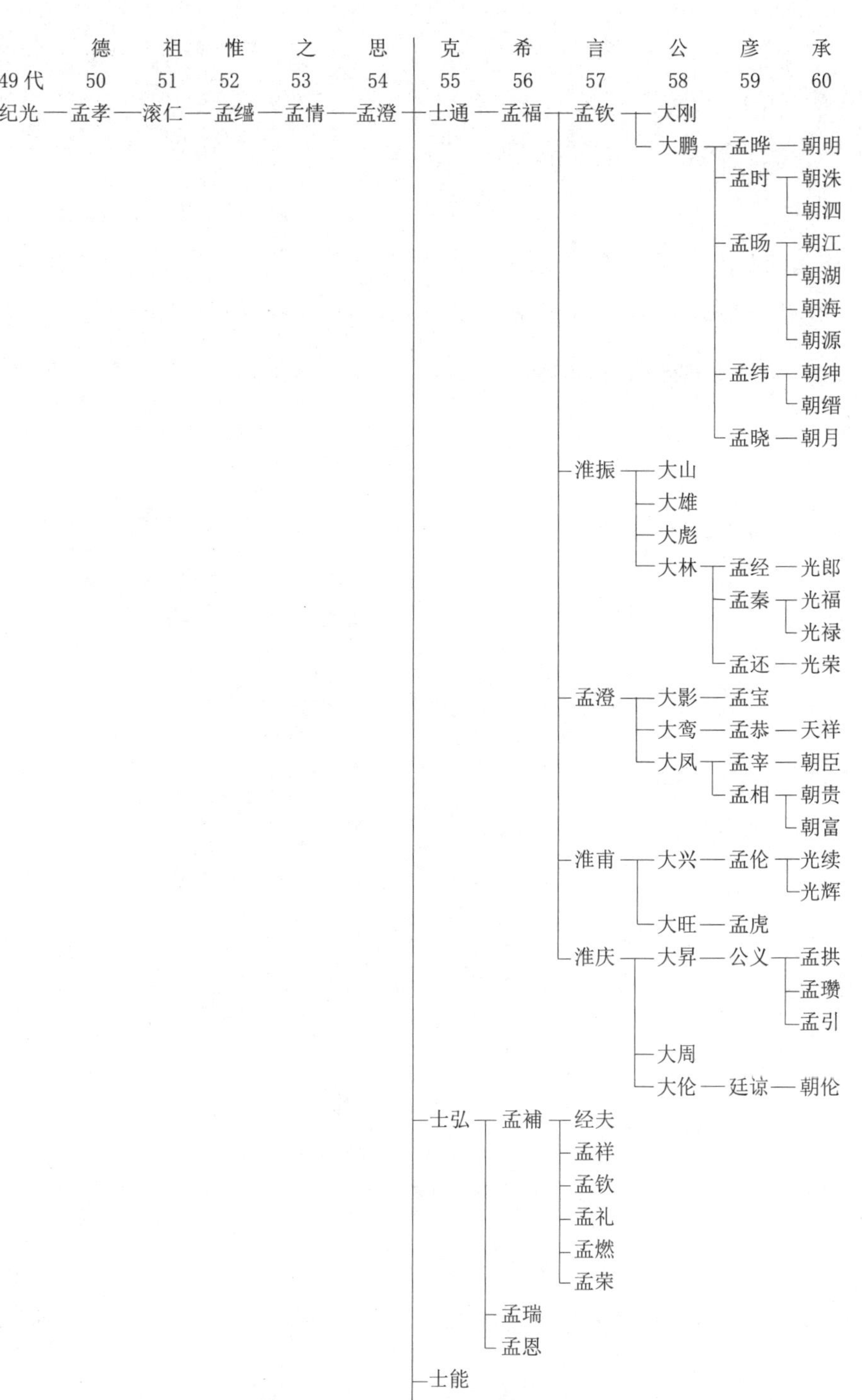


注：根据孟宪军提供资料整理。

## （七）孟姓人口的迁徙繁衍及分布

孟姓发源于山东、河南二地，主要在山东西南部和河南北部。公元前408年，齐国攻伐鲁国，取得了郈地。由于孟氏失去了在鲁国的采邑之地，孟氏后裔迫于形势，只得散居各地。其后裔后来逐渐分布于我国今山东、河南、河北、山西、陕西、湖北、湖南、浙江、江苏等地，明、清之际遍布全国各地。

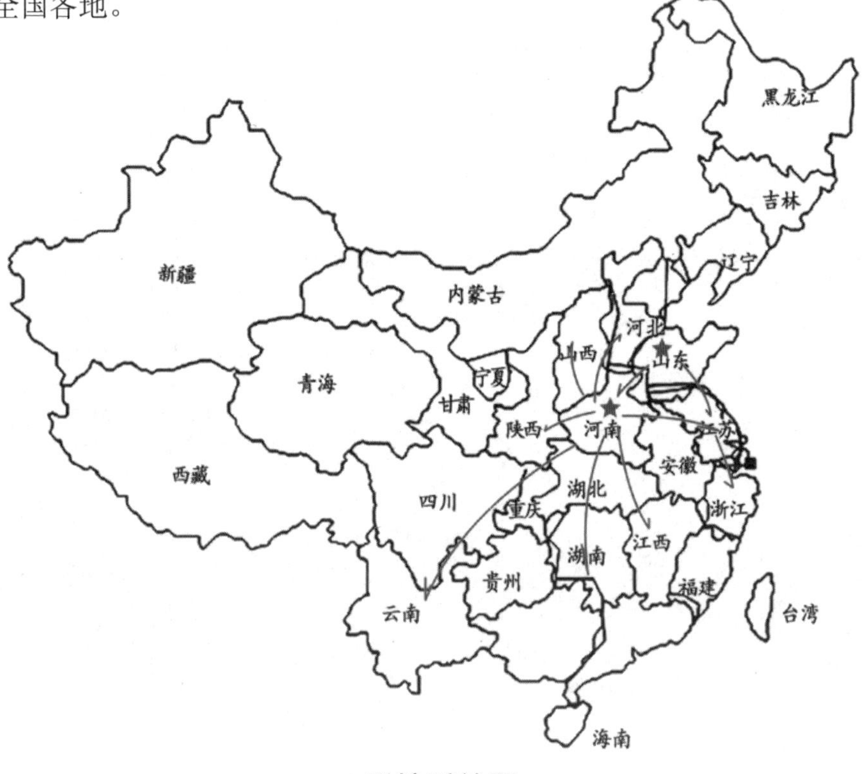


孟姓迁徙图

西汉有山东人孟喜（宣帝时立为博士）一族在当地繁衍旺盛，故西搬迁于陕西咸阳，向南入迁浙江上虞、湖北鄂城、云南曲靖。魏晋南士孟尝出浙江。

汉代，孟姓氏族已成为山东、河南、河北等省境一带的望族，并向西搬迁于陕西咸阳，向南入迁浙江上虞、湖北鄂城、云南曲靖。魏晋南北朝时，孟姓族人因避战乱，大举南迁。其中山东一带的孟姓多迁至今江苏、浙江一带，河南一带的孟姓大多迁至今湖北、江西北部一带。

三国时东吴大臣孟宗一族在湖北一带发展繁茂，故有江夏郡。另有猛将孟获出建宁（今云南省曲靖）。

唐时，孟姓名人灿若星云，出现了像孟浩然、孟云卿、孟郊等当时著名的大诗人。孟郊为浙江省德清人，其族人在当地发展势旺，治郡为武康县。另外，此年段社会安定，人口繁衍较快，是孟姓家族史上一个较平稳的发展期。

五代时，邢州龙冈（今河北省邢台西南）人孟知祥建立后蜀政权（今四川省成都），孟姓一族在蜀地发展之盛况，不可言表。

宋元时期，因金兵、蒙古军队争战中原，遂有北方孟姓二次大举南迁，以长江中下游地区较为集中。

南宋时，孟皇后得知宋徽宗第九子赵构从金营逃出在济，即遣内侄孟忠厚（信安郡王）持懿旨迎康王登位，继承宋统。金兵又南侵，孟忠厚护帝，后驾南渡，孟忠厚系孟子四十七代孙，为迁越始祖，宋高宗为推恩外戚，御书“仁寿堂”匾额一块赠孟忠厚。孟转送幼子孟太尉德载，因孟德载封诸暨开国男，环卫上将军，择地十二都定居，为诸暨孟姓始祖，古时诸暨孟姓宗祠正大门上方悬挂“南孟大宗”横匾一块。在十二都一带村庄基本上都是孟太尉后裔，孟姓是目前应店街镇第一大姓，人数在两万以上，丽水、义乌、无锡孟姓都是从十二都流寓过去的，历史上一直称之为“南孟故里”。（无锡孟姓是孟忠厚之子孟充的后裔，参见无锡复本《堂孟氏宗谱》）

明朝时期有孟克明二子，孟希灵、孟希善兄弟官至青岛鳌山卫千户封武略将军职，其子孙一直在大嵩卫、鳌山卫、灵山卫等地为官，人口繁衍极盛，明末清初部分迁居辽宁、吉林等地。

清代又有孟姓渡海入台，进而定居海外。

## （八）青岛孟姓始迁祖考略

### 1. 即墨—武略将军孟希善的后人

青岛的孟姓子孙中有一支系始迁祖孟希善的后裔，明朝在即墨鳌山设立卫之后，孟希善承袭兄孟希灵官至鳌山卫千户封武略将军职，其子孙在此居住已有六百多年的时间了。

孟希善是孟子的嫡传五十一代孙孟述祖二儿子孟惟忠的后代，孟惟忠子孟之宏有三子，长子孟思言（孟子世家谱二派克诚、三派克昭的父亲），次子孟思厚，三子孟思成（后裔居河北省任城一带）。孟思厚，名式科，于元朝至正年间避难江浦（今南京），1356 年从魏国公徐达征，建功未奏而卒，后赠武略将军，子孟克明，字澄源，后赠武略将军，孙孟希灵、孟希善；孟希灵官至河北永清卫，初以军功授千户、封武略将军，明朝永乐十四年（1416 年），孟希灵又世袭山东即墨县鳌山卫千户封武略将军。孟希灵之子孟铢不善习武回邹城，未能承袭父职，因而孟希灵的千户职由其弟孟希善于正统五年（1440 年）承袭，也非常胜任，封武略将军。孟希善生有五个儿子，长子孟（言）珂、次子孟（言）球、三子孟（言）学、四子孟（言）胜、五子孟（言）全。在道光版续修莱州府即墨县孟子世家谱时，长子孟（言）珂为长支世袭父亲孟希善千户武略将军职，其后代五十八代孟公笃、五十九代孟彦璋、六十代孟承景、六ˆ一代孟宏儒至六十二代孟闻古，长子长孙世袭千户、武略将军职二百多年。孟闻古于明朝崇祯十年

孟希善画像

（1637 年），丧师败律，被削夺袭爵，崇祯十七年即 1644 年，孟闻古因国难殉节。

孟姓鳌山卫一支共九代十人封武略将军，七代八人、二百二十八年世袭千户封武略将军职，其子孙居住在现山东即墨区鳌山卫镇、龙泉镇的碾子头。次子孟（言）球为二支，因官于 1456 年封怀远将军，世袭大嵩卫（今海阳市）指挥，孟（言）球生五子：长子孟公强、次子孟公胜、三子孟公瑾、四子孟公惠、五子孟公风。长子孟公强、次子孟公胜子孙居住在海阳孟格庄一带（后称为海阳支）；其他子孙现居住在胶南孟家滩、孟家庄。三子孟（言）学为三支，奉祀亚圣墓，孟（言）学生三子：长子孟公潮、次子孟公江、三子孟公湖，现居住即墨区田横镇蒲湾头、金口镇孟庄等地；四子孟（言）胜为四支，鳌山卫补亚圣奉祀生员鳌山官生，子孟公道、孙孟彦俐及其子孙现居住在城阳区上马镇程戈庄和即墨区磨市村等地；五子孟（言）全为五支，其子孙现居住在即墨移风店镇尖庄等地。

孟希善的部分子孙回归祖地邹城，另有子孙散居山东的胶州、平度、海阳等地，还有相当数量的后裔闯关东后散居辽宁、吉林、黑龙江，以及新疆等地。孟子的五十四代嫡传孙孟思厚早在未分派、户之前的元朝年间即已迁徙于外，他的儿子孟克明没有被列入孟子世家谱派、户系列，这或许与当时的交通、信息等闭塞有关。

2. 胶州、高密—武略将军孟希灵的后人

青岛的孟姓子孙中有一支系始迁祖孟希灵的后裔，后称即墨鳌山高密支，明朝在即墨鳌山设立卫之后，孟希灵于明永乐十四年（1416）官至鳌山卫千户封武略将军职。孟希灵之子孟铢素不喜武早回邹籍，因晚年家业凋零，携子孟公谭自邹县山头村至沂州府（今临沂市兰山区）兰山县。后又徙居莱州府高密县城南孟家沟庄，距城二十五里，慕其庄之习尚敦庞、风俗淳厚，有仁里之美，遂安家居住。孟公谭性谨朴、乐善好施，生有二子：长子孟彦诗、次子孟彦礼。孟彦诗迁居它处；孟彦礼有三子；长子孟承宠、次子孟承锡、三子孟承德。今居住在高密市孟家沟庄，前冢子头村，锅框村，夏庄村以及胶州市铺集镇苗家庄村，里岔镇河流孟村、谭家村，九龙镇的车家河屯村，洋河镇曲家炉村和胶州小行村的孟姓都是孟希灵的后人。

**备注：鳌山卫人文历史**

鳌山卫是明代开始的海防工程，始建于明朝洪武五年（1372），当初是为了抵御倭寇袭扰而修建的沿海军事重镇。它起源于明代特有的军民合一的管理体制。卫所制度是明朝的一种主要军事制度，为明太祖所创立，其构想来自于隋唐时代的府兵制。

按照明太祖朱元璋的设计，“跨府设卫，连县设所”，在中国东部沿海，东到鸭绿江口的丹东卫，南到广东的番禺卫，最盛时有五十八卫、八十九所，绵延四千余公里，构成了东南沿海的防御链条。鳌山卫由当时的莱州府管辖，浮山所、雄崖所属于鳌山卫，往南就是青州府所辖的安东卫，下辖左所石臼所、后所涛雒所，右所安东卫本所。这些卫均隶属山东都指挥使司，由都指挥使司直接指挥。

鳌山卫于洪武五年（1372 年）右丞相魏国公徐达，派遣指挥佥事来此建造土城，以防倭寇。历史上曾与天津卫、威海卫齐名。在山东设立宁海卫（牟平）、莱州卫、登州卫（蓬莱）、青州卫、鳌山卫、威海卫、成山卫（荣成）、靖海卫（荣成）、大嵩卫（海阳）、灵山城周为护城河卫、安东卫（日照）。构成了明代沿海防卫的链条。建成后，三里，围墙高二丈五尺、厚一丈二尺五，东西南北各有城门，深为二丈五尺，宽二丈。

第二次于永乐二年（1404）指挥佥事郭崇又大兴土木，城池周长扩建为五里，外包以青砖，四门加城门楼，增铺所十余所。

第三次于弘治元年（1488），分巡副使令檄指挥使再次重修，四方设门，四门加楼。

历经三次营建，鳌山卫城池整齐，规模宏大。呈正方形，城墙两面转砌，中间以黄土夯实。城开四门，门洞上方皆有门楼。城中的十字大街贯穿城东西南北，街面宽敞，形若棋盘，布局对称，以后随着人口不断增多，在城外又有了东街、西街、北街居住区。城中分东、西、南、北四街，建有卫署、学宫、经历司、仓廒等。城东有演武场，建有将台、厅堂。城外还有社稷坛、风坛、云坛、雷坛、雨坛、先农坛、城隍庙、关帝庙、玄武庙、三官庙、三司庙、马神庙、观音阁、福寿寺、朝阳寺等宗教建筑；有林坊、柱史坊等坊表建筑；有通济桥、长平桥、迎鹤桥、小石桥等桥梁建筑。

鳌山卫是一座海防城市，它集军、政、民于一身，既是沿海国防的重要卫城，又是沿海军政要地，按照当时的话说是“上马管军，下马管民”，其地位非常重要，品级也很高，卫指挥使为正三品职级，相当于军队的师职，地方的地级市。不仅各种军事职能齐备，而且民事管理职能也很完善，管辖的行政区域远大于今天的地级市，而且它还具备军屯、民屯制度，财政职能直属于兵部、户部管辖，建制上早于青岛开埠近三百年，直到清朝雍正十二年（1734）才降格成为灵山巡检分司，但职级上仍和当时的即墨平级。

3. 胶南、海阳—大蒿卫指挥孟（言）球的后人

胶南、胶州一带的孟姓有一支是从即墨区鳌山卫迁居而来的。

胶南、胶州一带的孟姓，是五十六代孟希善的次子孟（言）球、第三子孟公瑾、第四子孟公惠、第五子孟公风的后代，其子孙在此居住已有五百六十多年的时间了。

孟（言）球字鸣佩，补邹庙奉祀，秀才，封怀远将军大嵩卫指挥，明正统年间赴邹县祭孟庙，归谒灵山卫驻兵，路经胶州东南沿海，羡慕此地渔盐之利，待兄孟（言）珂袭千户职后，遂迁居胶州南境即今胶南隐珠镇孟家滩，其子孟公瑾、孟公惠、孟公风，后人繁衍极盛，五十八代孟公瑾，补亚圣墓奉祀，秀才，有二子：长了孟彦悦、次子孟彦德；孟公惠，太学生，有子：孟彦康；孟公风，三氏学秀才，有二子：长子孟彦怀、次子孟彦成。五十九代孟彦悦，断机堂恩生，有子：孟承奎；孟公怀，亚圣墓恩生，有子：孟承禄；孟彦成，亚圣居恩生，有二子：长子孟承元、次子孟承羡。孟家滩六十代孟承奎，恩选生，有二子：长子孟宏宾、次子孟宏占；孟承禄，恩选生，有子：孟宏信；孟承元，恩选生，有子：孟宏仁；孟承羡，恩选生，有二子：长子孟宏智、次子孟宏义。六十一代孟宏宾，恩选生，有二子：长子孟闻喜、次子孟闻善；孟宏占，隆庆元年钦取陪祀，太学生，有二子：长子孟闻庆、次子孟闻章；孟宏信，赐衣巾，有二子：长子孟闻法、次子孟闻启；孟宏智，耆宾，有三子：长子孟闻方、次子孟闻正、三子孟闻林；

孟宏义，赐衣巾，有三子：长子孟闻和、次子孟闻礼、三子孟闻旺。

孟宏仁，亚圣墓奉祀，秀才，从孟家滩迁居孟家庄为孟家庄始迁祖。子孟闻理、孟闻顺、孟闻行；以后其子孙在此繁衍旺盛。

海阳大嵩卫一带孟姓，几乎都属于孟（言）球长子孟公强以及次子孟公胜的后裔。孟公强生二子：长子孟彦明、次子孟彦光；孟公胜生二子：长子孟彦硕、次子孟彦邦。孟彦明世袭大嵩卫指挥，生二子：长子孟承印、次子孟承绶。孟承印生子孟宏阶，孟宏阶之子孟闻奇。孟闻奇于明崇祯十七年（1644）受朝廷之命，领兵进京攻打李自成军战役时阵亡，为时不久，

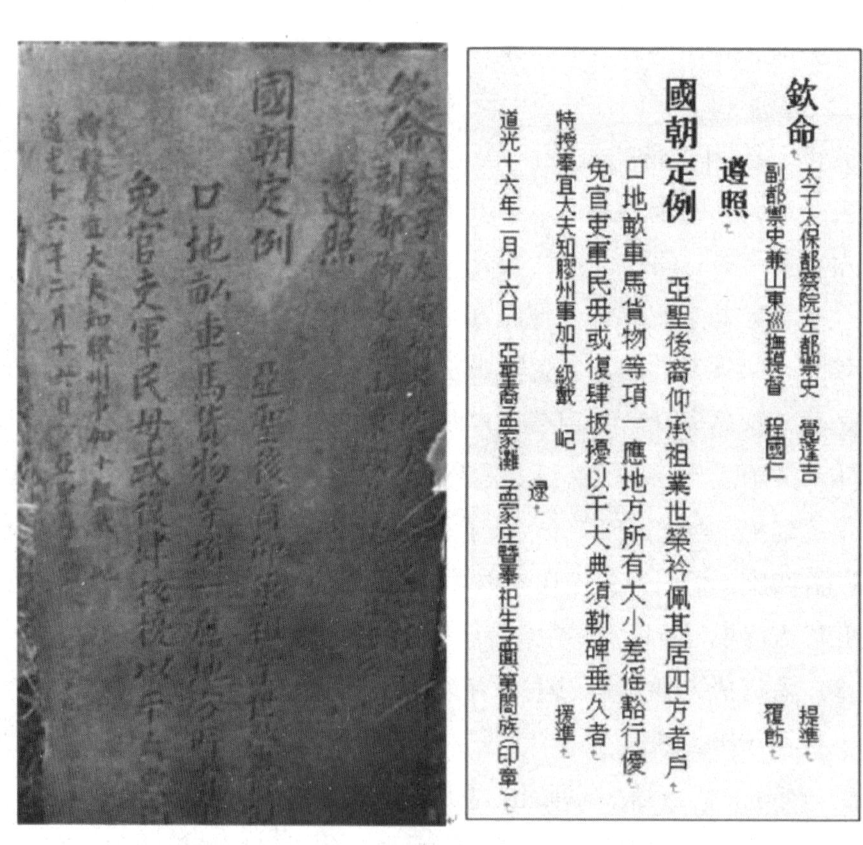
欽命 太子太保都察院左都御史 覺羅吉 提準
副都御史兼山東巡撫提督 程國仁 覆飭
遵照
國朝定例 亞聖後裔仰承祖業世榮衿佩其居四方者戶
口地畝車馬貨物等項一應地方所有大小差徭豁行優
免官吏軍民毋或復肆扳擾以干大典須勒碑垂久者
特授奉直大夫知膠州事加十級紀錄 屺 援準
逯
道光十六年二月十六日 亞聖裔孟家灘 孟家庄暨奉祀生孟園(第閭族(印章)

青岛市黄岛区（原胶南市）孟家滩老碑

明朝灭亡。孟闻奇之子孟贞官、孟贞宦。孟贞官因明亡无以图报，遂渡海迁徙到辽东，其后裔分别分布于辽宁岫岩县的黄桂城子、偏坡子、黑岛等地；辽宁抚顺县的驿马站、宽甸县的老台沟、吉林东丰县、黑龙江双鸭山等地。孟彦明次子孟承绶后裔迁居到辽宁岫岩县黄岭子；孟彦光的六代孙孟尚锦，由海阳孟格庄迁居到乳山县盘石店，传两代后又从盘石店迁居辽东岫岩县黑峪、高丽城子等地，其后裔繁衍昌盛；孟彦硕曾孙孟闻幸迁居莱阳县孟家夏布，到了清代乾隆三十年（1765）由孟家夏布迁居辽宁岫岩县定居于孟家店。孟彦硕又一曾孙孟闻元，孟闻元之子孟贞发，由孟家夏布迁居辽宁岫岩县红旗街一带，该支家谱中还反映出岫岩县红旗街孟氏中有从胶南孟家庄分迁而来的一支族人，这支族人后来从红旗街迁徙到沈阳郊区喇嘛台居住；孟彦邦子孟承琏，孟承琏子孟宏科，孟宏科子孟闻道，其后裔于明末清初时期迁徙何地未得其详。孟贞官的后裔携其家世资料赴邹续修家谱。

**备考：《山东省海阳县优渥孟氏碑》抄录**

恩例之逮圣裔也，莫荣于衿佩，莫厚于优免。夫衿佩者何？四氏子弟胥青衿瑞佩服冠，同邑庠而异于前补之书，祖德复补之书皇恩也。衿佩惟祖德而荣何？如乎衿佩惟皇恩而荣何？如乎皆衿佩而荣又何？如世衿佩而荣又何？如乎孟氏之衿佩赐自宋元孟族之衿佩诏自有明。本朝则沿自顺治元年申，自顺治八年至道光九年又复诏家祠顶戴制，重涣衿佩之泽。三迁志曰，一切散宗俱饰衿佩礼于有司荣矣哉，宜统领官之会议勒名也。而孟族之优免厚更著，于本朝顺治元年诏沿圣门典例期于优渥，顺治四年诏加优恤差徭豁出，十三年又蒙抚宪通饬大小差徭概勉。康熙二十三年暨四十年各蒙户部行文肆拔圣裔差徭者准详报究处。乾隆五年、二十年暨五十七年各蒙宪台行文圣裔地亩毫无差徭准勒石垂久。至嘉庆二十一年曲阜宰滥派徭役蒙革职外，仍勒石垂久，是则优免之厚也。岂惟不替衿佩之例直使荷厚德者被余荣，而圣裔永得优游于光天化日之中矣。职既忝在宗子首领孟族深感邓主之援准族请窃备述焉，以昭皇恩之隆，而更复铭僚司维持之功于不朽云。

**亚圣六十九代世袭翰林院五经博士加三级孟继娘敬题**

抄录原文中难免出错，请读者核对碑文，碑文影印件附后。

**鳌山卫资料和本文3资料由孟令保提供**

4.胶南—诸城县教谕孟希先的后人

明永乐十六年（1418年），亚圣五十六代孟希先由副贡任青州府诸城县教谕，因羡山水之胜自邹县迁海州，海州犹不如琅琲台之胜，遂由海州迁琅琲台籍，居大窑庄，琅琊孟氏始祖，至今已近六百年。

孟希先是孟子的嫡传五十一代孙孟述祖二儿子孟惟忠的后代，孟惟忠子孟之宏有三子，长子孟思言（孟子世家谱二派孟克诚、三派孟克昭的父亲）的第六子孟克哲的次子。

据传大窑孟氏以烧窑为生，故又名孟家窑，人丁甚旺，天启四年（1624），祖茔要脉遭奸邻毁坏，适逢瘟疫，后裔不幸罹难，大多相继殒殁，得同宗鳌山卫千户相助，生者陆续四散，仅剩七支携老谱或手抄本各奔东西，大窑已空无孟氏，外迁后裔有：

（1）六十代孟承柱、孟承鸾、孟承凤三位祖公迁至藏南镇茉旺村。六十二代孟闻明、孟闻清及孟闻忻后裔由茉旺迁至日照县，今日照北部东港区附近。部分后裔亦有从茉旺迁往胶南大场肖家洼、琅鄒北皂户等。

（2）大排行老四支六十代孟承桂迁至胶南大村镇孟家官庄，部分后



链接

孟祥生（亚圣75代孙、“祥”字辈），1972年生于山东单县。青岛秀珀尔科技有限公司经理，青岛孟氏宗亲联谊会副秘书长。自幼酷爱书法，30年来勤耕不辍。

裔陆续由官庄外迁至岭南头、广家庄、大村河北、前村、后村、大石岭、小石岭、塔山坡、双墩、后茂甲等村。

（3）大排行老五支六十代孟承梅迁至夹沟。孟承梅长子孟宏裕迁至胡家庄，孟宏裕次子孟闻举、三子孟闻奎迁至禄家庄；孟承梅次子孟宏财迁至瓦屋；孟承梅三子孟宏正居夹沟，后裔与瓦屋支合并。

（4）大排行老六支六十代孟承宗后裔迁诸城孟家窑。孟承宗次子孟宏顺迁下京子埠；另有部分后裔迁小寨和前齐沟。诸城孟家窑、下京子埠、小寨今属林家村镇；前齐沟今属新兴街道。

（5）大排行老七支六十代孟承跣迁至孟小庄，今大村镇孟家村。

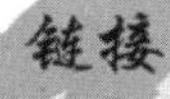

孟令保（亚圣76代孙、“令”字辈），1950年生。沈阳化工大学副教授。

1982年起从事孟氏家世研究至今。

2003年所修的本支家谱被沈阳档案局收藏。曾得到沈阳市档案局及国家档案局的高度重视，国家档案局副局长杨东权及沈阳市委副书记等领导亲自登门拜访。

2005年，沈阳孟氏宗亲会主要发起人，先后任第一副理事长、理事长。

2010年，受中华孟氏宗亲会理事长邀请，赴邹城加入《孟子世家谱》续修工作，曾任副会长兼编委主任。

撰写研讨文章数十篇，对孟氏家族系脉的挖掘、考证均有较为独到之处；对家谱纂修的沿革、体例及其方法等有着系统论述，其中相应的部分已载入辽宁出版社《孟氏溯要》一书。

《血脉·孟姓家书》编审

5. 孟子世家流寓青岛各地人口汇总

| 区市 乡镇村庄 | 户数 | 人数 |
| --- | --- | --- |
| **即墨区联系人：孟宪进 13905420617** | | |
| 大信镇乔家 | 31 | 107 人 |
| 温泉镇西温泉村窑厂 | 19 | 68 人 |
| 环秀街道石棚子 | 2 | 5 人 |
| 环秀街道前东城 | 10 | 20 人 |
| 环秀街道磨市村 | 15 | 44 人 |
| 鳌山卫镇南泊子村 | 7 | 24 人 |
| 通济街道南龙湾 | 6 | 25 人 |
| 通济街道纪家庄 | 3 | 3 人 |
| 龙泉镇黄家山 | 7 | 42 人 |
| 龙泉镇前碾子头 | 76 | 212 人 |
| 经济开发区西塔村 | 25 | 71 人 |
| 段泊岚镇西尖庄 | 44 | 241 人 |
| 王村镇蒲湾头 | 145 | 856 人 |
| 北安街道营西村 | 9 | 32 人 |
| 北安街道营上小庄 | 24 | 55 人 |
| 北安街道泥洼 | 11 | 32 人 |
| 金口镇孟家庄 | 63 | 293 人 |
| **黄岛区联系人：孟宪军 13791929881** | | |
| 滨海街道胡家小庄 | 12 | 62 人 |
| 滨海街道瓦屋 | 16 | 80 人 |
| 藏南镇长阡沟一队 | 8 | 41 人 |
| 藏南镇茉旺村 | 223 | 976 人 |
| 大场镇肖家洼 | 7 | 40 人 |
| 大村镇大石岭 | 6 | 46 人 |
| 大村镇小石岭 | 34 | 165 人 |
| 大村镇广家庄 | 8 | 47 人 |

| 区市　乡镇村庄 | 户数 | 人数 |
| --- | --- | --- |
| 大村镇河北村 | 4 | 19 人 |
| 大村镇后村 | 3 | 7 人 |
| 大村镇后茂甲 | 11 | 58 人 |
| 大村镇岭南庄 | 24 | 114 人 |
| 大村镇孟家村 | 32 | 175 人 |
| 大村镇孟家官庄 | 111 | 587 人 |
| 大村镇前村 | 3 | 11 人 |
| 大村镇塔山坡 | 3 | 18 人 |
| 大村镇西砚瓦 | 31 | 180 人 |
| 胶南街道孟家洼子 | 10 | 36 人 |
| 胶南街道小报屋村 | 5 | 17 人 |
| 琅琊镇北皂户 | 7 | 47 A |
| 琅琊镇前沟 | 26 | 97 人 |
| 珠海街道办事处逮家庄 | 113 | 475 人 |
| 珠海街道孟家庄 | 104 | 745 人 |
| 隐珠街道孟家滩 | 384 | 1830 人 |
| 外迁城阳上马街道北程 | 6 | 31 人 |

**城阳区联系人：孟工厂（宪）13969681516**

| | | |
| --- | --- | --- |
| 上马街道北程戈庄 | 648 | 3140 人 |
| 上马街道下马村 | 11 | 42 人 |
| 河套上疃社区 | 305 | 1397 人 |
| 城阳河套孟家庄 | 97 | 570 人 |

**崂山区联系人：孟宪文 18954287777**

| | | |
| --- | --- | --- |
| 西山社区 | 8 | 51 人 |

| 区市　乡镇村庄 | 户数 | 人数 |
|---|---|---|
| **胶州市联系人：孟繁国** | **15865510088** | |
| 里岔镇河流孟村 | 92 | 291 人 |
| 胶西镇小行村 | 14 | 52 人 |
| 胶莱镇孟家村 | 96 | 315 人 |
| 洋河镇魏家庄 | 48 | 184 人 |
| 洋河镇曲家炉村 | 100 | 325 人 |
| 云溪街道办事处郑家小庄 | 24 | 92 人 |
| 铺集镇苗家庄村 | 134 | 777 人 |
| 匡家街 | 1 | 3 人 |
| **平度市联系人：孟繁涛** | **15966921998** | |
| 同和西孙家庄 | 24 | 96 人 |
| 田庄镇孟家村 | 108 | 397 人 |
| 蓼兰镇河北孙家庄村 | 9 | 32 人 |
| 蓼兰镇道望丘村 | 31 | 163 人 |
| 张戈庄东村 | 14 | 49 人 |
| 南村镇小亭兰丘村 | 14 | 63 人 |
| 白埠镇东埠村 | 32 | 140 人 |
| **莱西市联系人：孟宪京** | **13969794658** | |
| 马连庄镇孟家下布村 | 116 | 437 人 |
| 望城街道办事处大望城 | 32 | 141 人 |
| 河头店镇南埠后村 | 51 | 223 人 |
| 院上汪家庄村 | 8 | 5] 人 |
| 日庄镇榆林庄村 | 11 | 51 人 |
| 日庄镇张家埠 | 6 | 20 人 |
| 院上镇孟家庄 | 20 | 95 人 |
| 沽河街道办事处潘格庄 | 15 | 39 人 |
| 姜山镇埠西村 | 1 | 4 人 |
| 水集街道办事处中庄扶村 | 2 | 11 人 |
| 水集街道办事处寨庄村 | 1 | 5 人 |
| 经济开发区谭家院村 | 1 | 9 人 |
| 莱西市城区 | 7 | 26 人 |

## （九）孟姓人口及全国排名

自宋朝至今一千多年间，孟姓人口的增长率是呈“V”形的态势，在全国的分布目前主要集中于山东、河南、河北，这三省的孟姓人口大约占孟姓总人口的 46%；其次分布于江苏、辽宁、山西、黑龙江，这四省又集中了 28% 的孟姓人口；山东为孟姓第一大省，约占孟姓总人口的 21%o

1. 宋朝时期，孟姓人口大约有三十二万人，约占全国人口的 0.42%，排在第五十五位。孟姓第一大省是河北，约占全国孟姓总人口的 30%。

2. 明朝时期，孟姓人口大约有二十万人，约占全国人口的 0.22%，为明朝第八十九位。孟姓在全国的分布主要集中于山东、山西、河北，这三省大约占孟姓总人口的 58.7%。

3. 中华人民共和国成立前，孟姓人口为一百万人左右。

4.20 世纪 60 年代末为二百万人左右。

5. 根据 2006 年中国姓氏排名，孟姓人口已达三百三十多万人，列居全国姓氏第七十三位，大约占全国人口的 0.27%o 在全国的分布主要集中于山东、河南、河北，这三省大约占孟姓总人口的 46%；其次分布于江苏、辽宁、山西、黑龙江，这四省又集中了 28% 的孟姓人口；山东为孟姓第一大省，约占孟姓总人口的 21%。

6. 根据 2015 年中国姓氏最新排名，孟姓人口达三百一十八万，列居全国第八十四位，大约占全国人口的 0.24%。其中山东省孟姓约占全国汉族孟姓人口的 26%。

7.2016 年全世界孟姓人口约为三百七十万。

孟姓从亚圣孟子到 2017 年在世长者六十七代“毓”字辈到现在孙子辈八十二代“绍”字辈，跨越十六代。

# 孟 姓 分 布

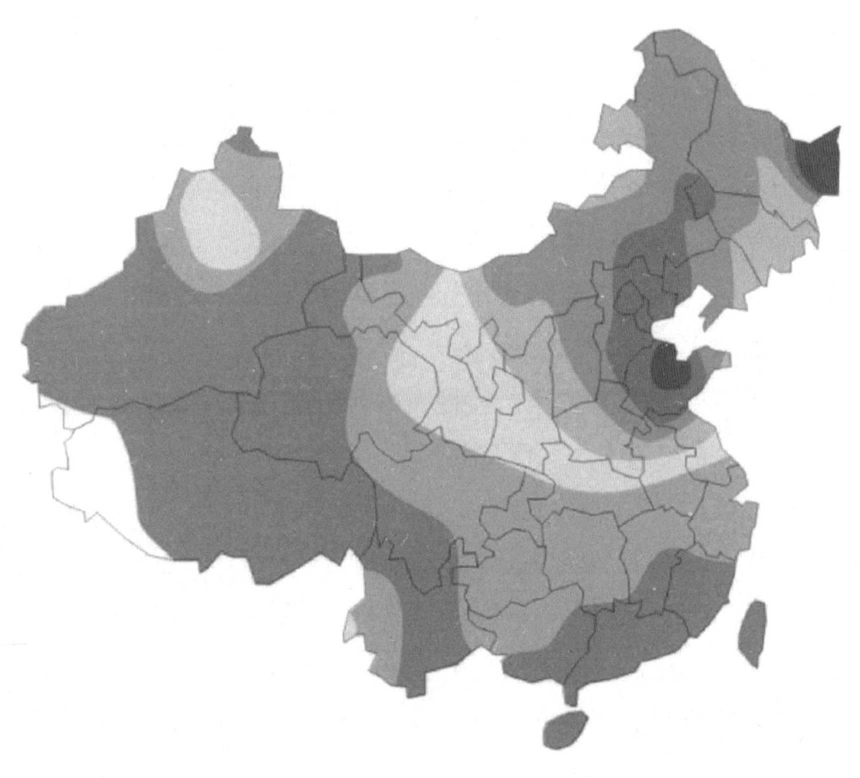

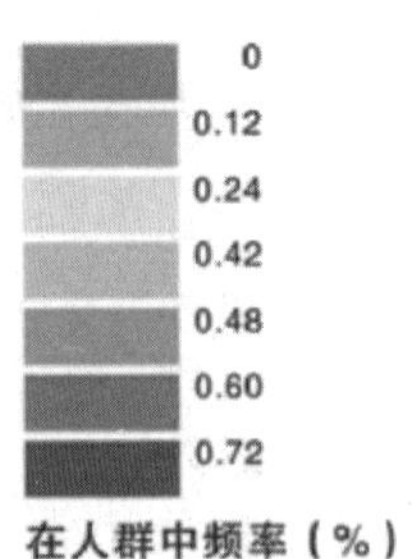

# 三、孟姓历史上续谱修志及族训

孟姓自北宋元丰六年（1083）到清朝同治四年（1865），之间的七百八十二年共修族谱八次，自清朝同治四年（1865）到现在（2017）的一百五十二年里再没有续修家谱；本次续修家谱自2010年由孟氏宗亲联谊会发起续修，预计2019年底完成。

## （一）续修《孟子世家谱》

**北宋：**

1. 北宋元丰六年（1083），孟子的四十五代孙孟宁在故宅墙壁中发现其父孟公济为躲避战乱藏存于其间的家谱。孟宁率领族众，把家谱重新加以编排，编修了孟氏家族历史上第一本较为完整、内容较为系统的《孟氏族谱》，孟氏家谱真正有详细可信的文字记载，是在中兴祖孟宁之后。

**金代：**

2. 金代大安三年（1211），孟子四十八代孙邹县县令孟润又续修了《孟氏族谱》。

**元朝：**

3. 至元元年（1264），孟子五十一代孙孟祇祖续修家谱。

**明朝：**

4. 万历元年（1573），六十代孟承相曾续修族谱。

5. 天启二年（1622），六十二代孟闻祉组织孟氏族人共同捐资续修族谱。

**清朝：**

6. 康熙五十九年（1720），孟子六十五代孙世袭翰林院五经博士孟衍泰修编了一部较为完整的族谱。

7. 道光四年（1824），六十九代孙世袭翰林院五经博士孟继烺主持续修《孟子世家谱》，第一次划分出中兴祖下十一派、二十户。

8. 同治四年（1865），七十代孙世袭翰林院五经博士孟广均主持续修了《孟子世家谱》。

孟氏族谱规定，续谱之时要将旧谱缴入谱馆，一旦新谱修成，要将旧谱销毁，所以清代以前的孟氏族谱已经没有了，传世的只有道光四年版《孟子世家谱》（1824）及同治四年版的《孟子世家谱》（1865）两种木版刊印本。

《道光谱》收录了孟宁、孟润、孟衍泰在前几次主持修谱时所写的旧序，孟继娘为之作了新序。全谱共计六册、十四卷。

《同治谱》共计六册、十五卷，由孟广均作序，收录了五篇旧序，在内容与编排上，和《道光谱》大致相同，该谱是孟府内保存最为完备的孟氏族谱。

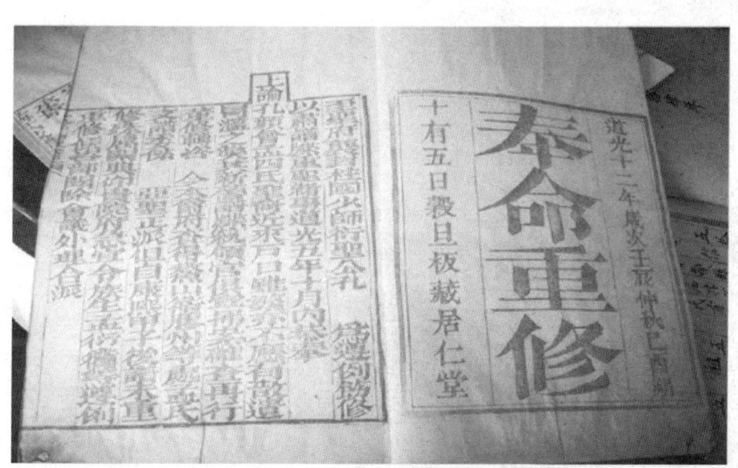

在青岛地区续谱时请出的老谱书

**说明：**

在续修家谱的过程中，青岛宗亲在黄岛区和即墨区分别发现清朝道光年间的白纸红字的孟姓谱书六本，经到邹城宗亲会求证和有关专家考证，此谱为真迹。据有关专家介绍，在过去续修族谱时皇室家族可使用黄纸红字，而圣人之后的名门可用白纸红字，平民百姓续谱只能使用白纸黑字了。

孟祥居与75代孟子嫡长孙奉祀官孟祥协（堂兄）在台湾合影

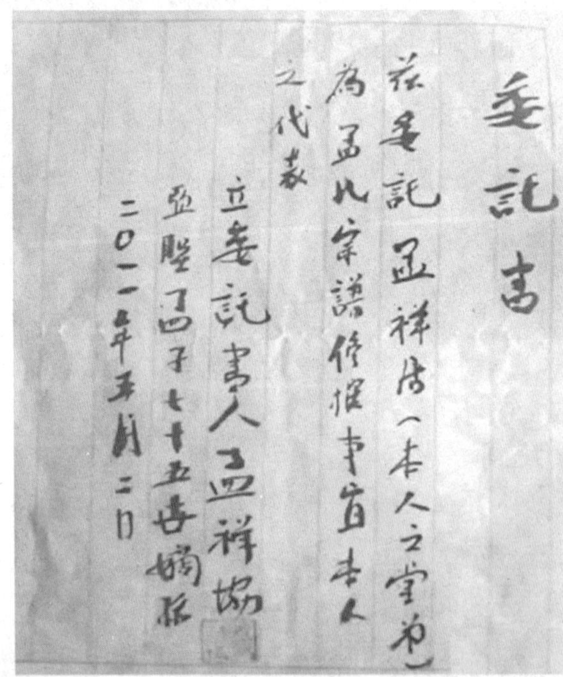

委託書

茲委託孟祥居（本人之堂弟）
為孟氏宗譜修撰事宜本人
之代表

立委託書人孟祥協
亞聖孟子七十五世嫡孫
二〇一一年五月二日

孟祥协委托孟祥居续修《孟子世家谱》委托书

## （二）续修《三迁志》

孟氏的修志自明成化十八年（1482）开始，是孔、颜、孟三家的合志，直到清朝的 1887 年的四百零五年间共修志六次，到现在也有一百三十年失修了。

**明朝：**

1. 孟子后世有家志，是从明朝宪宗成化十八年（1482）开始，是孔、颜、孟三家的合志，名《孔颜孟三氏志》，刘浚纂。

2. 明朝世宗嘉靖三ˆ一年（1552），才有孟氏单独的家志，即以《三迁》为书名，史鹗纂。

3. 明朝万历三十五年（1607），邹县知县胡继先主纂了万历本《孟志》。

4. 明朝天启本《三迁志》是由做过山东布政使司的都事吕元善主纂。该书是万历《孟志》的增补本。

**清朝：**

5. 清朝康熙六十一年（1722）秋，孟子六十五代孙世袭翰林院五经博士孟衍泰重校《三迁志》，称雍正本。

6. 清朝道光丨·五年（1835）七十代孙世袭翰林院五经博士孟广均主持纂修《重纂三迁志》，其后人又在孟广钧原稿基础上进行重纂，直到清光绪十三年（1887）传世，

历经五十二年，称光绪志。

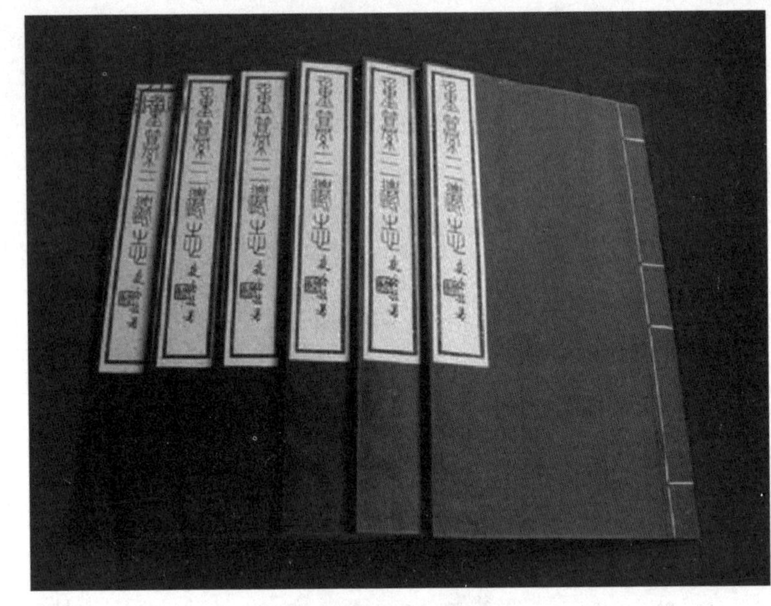

《二迁志》书名取意于孟母三迁，既是孟氏族谱，又是地方志中的一种专志，以志为主，志牒相兼。

《三迁志》始修于明朝嘉靖年间，最后修于清朝光绪年间。主持纂修的大多是地方官吏及社会名流，前后共编修六次，多以三迁命名，如今能看到的只有雍正本和光绪本。



链接

孟宪山（亚圣72代孙、“宪”字辈），1945年生于山东曲阜凫村，属孟姓第三派、第六西阁户。大学文凭，从军23年，曲阜国际旅行社退休。

曾主持编纂了《孟子研究》期刊、《孟母三迁话古今》丛书、《浩然正气与民本思想》等专著和刊物。现任曲阜孟子研究会副会长兼理事长，孟氏宗亲联谊会孟子世家谱续修办公室副主任。

《血脉·孟姓家书》总策划

## （三）续修家谱的意义

国不可一日无史，家不可一世无谱，“家之谱，尤国之史也”。由此可见续修家谱的重要性。续修家谱是我们每个孟姓子孙义不容辞的责任和义务，也是上对得起列祖列宗，下不误子孙后代的历史使命。家谱是系统记述我们孟姓祖先的血缘世系人物的传承，记载祖辈的家训家规及历史过程中繁衍迁徙的依据，是一部激发后代励志求进的教科书，是宗亲联谊和睦和谐相处的纽带；续修家谱更是中华民族优秀文化的重要组成部分，也是中华文明的特有现象。同时，家谱是一个巨大的资料宝库，可供从事社会学、历史学、考古学、经济学、民俗学、人口学、民族学、文学、政治学、宗教学、法学、姓氏学的研究人员从中查询资料，寻找依据，进行研究。特别是我们孟姓家谱，堪称中华文明宝库中的珍品。因此，我们每个孟姓子孙都应拥有孟子家国天下的豪情与担当，参与到续修家谱的工作当中来。

## （四）续修《孟子世家谱》的新规定

1. 本次续修，以入谱者首先承认亚圣孟子为始祖，并自愿入谱为原则。

2. 孟姓，入谱必须按“五十字辈”填写入谱名（现用名与入谱名不同者附后）。

3. 孟家女外嫁夫家，其所生子女随母姓孩子可以自愿入谱。

4. 入赘女婿所生子女，再婚带入子女和抱养子女为孟姓者，可自愿入谱。

5. 跟随母亲改嫁现改他姓的孟姓子女，如愿入谱改回孟姓也可入谱。

6. 旅居国外的孟姓子孙使用孟姓也可入谱。

7. 出嗣者于生父子女名下注明出嗣，入嗣亦同。

8. 未出生者不得虚报入谱。

**（根据孟氏宗亲联谊会 2016 年 3 月《孟子世家》谱续修资料汇编和《孟子世家谱》续修办公室请示汇总）**

## （五）《续修三迁志》启动仪式正式开始

2017年9月19日，由孟氏宗亲联谊会和中国孟子研究院共同主办的《续修三迁志》启动仪式在孟子研究院取得圆满成功。与会的60余位专家学者、孟氏宗亲共同见证了《续修三迁志》编纂工作正式启动的历史时刻！活动由孟氏宗亲联谊会会长孟淑勤主持，中国孟子研究院副院长袁汝旭作了重要讲话，与会专家学者陈来、王志民、李存山、赵永和与孟淑勤、孟祥太、孟杰等宗亲代表共同按下水晶球，标志着《续修三迁志》的正式启动！

《三迁志》，顾名思义，是记述孟氏家族相关事迹的家族史志。“三迁”一名取自“孟母三迁”之典故。《三迁志》与孔氏家族的《阙里志》、颜氏家族的《陋巷志》、曾氏家族的《宗圣志》，同为中国家族史志的经典著作。

续修《三迁志》，重新整理孟氏家族史料一直为各地孟氏族人所关注。2010年孟氏宗亲联谊会启动了《孟子世家谱》续修工程，经过多年努力，有赖各地宗亲的大力支持，《孟子世家谱》入谱登记资料的征集工作已取得可喜的成绩，为即将开始的世系对接、编排工作打下了坚实的基础。随着家谱续修工作的迅速开展，收集各地孟氏家族文化资料、续修《三迁志》的需求也应运而生。《孟子世家谱》和《三迁志》是孟氏家族文化的重要载体，二者相辅相成、各有侧重、互为补充，对于记录家族文化、凝聚宗族亲情意义重大，不可或缺。

参加此次活动的还有孟氏宗亲联谊会副理事长孟凡松、孟祥金、孟令军，常务理事孟凡顺，理事孟庆三，山西孟晓辉，河南孟宪立、孟德经、孟亮，青岛孟宪良、孟繁胜、孟宪军、孟庆鹏，赤峰孟庆新，上海孟庆萍，安徽亳州闫莉，邹城孟召贤、孟宪忠、孟庆萍等各地宗亲代表。

孟子思想研究会、孟氏宗亲联谊会孟淑勤会长宣布启动仪式

## （六）清朝嘉庆年间不准入谱之规定

1. 流入僧道者不准入谱。

2. 甘居下贱素败门风者不准入谱。

3. 乖舛伦纪有污名教者不准入谱。

4. 凶恶流徒素干国宪者不准入谱。

5. 行辈各序不按本族规者不准入谱。

以上数条均系妨碍宗规勿得乱入，致滋蒙混之，族长监修等严为核查，如有玩忽徇私等情秉公于咎须至示者。

嘉庆二十五年四月

（根据《孟子世家谱》流寓莱州府即墨县谱书记载）

## （七）民国时《孟氏族谱》为孟氏子孙规定的十六条族训

1. **孝悌**：孝顺父母，尊敬兄长，和睦弟弟妹妹。

2. **忠信**：忠于祖国，忠于人民，忠诚老实，诚实守信，讲信义，讲信用。

3. **读书**：读书能增长知识，明人伦、知理义，知书达理，俗话说：“养儿不读书，不如养活猪。”读书是做人的终身职业。

4. **务农**：从事农业劳动，农业是国民经济的基础，是人民生活的保证，我国已将农业、农村、农民问题列为国家发展的基本政策。

5. **忍让**：对非重大原则问题，应该谦让、让步，“宽宏大量忍为高，遇事不气是英豪，流言蜚语任他去，万事容人祸自消”，这应是我们具有的品格。

6. **勤俭**：勤奋简朴是我们的传家宝，创业靠勤、守业靠俭，勤俭是中华民族的优良传统，也是个人道德修养的重要方面。

7. **善行**：积德行善，多做善事，“穷则独善其身，达则兼济天下”，要有恻隐之心、同情之心、仁爱之心，行善帮助别人，自己可以获得心理上的莫大慰藉，对于形成互相关心、互相帮助的社会良好人际关系的建立、和谐社会的建设也具有促进作用。

8. **本分**：守本分，也就是正派，不侵害别人，保持人的本来善性，老老实实做人，勤勤恳恳地劳动，走正道，不走邪道，做有道德的人。

9. **戒奢华**：不得奢侈浮华，保持艰苦朴素的作风，永不腐化。

10. **戒赌博**：不要钱、不博弈、不想歪财，赌博的最终结果是输光家产，造成祸患，俗话说，“赌博出贼性”“耍钱闹鬼”，会失去人性道德。

11. **戒淫荡**：不许淫乱，不许嫖娼卖淫和乱搞两性关系，要保持人的贞操亮节，做纯粹的人。

12. **戒酗酒**：不得醉酒，酒后无德，酒后闹事、闯乱子，而且严重地损害身体健康。

13. **戒种坟间隙地**：不得在先辈坟茔之间的空地耕种，这是为保护祖坟，对先辈的尊敬。

14. **戒茔间牧牛羊**：不得在祖坟地放牧，这也是对祖坟的保护和对先祖的尊敬。

15. **戒健讼**：不要生硬争辩，不强词夺理，不诡辩，这是一种道德涵养。

16. **戒戏谑**：不要嘲讽耍弄别人，不能用玩笑戏弄、侮辱别人，这是为人处世的道德标准。

## （八）孟府旧藏各地流寓支谱

为便于各支派寻根问祖，查找对接，现将孟府部分支派的宗府存查谱分列于下，供宗亲们查对各支系渊源参考。

### 山东省 109 支（部）

1. 孟子世家流寓金乡县（孟家堂）支谱，续修年代为清道光五年（1825年），鉴定人系亚圣六十九代翰博孟继娘鉴定并作序，该支始迁祖系亚圣五十一代孙孟光。

2. 孟子世家流寓泰安府（今聊城市东阿）支谱，清道光十年（1830年），鉴定人系亚圣六十九代翰博孟继娘鉴定并作序，该支始迁祖系亚圣五十一代孙孟福祖。

3. 孟子世家流寓临清（今聊城市仓上村）支谱，清道光十五年（1835年），鉴定人系亚圣七十代翰博孟广均鉴定并作序，该支始迁祖系亚圣六十一代孙孟宏信。

4. 孟子世家流寓直隶州城武（河北营）支谱，续修年代为清道光十六年（1836年），鉴定人系亚圣七十代翰博孟广均鉴定并作序。

5. 孟子世家流寓登州府文登县（望岛村）支谱，续修年代为清道光二十二年（1842年），鉴定人系亚圣七十代翰博孟广均鉴定并作序，该支始迁祖系亚圣四十六代孙孟统。

6. 孟子世家流寓登州府黄县（上孟家村）支谱，续修年代为清道光二十三年（1843），鉴定人系亚圣七十代翰博孟广均鉴定并作序，该支始迁祖系亚圣五十七代孙孟言元。

7. 孟子世家流寓登州府黄县楼霞（后孟家村、孟家庄）支谱，续修年代为清道光二十四年（1844），鉴定人亚圣七十代翰博孟广均鉴定并作序，该支始迁祖系亚圣五十六代孙孟希有。

8. 孟子世家流寓济南府新城（尚庄村）支谱，续修年代为清道光三十年（1850），鉴定人系亚圣七十代翰博孟广均鉴定并作序，该支始迁祖系亚圣五十三代孙孟之珍、孟之进。

9. 孟子世家流寓济南府平原县（何占屯）支谱，续修年代为清咸丰二年（1852 年），鉴定人系亚圣七十代翰博孟广均鉴定并作序，该支始迁祖系亚圣五十六代孙孟希尧。

10. 孟子世家流寓济南府齐河（孙家庄）支谱，续修年代为清咸丰九年（1859 年），鉴定人系亚圣七十代翰博孟广均鉴定并作序，该支始迁祖系亚圣五十七代孙孟言卞。

11. 孟子世家流寓曹州府单县，续修年代为清咸丰九年（1859），鉴定人系亚圣七十代翰博孟广均鉴定并作序，该支始迁祖系亚圣五十二代孙孟惟迁。

12. 孟子世家流寓济南府禹城（孟家庄、闫贵庄）支谱，续修年代为清同治三年（1864 年），鉴定人系亚圣七十代翰博孟广均鉴定并作序，该支始迁祖系亚圣五十六代孙孟希奉。

13. 孟子世家流寓济南齐河县（大孟家庄）支谱，续修年代为清同治三年（1864 年），鉴定人系亚圣七十代翰博孟广均鉴定并作序，该支始迁祖系亚圣六十七代孙孟毓安。

14. 孟子世家流寓汶上县（疃里村）支谱，续修年代为清同治三年（1864 年），鉴定人系亚圣七十代翰博孟广均鉴定并作序，该支始迁

祖系亚圣五十四代孙孟思忠。

15. 孟子世家流寓泰安府平阴县（孟家庄）支谱，续修年代为清同治三年（1864 年），鉴定人系亚圣七十代翰博孟广均鉴定并作序，该支始迁祖系亚圣五十八代孙孟公温。

16. 孟子世家流寓泰安府肥城（藩家台、东里吕店、闫家屯）支谱，续修年代为清同治三年（1864），鉴定人系亚圣七十代翰博孟广均鉴定并作序，该支始迁祖系亚圣六十代孙孟承壬行。

17. 孟子世家流寓沂州府费县（西张庄）支谱，续修年代为清同治三年（1864 年），鉴定人系亚圣七十代翰博孟广均鉴定并作序，该支始迁祖系亚圣六十六代孙孟承载。

18. 孟子世家流寓济南府（寿张）支谱，清同治三年（1864），鉴定

人系亚圣七十代翰博孟广均鉴定并作序，该支始迁祖系亚圣五十八代孙孟公仲。

19. 孟子世家流寓曹州府(今荷泽市郓城)支谱,清同治四年(1865年),鉴定人亚圣七十代翰博孟广均鉴定并作序，该支始迁祖

系亚圣六4代孙孟宏礼。

20. 孟子世家流寓曹州府朝诚（孟家庄）支谱，续修年代为清同治四年（1865），鉴定人系亚圣七十代翰博孟广均鉴定并作序，该支始迁祖系亚圣五十八代孙孟公任。

21. 孟子世家流寓曹州府郓城（南孟庄）支谱，续修年代为清同治四年（1865），鉴定人系亚圣七十代翰博孟广均鉴定并作序，该支始迁祖系亚圣六十代孙孟承齐。

22. 孟子世家流寓寿张县（店子集、梁山里）支谱，续修年代为清同治四年（1865），鉴定人系亚圣七十代翰博孟广均鉴定并作序，该支始迁祖系亚圣五十八代孙孟公仲。

23. 孟子世家流寓沂州府沂水（大峪庄）支谱，续修年代为清同治五年（1866），鉴定人系亚圣七十代翰博孟广均鉴定并作序，该支始迁祖系亚圣四十八代孙孟润。

24. 孟子世家流寓曹州府郓城县（辛兴屯）支谱，续修年代为清同治五年（1866），鉴定人系亚圣七十代翰博孟广均鉴定并作序，该支始迁祖系亚圣五十四代孙孟思源。

25. 孟子世家流寓莱州府（现属潍坊市潍县丁村）支谱，续修年代为清同治六年（1867），鉴定人系亚圣七十代翰博孟广均鉴定并作序，该支始迁祖系亚圣五十七代孙孟言文。

26. 孟子世家流寓莱州府潍县（登村庄）支谱，续修年代为清同治七年（1868），鉴定人系亚圣七十代翰博孟广均鉴定并作序，该支始迁祖系亚圣五十六代孙孟希忠。

27. 孟子世家流寓青州府（今潍坊市寿光孟家庄、纪台庄）支谱，清同治七年（1868），鉴定人系亚圣七十代翰博孟广均鉴定并作序，该支始迁祖系亚圣五十代孙孟德义。

28. 孟子世家流寓泰安府肥城（鱼池庄）支谱，续修年代为清同治七年（1868），鉴定人系亚圣七十代翰博孟广均鉴定并作序，该支始迁祖系亚圣六十一代孙孟宏山。

29. 孟子世家流寓济南府禹城县（水牛庄、李家庄）支谱，续修年代为清同治七年（1868），鉴定人系亚圣七十代翰博孟广均鉴定并作序，该支始迁祖系亚圣五十四代孙孟思亲。

30. 孟子世家流寓武定府滨州（孟家园）支谱，续修年代为清同治七年（1868），鉴定人系亚圣七十代翰博孟广均鉴定并作序，该支始迁祖系亚圣五十八代孙孟公溪。

31. 孟子世家流寓沂州府兰山县（泉头庄）支谱，续修年代为清同治七年（1868），鉴定人系亚圣七十代翰博孟广均鉴定作序，该支始迁祖系亚圣六十代孙孟承宠。

32. 孟子世家流寓济南府章丘（西矶硫庄）支谱，续修年代为清同治七年（1868），鉴定人系亚圣七十代翰博孟广均鉴定并作序。

33. 孟子世家流寓济南淄川县（东铺庄）支谱，续修年代为清同治七年（1868），鉴定人系亚圣七十代翰博孟广均鉴定并作序，该支始迁祖系亚圣五十八代孙孟公温。

34. 孟子世家流寓曹州府单县（孟氏老家）支谱，续修年代为清同治七年（1868），鉴定人系亚圣七十代翰博孟广均鉴定并作序，该支始迁祖系亚圣五十九代孙孟彦虎。

35. 孟子世家流寓登州府黄县（上孟家村、孟家楼）支谱，续修年代为清同治七年（1868），鉴定人系亚圣七十一代翰博孟广均鉴定并作序，该支始迁祖系亚圣五十九代孙孟言元。

36. 孟子世家流寓沂水县（西四宝庄）支谱，续修年代为清同治七年（1868），鉴定人系亚圣七十一代翰博孟昭铃鉴定并作序，该支始迁祖系亚圣孙孟宏中。

37. 孟子世家流寓曹州府东明县（孟家寨）支谱，续修年代为清同治十二年（1873），鉴定人系亚圣七十一代翰博孟昭铃鉴定并作序，该支始迁祖系亚圣五十五代孙孟克岗。

38. 孟子世家流寓曹州府范县（孟家楼）支谱，续修年代为清同治十三年（1874），鉴定人系亚圣七ˆ一代翰博孟昭铃鉴定并作序。

39. 孟子世家流寓泰安府新泰（孟家庄）支谱，续修年代为清光绪元年（1875），鉴定人系亚圣七十一代翰博孟昭铃鉴定并作序，该支始迁祖系亚圣六十一代孙孟宏禄。

40. 孟子世家流寓济宁州金乡（孟家堂）支谱，续修年代为清光绪二年（1876），鉴定人系亚圣七ˆ一代翰博孟昭铃鉴定并作序，该支始迁祖系亚圣五十一代孙孟光。

41. 孟子世家流寓济南府长清（潘保楼、张家楼）支谱，续修年代为清光绪二年（1876），鉴定人系亚圣七十一代翰博孟昭铃鉴定并作序，该支始迁祖系亚圣六十一代孙孟宏吉。

42. 孟子世家流寓济南府淄州（鸿沟庄）支谱，续修年代为清光绪五年（1879），鉴定人系亚圣七十一代翰博孟昭铃鉴定并作序，该支始迁祖系亚圣五十八代孙孟公学。

43. 孟子世家流寓曹州府钳野县（孟家庄）支谱，续修年代为清光绪六年（1880），鉴定人系亚圣七ˆ一代翰博孟昭铃鉴定并作序，该支始迁祖系亚圣六十代孙孟承盛。

44. 孟子世家流寓直隶州临清（仓上村）支谱，续修年代为清光绪六年（1880），鉴定人系亚圣七十一代翰博孟昭铃鉴定并作序，该支始迁祖系亚圣六十一代孙孟宏信。

45. 孟子世家流寓莱州府（今青岛市即墨泥洼村）支谱，续修时间为清光绪六年（1880），鉴定人系亚圣七十一代翰博孟昭铃鉴定并作序，该支始迁祖系亚圣六十四代孙孟尚镯、孟尚哲。

46. 孟子世家流寓曹州府（今苗泽市濮州蚂蚁店）支谱、续修年代为清光绪六年（1880），鉴定人系亚圣七十一代翰博孟昭铃鉴定并作序，该支始迁祖系亚圣七十代孙孟广锡。

47. 孟子世家流寓沂州莒州（于里沟庄）支谱，续修年代为清光绪七年（1881），鉴定人系亚圣七十一代翰博孟昭铃鉴定并作序，该支始迁祖系亚圣五十六代孙孟希信。

48. 孟子世家流寓登州府栖霞（后孟家村、孟家沟）支谱，续修年代为清光绪八年（1882），鉴定人系亚圣七十一代翰博孟昭铃鉴定并作序，该支始迁祖系亚圣五十六代孙孟希有。

49. 孟子世家流寓青州寿光（孟家庄、纪台庄）支谱，续修年代为清光绪八年（1882），鉴定人系亚圣七十一代翰博孟昭铃鉴定作序，该支始迁祖系亚圣五十代孙孟德义。

50. 孟子世家流寓武定府蒲台县（孟家庄）支谱，续修年代为清光绪十年（1884），鉴定人系亚圣七十一代翰博孟昭铃鉴定并作序，该支始迁祖系亚圣六十四代孙孟尚德。

51. 孟子世家流寓济南府章丘（兴隆庄）支谱，续修年代为清光绪十年（1884），鉴定人系亚圣七十一代翰博孟昭铃鉴定并作序，该支始迁祖系亚圣五十九代孙孟彦友。

52. 孟子世家流寓东昌府高唐县（孟家庄）支谱，续修年代为清光绪十年（1884），鉴定人系亚圣七十一代翰博孟昭铃鉴定并作序，该支始迁祖系亚圣四十九代孙孟清。

53. 孟子世家流寓庆云县（孟家庄）支谱，续修年代为清光绪十三年（1887），鉴定人系亚圣七十一代翰博孟昭铃鉴定并作序，该支始迁祖系亚圣六十二代孙孟闻虎。

54. 孟子世家流寓济南府长山县（孟家堰）支谱，续修年代为清光绪十四年（1888），鉴定人系亚圣七十一代翰博孟昭铃鉴定并作序，该支始迁祖系亚圣五十九代孙孟彦智。

55. 孟子世家流寓济南府临邑县（今德州市）支谱，续修年代为清光绪十五年（1889），鉴定人系亚圣七十一代翰博孟昭铃鉴定并作序，该支始迁祖系亚圣五十五代孙孟克生。

56. 孟子世家流寓登州府黄县（羊栏孟家）支谱，续修年代为清光绪十九年（1893），鉴定人系亚圣七十一代孙孟昭铃鉴定并作序，该支始迁祖系亚圣五十八代孙孟公善。

57. 孟子世家流寓莱州府潍县（讲召社、三甲丁村）支谱，续修年代为清光绪二十四年(1898)，鉴定人系亚圣七十三代翰博孟庆棠鉴定并作序，该支始迁祖系亚圣六十八代孙孟传崇。

58. 孟子世家流寓莱州府（今烟台市掖县孟家庄、苏部庄）支谱，续修年代为清光绪二十四年（1898），鉴定人系亚圣七十三代翰博孟庆棠鉴定并作序，该支始迁祖系亚圣五十八代孙孟公弼。

59. 孟子世家流寓莱州府昌邑（湖海庄）支谱，续修年代为清光绪二十五年（1899），鉴定人系亚圣七十一代翰博孟昭铃鉴定作序，该支始迁祖系亚圣五十六代孙孟希颜。

60. 孟子世家流寓沂州府莒州（孟家庄）支谱，续修年代为清光绪二十七年（1901），鉴定人系亚圣七十三代翰博孟庆棠鉴定并作序，该支始迁祖系亚圣六十六代孙孟兴吉。

61. 孟子世家流寓峰县（孟家庄）支谱，续修年代为清光绪二十七年（1901），鉴定人系亚圣七十三代翰博孟庆棠鉴定并作序，该支始迁祖系亚圣六十七代孙孟毓鸿。

62. 孟子世家流寓沂州府兰山（下泗、孟家庄）支谱，续修年代为清光绪二十八年（1902），鉴定人系亚圣七十三代翰博孟庆棠鉴定并作序，该支始迁祖系亚圣六十二代孙孟闻奉、孟闻绪。

63. 孟子世家流寓东昌府恩县（宋王庄）支谱，续修年代为清光绪二十八年（1902），鉴定人系亚圣七十三代翰博孟庆棠鉴定并作序，该支始迁祖系亚圣六十二代孙孟闻发。

64. 孟子世家流寓滕县（罗山村）支谱，续修年代为清光绪二十八年（1902），鉴定人系亚圣七十三代翰博孟庆棠鉴定并作序，该支始迁祖系亚圣五十八代孙孟公朴。

65. 孟子世家流寓青州府诸城（今潍坊市孟家店）支谱，续修年代为清光绪二十八年（1902），鉴定人系亚圣七十三代孟庆棠鉴定并作序，该支始迁祖系亚圣五十四代孙孟思德。

66. 孟子世家流寓沂州府（今临沂市沂水大峪庄）支谱，续修年代为清光绪二十九年（1903），鉴定人系亚圣七十三代翰博孟庆棠鉴定并作序，该支始迁祖系亚圣四十八代孙孟润。

67. 孟子世家流寓峰县（今枣庄市铜山孟家岭、房上村）支谱，续修年代为清光绪二十九年（1903），鉴定人系亚圣七十三代翰博孟庆棠鉴定并作序，该支始迁祖系亚圣六十代孙孟承绪。

68. 孟子世家流寓峰县（柳庄社、多易沟）支谱，续修年代为清光绪二十九年（1903），鉴定人系亚圣七十三代翰博孟庆棠鉴定并作序，该支始迁祖系亚圣六十三代孙孟贞禄。

69. 孟子世家流寓沂州府兰山（城子前村）支谱，续修年代为清光绪二十九年（1903），鉴定人系亚圣七十三代翰博孟庆棠鉴定并作序，该支始迁祖系亚圣六十四代孙孟尚书。

70. 孟子世家流寓济南府德平县（楼子庄）支谱，续修年代为清光绪二十二年（1906），鉴定人系亚圣七十三代翰博孟庆棠鉴定并作序，该支始迁祖系亚圣五十八代孙孟公全。

71. 孟子世家流寓济南府长清（辛店里孟庄）支谱，续修年代为清光绪三十二年（1906），鉴定人系亚圣七十三代翰博孟庆棠鉴定并作序，该支始迁祖系亚圣四十九代孙孟清。

72. 孟子世家流寓济南府德平县（孟家胡同、孟家庄）支谱，续修年代为清光绪三十二年（1906），鉴定人系亚圣七十三代翰博孟庆棠鉴定并作序，该支始迁祖系亚圣五十六代孙孟希圣。

73. 孟子世家流寓青州府（今潍坊市昌乐董孟庄）支谱，续修年代为清光绪三十二年（1906），鉴定人系亚圣七十三代翰博孟庆棠鉴定并作序，该支始迁祖系亚圣六十代孙孟承巍。

74. 孟子世家流寓登州府荣城（今威海市龙山前村）支谱，续修年代为清光绪三十三年(1907),鉴定人系亚圣七十三代翰博孟庆棠鉴定并作序，该支始迁祖系亚圣六十一代孙孟宏富。

75. 孟子世家流寓德平盘城（孟家庄）支谱，续修年代为清光绪三十三年（1907），鉴定人系亚圣七十三代翰博孟庆棠鉴定并作序，该支始迁祖系亚圣五十六代孙孟希英。

76. 孟子世家流寓新泰（孟家庄）支谱，续修年代为清光绪三十四年（1908），鉴定人系亚圣七十三代翰博孟庆棠鉴定并作序，该支始迁祖系亚圣五十七代孙孟言直、言素、言强、言坤。

77. 孟子世家流寓泰安府新泰（孟家庄等处）支谱，续修年代为清光绪三十四年（1908），鉴定人系亚圣七十三代翰博孟庆棠鉴定并作序。

78. 孟子世家流寓沂州府（兰山城）支谱，仅存上册，无下册。续修年代为清光绪三十四年（1908），鉴定人系亚圣七十三代翰博孟庆棠鉴定并作序，该支始迁祖系亚圣六十五代孙孟衍云。

79. 孟子世家流寓济宁（孟家营）支谱，续修年代为清宣统元年（1909），鉴定人系亚圣七十三代翰博孟庆棠鉴定并作序，该支始

迁祖系亚圣六十一代孙孟宏道、孟宏信。

80. 孟子世家流寓登州府黄县（九村庄）支谱，续修年代为清宣统元年（1909），鉴定人系亚圣七十三代翰博孟庆棠鉴定并作序。

81. 孟子世家流寓直隶州济宁（孟家营）支谱，续修年代为清宣统元年（1909），鉴定人系亚圣七十三代翰博孟庆棠鉴定并作序，该支始迁祖系亚圣六十八代孙孟传松。

82. 孟子世家流寓东昌府高唐县（杨官屯）支谱，续修年代为清宣统元年（1909），鉴定人系亚圣七十三代翰博孟庆棠鉴定并作序，该支始迁祖系亚圣五十四代孙孟思恩。

83. 孟子世家流寓武定府（蒲台县孟家庄）支谱，续修年代为清宣统二年（1910），鉴定人系亚圣七十三代翰博孟庆棠鉴定并作序。

84. 孟子世家流寓青州府博山（西股村）支谱，续修年代为清宣统二年（1910），鉴定人系亚圣七十三代翰博孟庆棠鉴定并作序，该支始迁祖系亚圣五十六代孙孟希敬、孟希肃。

85. 孟子世家流寓沂州府莒州（孟家庄）支谱，续修年代为清宣统三年（1911），鉴定人系亚圣七十三代翰博孟庆棠鉴定并作序，该支始迁祖系亚圣五十四代孙孟思信。

86. 孟子世家流寓费县（西张庄）支谱，续修年代民国二十五年（1936），鉴定人系亚圣七十三代翰博孟庆棠鉴定并作序，该支始

迁祖系亚圣六十代孙孟承载。

87. 孟子世家流寓济南府新城（上庄村）支谱，续修年代不详，该支始迁祖系亚圣五十三代孙孟之珍。

88. 孟子世家流寓滕县（南石坝等六村）支谱，续修年代及批办该支始迁祖系亚圣六十一代孙孟宏祺。

89. 孟子世家流寓济南府长清（马家庄）支谱，续修年代、鉴定该支始迁祖系亚圣六十四代孙孟尚业。

90. 孟子世家流寓武定府惠民县（南孟家庄）支谱，续修年代、鉴定人不详，该支始迁祖系亚圣五十七代孙孟言友。

91. 孟子世家流寓莱州府潍县（今潍坊市邓村庄）支谱，续修年代、鉴定人不详，该支始迁祖系亚圣五十六代孙孟希忠。

92. 孟子世家流寓泰安府莱芜县（今莱芜市白龙店）支谱，续修年代、鉴定人不详，该支始迁祖系亚圣五十四代孙孟伯达。

93. 孟子世家流寓峰县（今枣庄市孟家岭、铜山、房上村）支谱，续修年代、鉴定人不详，该支始迁祖系亚圣六十代孙孟承绪。

94. 孟子世家流寓寿张支谱，续修年代、鉴定人不详，该支始迁祖系亚圣五十八代孙孟公仲。

95. 孟子世家流寓寿光（今潍坊市孟家庄、纪台庄）支谱，始迁祖、续修年代、鉴定人不详。

96. 孟子世家流寓济南府章丘（南支）支谱，续修年代、鉴定人不详，该支始迁祖系亚圣五十三代孙孟子德、孟子伦。

97. 孟子世家流寓东昌府恩县（今聊城市油房庄）支谱，续修年代、鉴定人不详，该支始迁祖系亚圣六十四代孙孟尚成。

98. 孟子世家流寓济南府章丘（北支）支谱，续修年代、鉴定人不详，该支始迁祖系亚圣五十六代孙孟希显。

99. 孟子世家流寓济南府章丘（西支）支谱，续修年代、鉴定人不详，该支始迁祖系亚圣六十一代孙孟宏宽。

100. 孟子世家流寓峰县（今枣庄市峰城区孟家庄）支谱，续修年代、鉴定人不详，该支始迁祖系亚圣六十七代孙孟毓鸿。

101. 孟子世家流寓青州府（今淄博市博山西股庄）支谱，续修年代、鉴定人不详，该支始迁祖系亚圣五十三代孙孟之平。

102. 孟子世家流寓沂州府（今日照市莒州西云门村）支谱，续修年代、鉴定人不详，该支始迁祖系亚圣五十九代孙孟彦贵。

103. 孟子世家流寓济南府章丘（孟白家庄）支谱，定人不详，该支始迁祖系亚圣五十八代孙孟公温。

104. 孟子世家流寓泰安府平阴县（今济南市孟家庄）代、鉴定人不详，该支始迁祖系亚圣五十八代孙孟公温。

105. 孟子世家流寓齐河县（今德州市孙家庄）支谱，定人不详，该支始迁祖系亚圣五十七代孙孟言下。

106. 孟子世家流寓济南府章丘（十九郎庄）支谱，

定人不详，该支始迁祖系亚圣五十四代孙孟子虎。

107. 孟子世家流寓登州府荣城（今威海市龙山前村）支谱，续修年代、鉴定人不详，始迁祖不详，传至六十一代孟宏富迁居云光都龙山。

108. 孟子世家流寓东昌府（今聊城市临清市孟店村）支谱，续修年代、鉴定人不详，该支始迁祖系亚圣六十二代孙孟闻尊。

109. 孟子世家流寓济南府济阳（孟家庄）支谱，续修年代、鉴定人不详，该支始迁祖系亚圣六十三代孙孟贞孝。

孟府世恩堂

## 河北省83支（部）

1. 孟子世家流寓直隶州雄县（孟家庄）支谱，续修年代为清道光二十年（1840），鉴定人系亚圣七十代翰博孟广均鉴定并作序，该支始迁祖系亚圣六十二代孙孟闻崇。

2. 孟子世家流寓正定府获鹿县（小壁庄）支谱，续修年代为清道光二十二年（1842），鉴定人系亚圣七十代翰博孟广均鉴定并作序，该支始迁祖系亚圣五十四代孙孟思德。

3. 孟子世家流寓河涧府任邱丘县（孟家村、天宫村、北郭家口）支谱，续修年代为清道光二十五年（1845），鉴定人系亚圣七十代翰博孟广均鉴定并作序，该支始迁祖系亚圣四十六代孙孟存。

4. 孟子世家流寓河涧府河涧县（孟家庄）支谱，续修年代为清道光二十五年（1845），续修年代鉴定人不详，该支始迁祖系亚圣六十四代孙孟尚选。

5. 孟子世家流寓直隶州安平县（辛营村）支谱，续修年代为清道光二十八年（1848），鉴定人系亚圣七十代翰博孟广均鉴定并作序，该支始迁祖系亚圣五十四代孙孟镜。

6. 孟子世家流寓大名府开州（开州城）支谱，续修年代为清咸丰元年（1851），鉴定人系亚圣七十代翰博孟广均鉴定并作序，该支始迁祖系亚圣五十四代孙孟思诚。

7. 孟子世家流寓大名府开州（鹿门村）支谱，续修年代为清咸丰二年（1852），鉴定人系亚圣七十代翰博孟广均鉴定并作序，该支始迁祖系亚圣五十五代孙孟克端。

8. 孟子世家流寓河涧府故城县（前孟瞳村）支谱，续修年代为清咸丰三年（1853），鉴定人系亚圣七十代翰博孟广均鉴定并作序，该支始迁祖系亚圣六十一代孙孟宏佩。

9. 孟子世家流寓直隶州河涧府（吴桥）支谱，续修年代为清咸丰五年（1855），鉴定人系亚圣七十代翰博孟广均鉴定并作序，该支始迁祖系亚圣五十六代孙孟希鲁。

10. 孟子世家流寓直隶州安平县（孟家庄）支谱，续修年代为清咸丰七年（1857），鉴定人系亚圣七十代翰博孟广均鉴定并作序，该支始迁祖系亚圣五十六代孙孟希什。

11. 孟子世家流寓直隶州玉田县（孟钦庄）支谱，续修年代为清咸丰八年（1858），鉴定人系亚圣七十代翰博孟广均鉴定并作序，该支始迁祖系亚圣五十四代孙孟思祯。

12. 孟子世家流寓直隶州威县支谱，续修年代为清同治三年（1864），亚圣七十代翰博孟广均鉴定并作序，该支始迁祖系亚圣

六十八代孙孟传道。

13. 孟子世家流寓冀州武邑县（孟家村、史家屯）支谱，续修年代为清同治五年（1866），鉴定人系亚圣七十代翰博孟广均鉴定并作序，该支始迁祖系亚圣六十二代孙孟闻义。

14. 孟子世家流寓直隶州河涧府（康宁屯）支谱，续修年代为清同治六年（1867），鉴定人系亚圣七十代翰博孟广均鉴定并作序，该支始迁祖系亚圣六十四代孙孟尚志。

15. 孟子世家流寓顺德府（沙河）支谱，续修年代为清同治六年（1867），鉴定人系亚圣七十代翰博孟广均鉴定并作序，该支始迁

祖系亚圣六十一代孙孟宏儒、孟宏治。

16. 孟子世家流寓河涧府（齐会村）支谱，续修年代为清同治七年（1868），鉴定人系亚圣七十代翰博孟广均鉴定并作序，该支始迁祖系亚圣六十七代孙孟毓业。

17. 孟子世家流寓直隶州顺德府（任县双蓬头村）支谱，续修年代为清同治七年（1868），鉴定人系亚圣七十代翰博孟广均鉴定并作序，该支始迁祖系亚圣五十五代孙孟克温、孟克良。

18. 孟子世家流寓盐山县（孟家小营）支谱，续修年代为清同治七年（1868），鉴定人系亚圣七十代翰博孟广均鉴定并作序，该支始迁祖系亚圣五十一代孙孟耀祖。

19. 孟子世家流寓直隶州河涧府交河（张大家洼、孟家马头、刘马孟官屯）支谱，续修年代为清同治七年（1868），鉴定人系亚圣七十代翰博

孟广均鉴定并作序，始迁祖系亚圣五十六代孙孟希尧。

20. 孟子世家流寓大明府（开州）支谱，清同治七年（1868）续修，鉴定人系亚圣七十代翰博孟广均鉴定并作序，该支始迁祖系亚圣六十五代孙（思秀）待考。

21. 孟子世家流寓永平府滦州（冷里庄）支谱，续修年代为清同治七年（1868），鉴定人系亚圣七十代翰博孟广均鉴定并作序。

22. 孟子世家流寓永平府滦州（开平村）支谱，续修年代为清同治七年（1868），鉴定人系亚圣七十代翰博孟广均鉴定并作序，该支始迁祖系亚圣六十五代孙孟衍玉。

23. 孟子世家流寓冀州南宫（孟家村）支谱，续修年代为清同治七年（1868），鉴定人系亚圣七十代翰博孟广均鉴定并作序，该支始迁祖系亚圣五十六代孙孟希言。

24. 孟子世家流寓冀州武邑县（孟家桥头）支谱，续修年代为清同治七年（1868），鉴定人系亚圣七十代翰博孟广均鉴定并作序，该支始迁祖系亚圣四十八代孙孟直。

25. 孟子世家流寓永平府滦州（欢套庄）支谱，续修年代为清同治七年（1868），鉴定人系亚圣七十代翰博孟广均鉴定并作序，该支始迁祖系亚圣六十代孙孟承良。

26. 孟子世家流寓保定河涧府祁州（交河南、宋固村、五里庄）支谱，续修年代为清同治七年（1868），鉴定人系亚圣七十代翰博孟广均鉴定并作序，该支始迁祖系亚圣六十五代孙孟衍成。

27. 孟子世家流寓河涧府献县（孟家园、鲁官屯）支谱，续修年代为清同治七年（1868），鉴定人系亚圣七十代翰博孟广均鉴定并作序，该支始迁祖系亚圣五十九代孙孟彦顺。

28. 孟子世家流寓河涧交河（孟家马头）支谱，续修年代为清同治七年（1868），鉴定人系亚圣七十代翰博孟广均鉴定并作序，该支始迁祖系亚圣五十六代孙孟希尧。

29. 孟子世家流寓直隶州河涧府（孟家庄）支谱，续修年代为清光绪元年（1875），鉴定人系亚圣七十一代翰博孟昭铃鉴定并作序，该支始迁祖系亚圣六十四代孙孟尚选。

30. 孟子世家流寓冀州南宫（北慈达村）支谱，续修年代为清光绪元年（1875），鉴定人系亚圣七十一代翰博孟昭铃鉴定并作序。

31. 孟子世家流寓冀州南宫（孟家庄）支谱，续修年代为清光绪元年（1875），鉴定人系亚圣七十一代翰博孟昭铃鉴定并作序。

32. 孟子世家流寓定州曲阳县（辛庄）支谱，续修年代为清光绪十年（1884），鉴定人系亚圣七十一代翰博孟昭铃鉴定并作序，该支始迁祖系亚圣六十一代孙孟宏运。

33. 孟子世家流寓河涧府宁津县（孟家集）支谱，续修年代为清同治七年（1868），鉴定人系亚圣七十代翰博孟广均鉴定并作序，该支始迁祖系亚圣五十八代孙孟公会。

34. 孟子世家流寓天津府庆云县（孟家庄）支谱，续修年代为清光绪十三年（1887），鉴定人系亚圣七ˆ一代翰博孟昭铃鉴定并作序。

35. 孟子世家流寓广平府曲周县（孟李家庄）支谱，续修年代为清光绪十三年（1887），鉴定人系亚圣七ˆ一代翰博孟昭铃鉴定并作序，该支始迁祖系亚圣六十一代孙孟宏仪。

36. 孟子世家流寓直隶州天津府（静海）支谱，续修年代为清光绪二十一年（1895），鉴定人系亚圣七十三代翰博孟庆棠鉴定并作序，该支始迁祖系亚圣六十五代孙孟衍元。

37. 孟子世家流寓直隶州永平府（滦州）支谱，续修年代为清光绪二十三年（1897），鉴定人系亚圣七十三代翰博孟庆棠鉴定并作序，该支始迁祖系亚圣六十五代孙孟衍玉。

38. 孟子世家流寓直隶州大名府东明县（今山东荷泽孟寨）支谱，续修年代为清光绪二十三年（1897），鉴定人系亚圣七十三代翰博孟庆棠鉴定并作序，该支始迁祖系亚圣五十五代孙孟克岗。

39. 孟子世家流寓直隶州永平府（滦州孟家庄）支谱，续修年代为清光绪二十四年（1898），鉴定人系亚圣七十三代翰博孟庆棠鉴定并作序，该支始迁祖系亚圣六十五代孙孟衍世。

40. 孟子世家流寓直隶州顺天府（涿州夹河村）支谱，续修年代为清光绪二十四年（1898），鉴定人系亚圣七十三代翰博孟庆棠鉴定并作序，该支始迁祖系亚圣六十四代孙孟尚林、孟尚杰。

41. 孟子世家流寓承德府平泉（平泉州、七家梁）支谱，续修年代为清光绪二十六年（1900），鉴定人系亚圣七十三代翰博孟庆棠鉴定并作序，该支始迁祖系亚圣五十六代孙孟兴文、孟兴龙、孟兴隆。

42. 孟子世家流寓遵化州玉田县（孟钦庄）支谱，续修年代为清光绪二十六年（1900），鉴定人系亚圣七十三代翰博孟庆棠鉴定并作序，该支始迁祖系亚圣五十四代孙孟思祯。

43. 孟子世家流寓广平府永年县（康家庄）支谱，续修年代为清光绪二十八年（1902），鉴定人系亚圣七十三代翰博孟庆棠鉴定并作序，该支始迁祖系亚圣六十六代孙孟兴亮。

44. 孟子世家流寓保定府蠡县（北沙口）支谱，续修年代为清光绪二十九年（1903），鉴定人系亚圣七十三代翰博孟庆棠鉴定并作序，该支始迁祖系亚圣五十八代孙孟公善。

45. 孟子世家流寓大名府开州（孟家旧寨）支谱，续修年代为清光绪二十九年（1903），鉴定人系亚圣七十三代翰博孟庆棠鉴定并作序，该支始迁祖系亚圣五十六代孙孟希本。

46. 孟子世家流寓保定府雄县（孟家庄）支谱，续修年代为清光绪三十年（1904），鉴定人系亚圣七十三代翰博孟庆棠鉴定并作序，该支始迁祖系亚圣六十二代孙孟闻崇。

47. 孟子世家流寓河涧府任丘县（牛仙庄）支谱，续修年代为清光绪三ˆ一年（1905），鉴定人系亚圣七十三代翰博孟庆棠鉴定并作序，该支始迁祖系亚圣四十六代孙孟存。

48. 孟子世家流寓直隶州任丘支谱，续修年代为清光绪三十一年（1905），鉴定人系亚圣七十三代翰博孟庆棠鉴定并作序，该支始

迁祖系亚圣四十六代存公迁任丘，下传至六十二代闻才公迁往牛村，六十五代衍臣公再迁大江村。

49. 孟子世家流寓交河县（五里花）支谱，续修年代为清光绪二十二年（1906），鉴定人系亚圣七十三代孙孟庆棠鉴定并作序。

50. 孟子世家流寓直隶州定州支谱，续修年代为清光绪三十二年（1906），鉴定人系亚圣七十三代翰博孟庆棠鉴定并作序，该支始迁祖系亚圣五十四代孙孟思觉。

51. 孟子世家流寓河涧府交河县（孟家马头）支谱，续修年代为清光绪三十二年（1906），鉴定人系亚圣七十三代翰博孟庆棠鉴定并作序。

52. 孟子世家流寓交河县（南孟家庄）支谱，续修年代为清光绪三十二年（1906），鉴定人系亚圣七十三代翰博孟庆棠鉴定并作序，该支始迁祖系亚圣六十二代孙孟闻明。

53. 孟子世家流寓直隶州交河县（孟家庄）支谱，续修年代为清光绪三十二年（1906），鉴定人系亚圣七十三代翰博孟庆棠鉴定并作序，该支始迁祖系亚圣五十四代孙孟思韶。

54. 孟子世家流寓永平滦州（葛各庄、大佟庄）支谱，续修年代为清光绪三十三年（1907），鉴定人系亚圣七十三代翰博孟庆棠鉴定并作序。

55. 孟子世家流寓永平府（樊葛庄）支谱，续修年代为清光绪三十三年（1907），鉴定人系亚圣七十三代翰博孟庆棠鉴定并作序，该支始迁祖系亚圣六十一代孙孟宏远。

56. 孟子世家流寓永平府昌黎县（高各庄）支谱，续修年代为清光绪三十三年（1907），鉴定人系亚圣七十三代孙孟庆棠鉴定并作序，该支始迁祖系亚圣六十二代孙孟闻通。

57. 孟子世家流寓直隶州顺天府（宁河胡家庄）支谱，续修年代为清光绪三十三年（1907），鉴定人系亚圣七十三代翰博孟庆棠鉴定并作序，该支始迁祖系亚圣五十四代孙孟思祯。

58. 孟子世家流寓直隶州枣强县（大罗庄）支谱，续修年代为清光绪三十四年（1908），鉴定人系亚圣七十三代翰博孟庆棠鉴定并作序，该支始迁祖系亚圣六十代孙孟承德。

59. 孟子世家流寓唐山（南汪店镇）支谱，续修年代为清宣统元年（1909），鉴定人系亚圣七十三代翰博孟庆棠鉴定并作序，该支始迁祖系亚圣五十四代孙孟思良。

60. 孟子世家流寓天津府静海（安家庄）支谱，续修年代为清宣统二年（1910），鉴定人系亚圣七十三代翰博孟庆棠鉴定并作序，该支始迁祖系亚圣六十六代孙孟兴汉。

61. 孟子世家流寓永平府卢龙（亮甲峪）支谱，续修年代为清宣统二年（1910），鉴定人系亚圣七十三代翰博孟庆棠鉴定并作序，该支始迁祖系亚圣六十代孙孟承礼。

62. 孟子世家流寓直隶州磁州（南旺庄）支谱，续修年代为清宣统二年（1910），鉴定人系亚圣七十三代翰博孟庆棠鉴定并作序，该支始迁祖系亚圣六十六代孙孟兴明。

63. 孟子世家流寓直隶州顺德府唐山（孟贾庄）支谱，续修年代为清宣统二年（1910），鉴定人系亚圣七十三代翰博孟庆棠鉴定并作序，该支始迁祖系亚圣五十六代孙孟希贤。

64. 孟子世家流寓广平府曲周（孟李庄）支谱，续修年代为清宣统三年（1911），鉴定人系亚圣七十三代翰博孟庆棠鉴定并作序，该支始迁祖系亚圣六十一代孙孟宏仪。

65. 孟子世家流寓直隶州平乡（孟冯马村）支谱，续修年代为清宣统三年（1911），鉴定人系亚圣七十三代翰博孟庆棠鉴定并作序，该支始迁祖系亚圣六十五代孙孟衍可。

66. 孟子世家流寓直隶州邱县（镇东堡）支谱，续修年代为清宣统三年（1911），鉴定人系亚圣七十三代翰博孟庆棠鉴定并作序，该支始迁祖系亚圣六十六代孙孟兴国。

67. 孟子世家流寓直隶州平乡县（艾村）支谱，续修年代为清宣统三年（1911），鉴定人系亚圣七十三代翰博孟庆棠鉴定并作序，该支始迁祖系亚圣六十二代孙孟闻让。

68. 孟子世家流寓直隶州顺德府钳鹿（西孟家庄）支谱，续修年代为清宣统三年（1911），鉴定人系亚圣七十三代翰博孟庆棠鉴定并作序，该支始迁祖系亚圣五十八代孙孟公礼。

69. 孟子世家流寓玉田县（东定府庄）支谱，续修年代为清宣统三年（1911），鉴定人系亚圣七十三代翰博孟庆棠鉴定并作序，该支始迁祖系亚圣六十代孙孟承士。

70. 孟子世家流寓承德府平泉支谱，续修年代为清宣统三年（1911），鉴定人系亚圣七十三代翰博孟庆棠鉴定并作序，该支始

迁祖系亚圣六十六代孙孟兴卿。

71. 孟子世家流寓保定府蠡县（万安村）支谱，续修年代为清宣统三年（1911），鉴定人系亚圣七十三代翰博孟庆棠鉴定并作序，该支始迁祖系亚圣五十四代孙孟思温。

72. 孟子世家流寓承德府平泉（平泉州）支谱，续修年代为清宣统三年（1911），鉴定人系亚圣七十三代翰博孟庆棠鉴定并作序。

73. 孟子世家流寓安国县（芪山巳村）支谱，续修年代为民国二 4ˆ 一年（1932）十一月，鉴定人系亚圣七十三代翰博孟庆棠鉴定并作序，该支始迁祖系亚圣六十二代孙孟闻臣。

74. 孟子世家流寓安次县（东沽港镇）支谱，仅存天、地、洪、黄、宇、元 6 册，续修年代为民国三十三年（1944），鉴定人系亚圣七十四代奉祀官孟繁骥鉴定并作序，该支始迁祖系亚圣五十二代孙孟惟恕。

75. 孟子世家流寓直隶州永平府（迁安孟官营）支谱，续修年代及鉴定人不详，该支始迁祖系亚圣六十一代孙孟宏增。

76. 孟子世家流寓直隶州永平府（滦州欢套庄）支谱，续修年代及鉴定人不详，该支始迁祖系亚圣五十九代孙孟彦山。

77. 孟子世家流寓直隶州广平府（威县章华社六甲、孟家村）支谱，续修年代及鉴定人不详，该支始迁祖系亚圣五十六代孙孟希敬。

78. 孟子世家流寓直隶州武城（河北营）支谱，续修年代及鉴定人不详，该支始迁祖系亚圣六十二代孙孟闻庆。

79. 孟子世家流寓直隶州大名府（清平孟家堂）支谱，续修年代及鉴定人不详，该支始迁祖系亚圣五十八代孙孟公正。

80. 孟子世家流寓直隶州正定府（获鹿孟家庄）支谱，续修年代及鉴定人不详，该支始迁祖系亚圣五十四代孙孟思德。

81. 孟子世家流寓天津府沧州青县（孟家庄、孔韩庄、南顾屯、杨家庄）支谱，续修年代及鉴定人不详，该支始迁祖系亚圣五十三代孙孟之宽。

82. 孟子世家流寓直隶景州（秦王村、百碾堤子、玲珑脊村）支谱，续修年代及鉴定人不详，该支始迁祖系亚圣六十八代孙孟传新。

83. 孟子世家流寓直隶州顺天府（文安袁郭村）支谱，续修年代及鉴定人不详，该支始迁祖系亚圣六十八代孙孟传铃。

## 河南省 46 支（部）

1. 孟子世家流寓归德府宁陵（孟老家）支谱，续修年代为清道光五年（1825），鉴定人系亚圣六十九代翰博孟继娘鉴定并作序，该支始迁祖系亚圣五十四代孙孟思秋。

2. 孟子世家流寓归德府柘城县（孟家楼）支谱，续修年代为清咸丰元年（1851），鉴定人系亚圣七十代翰博孟广均鉴定并作序，该支始迁祖系亚圣五十一代孙孟祇祖。

3. 孟子世家流寓南阳府舞阳县、秘阳（孟岗、孟寨）支谱，续修年代为清同治六年（1867），鉴定人系亚圣七十代翰博孟广均鉴定并作序，该支始迁祖系亚圣五十六代孙孟希本。

4. 孟子世家流寓卫辉府滑县（永兴营、孤屋村、九老营、孟胡同村）支谱，续修年代为清同治七年（1868），鉴定人系亚圣七十代翰博孟广均鉴定并作序，该支始迁祖系亚圣六十一代孙孟宏功。

5. 孟子世家流寓陈州府淮宁县（南孟营）支谱，续修年代为清同治七年（1868），鉴定人系亚圣七十代翰博孟广均鉴定并作序，该支始迁祖系亚圣六十代孙孟承功。

6. 孟子世家流寓开封府郑州（孟家岩）支谱，续修年代为清同治七年（1868），鉴定人系亚圣七十代翰博孟广均鉴定并作序，该支始迁祖系亚圣五十五代孙孟克炎。

7. 孟子世家流寓卫辉府滑县（头营）支谱，续修年代为清同治七年（1868），鉴定人系亚圣七十代翰博孟广均鉴定并作序，该支始迁祖系亚圣六十三代孙孟贞功。

8. 孟子世家流寓卫辉府滑县（东杏园头村）支谱，续修年代为清同治七年（1868），鉴定人系亚圣七十代翰博孟广均鉴定并作序，该支始迁祖系亚圣六十一代孙孟宏高。

9. 孟子世家流寓封丘支谱，续修年代为清同治七年（1868），鉴定人系亚圣七十代翰博孟广均鉴定并作序，该支始迁祖系亚圣五十七代孙孟言语。

10. 孟子世家谱流寓开封府（兰仪）支谱，续修年代为清同治七年（1868），鉴定人系亚圣七十代翰博孟广均鉴定并作序，该支始迁祖系亚圣六十三代孙孟贞元。

11. 孟子世家谱流寓归德府永城支谱，续修年代为清同治七年（1868），鉴定人系亚圣七十代翰博孟广均鉴定并作序，该支始迁祖系亚圣五十三代孙孟之泽。

12. 孟子世家流寓许州府（南孟庄）支谱，续修年代为清同治十二年（1873），鉴定人系亚圣七十一代翰博孟昭铃鉴定并作序，该支始迁祖系亚圣六十三代孙孟贞道。

13. 孟子世家流寓归德府睢州（蓼堤岑）支谱，续修年代为清同治十三年（1874），鉴定人系亚圣七十一代翰博孟昭铃鉴定并作序。

14. 孟子世家流寓怀庆府河内（北金村）支谱，续修年代为清光绪元年（1875），鉴定人系亚圣七十一代翰博孟昭铃鉴定并作序，该支始迁祖系亚圣五十八代孙孟公德。

15. 孟子世家流寓许州临颍县（窝城镇）支谱，续修年代为清光绪元年（1875），鉴定人系亚圣七十一代翰博孟昭铃鉴定并作序，该支始迁祖系亚圣六十代孙孟承伦。

16. 孟子世家流寓怀庆府正阳县支谱，续修年代为清光绪元年（1875），鉴定人系亚圣七十一代翰博孟昭铃鉴定并作序，该支始迁祖系亚圣六十五代孙孟衍宗。

17. 孟子世家流寓归德府睢州（长岗集）支谱，续修年代为清光绪二年（1876），鉴定人系亚圣七ˆ一代翰博孟昭铃鉴定并作序，该支始迁祖系亚圣六十三代孙孟贞道。

18. 孟子世家流寓开封府禹州（纬凹街）支谱，续修年代为清光绪七年（1881），鉴定人系亚圣七ˆ一代翰博孟昭铃鉴定并作序，该支始迁祖系亚圣五十八代孙孟公尼。

19. 孟子世家流寓许州府襄城（孟家园、铁刘庄、罗家沟、张庄）支谱，续修年代为清光绪九年（1883 年），鉴定人系亚圣七ˆ一代翰博孟昭铃鉴定并作序，该支始迁祖系亚圣五十八代孙孟公尼。

20. 孟子世家流寓开封府新郑（孟家寨）支谱，续修年代为清光绪十四年（1888），鉴定人系亚圣七十一代翰博孟昭铃鉴定并作序，该支始迁祖系亚圣六十一代孙孟宏化。

21. 孟子世家流寓卫辉府滑县（大丁将村）支谱，续修年代为清光绪十四年（1888），鉴定人系亚圣七十一代翰博孟昭铃鉴定并作序，该支始迁祖系亚圣六十三代孙孟贞元。

22. 孟子世家流寓汝宁府汝阳县（孟家楼）支谱，续修年代为清光绪三十年（1904），鉴定人系亚圣七十三代翰博孟庆棠鉴定并作序，该支始迁祖系亚圣六十一代孙孟宏业。

23. 孟子世家流寓归德府鹿邑县（十字河）支谱，续修年代为清光绪三十二年（1906），鉴定人系亚圣七ˆ一代翰博孟庆棠鉴定并作序，该支始迁祖系亚圣五十二代孙孟惟恕。

24. 孟子世家谱流寓许州府长葛县（蔡庄）支谱，仅存上册，无下册，续修年代为清光绪三十二年（1906），鉴定人系亚圣七十三代翰博孟庆棠鉴定并作序，该支始迁祖系亚圣五十四代孙孟思理。

25. 孟子世家谱流寓汝宁府确山县（大郭庄、孟楼）支谱，仅存上册，无下册，续修年代为清光绪三十二年（1906），鉴定人系亚圣七十三代翰博孟庆棠鉴定并作序，该支始迁祖系亚圣六十六代孙孟兴东。

26. 孟子世家流寓许州长葛（长葛县城）支谱，续修年代为清光绪三十四年（1908），鉴定人系亚圣七十三代翰博孟庆棠鉴定并作序，该支始迁祖系亚圣五十四代孙孟思理。

27. 孟子世家谱流寓陈州府项城县（孟常营）支谱，续修年代为清光绪二十四年（1908），鉴定人系亚圣七十三代翰博孟庆棠鉴定并作序，该支始迁祖系亚圣六十四代孙孟尚志。

28. 孟子世家流寓开封府尉氏县（孟楼村）支谱，续修年代为清宣统二年（1910），鉴定人系亚圣七十三代翰博孟庆棠鉴定并作序，该支始迁祖系亚圣六十二代孙孟闻礼。

29. 孟子世家流寓南阳府唐县（孟港庄）支谱，续修年代为清宣统二年（1910），鉴定人系亚圣七十三代翰博孟庆棠鉴定并作序，该支始迁祖系亚圣五十二代孙孟惟源公由湖北枣阳迁唐县。

30. 孟子世家谱流寓襄城（孟家园）支谱，续修年代为清宣统二年（1910），鉴定人系亚圣七十三代翰博孟庆棠鉴定并作序，该支始迁祖系亚圣五十八代孙孟公尼。

31. 孟子世家流寓彰德府内黄（路村）支谱，续修年代为清宣统三年（1911），鉴定人系亚圣七十三代翰博孟庆棠鉴定并作序，该支始迁祖系亚圣六十七代孙孟毓书。

32. 孟子世家流寓汝宁府正阳（孟家楼）支谱，续修年代为清宣统三年（1911），鉴定人系亚圣七十三代翰博孟庆棠鉴定并作序，该支始迁祖系亚圣六十代孙孟承恩。

33. 孟子世家流寓开封府中牟县（仁义庄）支谱，续修年代为清宣统三年（1911），鉴定人系亚圣七十三代翰博孟庆棠鉴定并作序，该支始迁祖系亚圣六十六代孙孟兴诗。

34. 孟子世家流寓归德府睢州（长岗集）支谱，续修年代为清宣统三年（1911），鉴定人系亚圣七十三代翰博孟庆棠鉴定并作序，该支始迁祖系亚圣五十代孙孟成公。

35. 孟子世家流寓睢县（孟油房、蓼堤崩岭）支谱，续修年代为民国二十四年（1935），鉴定人系亚圣七十三代翰博孟庆棠鉴定并

作序，该支始迁祖系亚圣四十九代孙孟家久，下至六十一代孙孟宏财分支。

36. 孟子世家流寓南阳府（秘阳、舞阳县孟林铺、孟岗、孟寨）支谱，续修年代及鉴定人不详，该支始迁祖系亚圣五十六代孙孟希本。

37. 孟子世家流寓南阳府唐县（孟港庄、大宋庄）支谱，续修年代及

鉴定人不详，该支始迁祖系亚圣六十四代孙孟尚武。

38. 孟子世家流寓沁阳、确山县（孟家岗、二刘庄）支谱，续修年代及鉴定人不详，该支始迁祖系亚圣五十五代孙孟克巍。

39. 孟子世家流寓彰德府武安县（阳邑镇）支谱，续修年代及鉴定人不详，该支始迁祖系亚圣五十五代孙孟克贤。

40. 孟子世家谱流寓许州郾城支谱，续修年代及鉴定人不详，该支始迁祖系亚圣五十二代孙孟大恭。

41. 孟子世家流寓汝宁府上蔡县（赵孟庄）支谱，续修年代及鉴定人不详，该支始迁祖系亚圣五十九代孙孟彦举，孟彦超。

42. 孟子世家流寓汝宁府上蔡支谱，仅存残缺上册，始迁祖、续修年代、鉴定人均不详。

43. 孟子世家流寓怀庆府武陟县（东张、南耿）支谱，续修年代及鉴定人不详，该支始迁祖系亚圣五十三代孙孟之章。

44. 孟子世家谱流寓归德府夏邑县（孟家堂）支谱，续修年代及鉴定人不详，该支始迁祖系亚圣四十九代孙孟家久。

45. 孟子世家谱流寓陈州府项城（东田庙牌、孟坑庄）支谱，续修年代及鉴定人不详，该支始迁祖系亚圣六十六代孙孟兴周。

46. 孟子世家谱流寓卫辉府浚县（张家庄）支谱，续修年代及鉴定人不详，该支始迁祖系亚圣六十六代孙孟兴礼。

## 辽宁省46支（部）

1. 孟子世家流寓奉天府盖平（孟家洼）支谱，续修年代为清道光十九年（1839），鉴定人系亚圣七十代翰博孟广均鉴定并作序，该支始迁祖系亚圣六十六代孙孟兴贤。

2. 孟子世家谱流寓奉天府新民（广宁）支谱，续修年代为清咸丰三年（185年），鉴定人系亚圣七十代翰博孟广均鉴定并作序，该支始迁祖系亚圣六十九代孙孟继银。

3. 孟子世家流寓奉天锦州府义州（孟家屯）支谱（草册），续修年代为清咸丰七年（1857），鉴定人不详，该支始迁祖系亚圣六十四代孙孟尚登。

4. 孟子世家流寓奉天府新民（孟家屯）支谱，续修年代为清同治四年（1865），鉴定人系亚圣七十代翰博孟广均鉴定并作序，该支始迁祖系亚圣六十一代孙孟宏兰。

5. 孟子世家流寓奉天府新民（孟家岗子、高丽屯）支谱，续修年代为清同治五年（1866），鉴定人系亚圣七十代翰博孟广均鉴定并作序，该支始迁祖系亚圣六十四代孙孟尚良。

6. 孟子世家流寓义州（锦州府三角城子）支谱，续修年代为清同治七年（1868），鉴定人系亚圣七十代翰博孟广均鉴定并作序，该支始迁祖系亚圣六十五代孙孟衍富。

7. 孟子世家流寓奉天府铁岭（卫台街古城子）支谱，续修年代为清同治七年（1868），鉴定人系亚圣七十代翰博孟广均鉴定并作序，该支始迁祖系亚圣六十四代孙孟尚钦。

8. 孟子世家流寓奉天府铁岭（县城东关）支谱，续修年代为清同治七年（1868），鉴定人系亚圣七十代翰博孟广均鉴定并作序，该支始迁祖系亚圣六十五代孙孟衍起。

9. 孟子世家流寓锦州府锦县（黄土坎子屯）支谱，续修年代为清同治七年（1868），鉴定人系亚圣七十代翰博孟广均鉴定并作序，该支始迁祖系亚圣六十九代孙孟继贤。

10. 孟子世家流寓奉天府岫岩（红旗街、黄岭等七支）支谱，续修年代为清同治七年（1868），鉴定人系亚圣七十代翰博孟广均鉴定并作序，该支始迁祖系亚圣六十三代孙孟贞发。

11. 孟子世家流寓奉天昌图府康平县（昌平堡）支谱，续修年代为清光绪六年（1880），鉴定人系亚圣七十一代翰博孟昭铃鉴定并作序，该支始迁祖系亚圣六十代孙孟承纯。

12. 孟子世家谱流寓奉天锦州府锦县（黄土坎子屯）支谱，续修年代为清光绪七年（1881），鉴定人系亚圣七十一代翰博孟昭铃鉴定并作序，该支始迁祖系亚圣六十九代孙孟继贤。

13. 孟子世家谱流寓奉天锦州府（广宁）支谱，续修年代为清光绪七年（1881），鉴定人系亚圣七十一代翰博孟昭铃鉴定并作序，该支始迁祖系亚圣六十七代孙孟毓银。

14. 孟子世家谱流寓奉天府昌图府怀德（万胜屯）支谱，续修年代为清光绪十二年（1886），鉴定人系亚圣七ˆ一代翰博孟昭铃鉴定并作序，该支始迁祖系亚圣六十七代孙孟毓臣。

15. 孟子世家流寓奉天府昌图府奉化（孟家窝铺）支谱，续修年代为清光绪十二年（1886），鉴定人系亚圣七十一代翰博孟昭铃鉴定并作序，该支始迁祖系亚圣六十七代孙孟毓会。

16. 孟子世家谱流寓奉天承德县（富家楼子）支谱，续修年代为清光绪十三年（1887），鉴定人系亚圣七ˆ一代翰博孟昭铃鉴定并作序，该支始迁祖系亚圣六十二代孙孟闻栋。

17. 孟子世家流寓奉天府新民（南孟家屯）支谱，续修年代为清光绪十六年（1890），鉴定人系亚圣七ˆ一代翰博孟昭铃鉴定并作序，该支始迁祖系亚圣六十一代孙孟宏兰。

18. 孟子世家谱流寓奉天府昌图府康平（雷家窝铺）支谱，续修年代为清光绪十六年（1890），鉴定人系亚圣七十一代翰博孟昭铃鉴定并作序，该支始迁祖系亚圣六十四代孙孟尚荣。

19. 孟子世家流寓奉天抚民府（赵家甸子）支谱，续修年代为清光绪二十二年（1896），鉴定人系亚圣七十三代翰博孟庆棠鉴定并作序，始迁祖系亚圣五十六代孙孟希周。

20. 孟子世家流寓奉天府岫岩（盆沟、孟家屯）支谱，续修年代为清光绪二十五年（1899），鉴定人系亚圣七十三代翰博孟庆棠鉴定并作序，该支始迁祖系亚圣六十三代孙孟贞礼。

21. 孟子世家流寓奉天府化（新立屯）支谱，续修年代为清光绪二十九年（1903），鉴定人系亚圣七十三代翰博孟庆棠鉴定并作序，该支始迁祖系亚圣六十五代孙孟衍财。

22. 孟子世家流寓锦州府义州（孟家村）支谱，续修年代为清光绪三十一年（1905）鉴定人系亚圣七十三代翰博孟庆棠鉴定并作序，该支始迁祖系亚圣六十一代孙孟宏礼。

23. 孟子世家流寓奉天府昌图府（后四方台）支谱，续修年代为清光绪三十一年（1905），鉴定人系亚圣七十三代翰博孟庆棠鉴定并作序，该支始迁祖系亚圣五十八代孙孟公福。

24. 孟子世家流寓锦州府义州（孟家屯）支谱，续修年代为清光绪三十二年（1906），鉴定人系亚圣七十三代翰博孟庆棠鉴定并作序，该支始迁祖系亚圣六十一代孙孟宏盛。

25. 孟子世家流寓直隶厅宽甸（老台沟）支谱，续修年代为清光绪三十二年（1906），鉴定人系亚圣七十三代翰博孟庆棠鉴定并作序，该支始迁祖系亚圣六十四代孙孟尚魁。

26. 孟子世家流寓锦州府义州（双井子）支谱，续修年代为清光绪三十二年（1906），鉴定人系亚圣七十三代翰博孟庆棠鉴定并作序，该支始迁祖系亚圣六十五代孟衍林。

27. 孟子世家流寓奉天府海城（大岭村）支谱，续修年代为清光绪三十二年（1906），鉴定人系亚圣七十三代翰博孟庆棠鉴定并作序，该支始迁祖系亚圣六十五代孙孟衍顺。

28. 孟子世家流寓奉天府本溪（孟家堡子）支谱，续修年代为清光绪三十三年（1907），鉴定人系亚圣七十三代翰博孟庆棠鉴定并作序，该支始迁祖系亚圣六十四代孙孟尚士。

29. 孟子世家流寓海龙府西丰（刘麻子沟）支谱，续修年代为清光绪三十三年（1907），鉴定人系亚圣七十三代翰博孟庆棠鉴定并作序，该支始迁祖系亚圣六十七代孙孟毓凤。

30. 孟子世家流寓奉天昌图府（梨树沟村）支谱，续修年代为清光绪三十三年（1907），鉴定人系亚圣七十三代翰博孟庆棠鉴定并作序，该支始迁祖系亚圣六十六代孙孟兴德、孟兴贵。

31. 孟子世家谱流寓奉天锦州府锦县（双台子）支谱，续修年代为清光绪三十三年（1907），鉴定人系亚圣七十三代翰博孟庆棠鉴定并作序，该支始迁祖系亚圣六十七代孙孟毓耀。

32. 孟子世家谱流寓奉天锦州府锦县（小方正堡）支谱，续修年代为清光绪三十四年（1908），鉴定人系亚圣七十三代翰博孟庆棠鉴定并作序，该支始迁祖系亚圣六十一代孙孟宏和。

33. 孟子世家流寓奉天府辽中（孟家窝铺）支谱，续修年代为清宣统元年（1909），鉴定人系亚圣七十三代翰博孟庆棠鉴定并作序，该支始迁祖系亚圣六十七代孙孟毓成。

34. 孟子世家流寓奉天府怀德（孟家屯）支谱，续修年代为清宣统三年（1911），鉴定人系亚圣七十三代翰博孟庆棠鉴定并作序，该支始迁祖系亚圣六十六代孙孟兴秉。

35. 孟子世家流寓奉天洮南府（如意堡）支谱，续修年代为清宣统三年（1911），鉴定人系亚圣七十三代翰博孟庆棠鉴定并作序，该支始迁祖系亚圣六十七代孙孟毓梁。

36. 孟子世家谱流寓奉天昌图府（英力克）支谱，康熙初年始迁，续修年代及鉴定人不详，该支始迁祖系亚圣六十九代孙孟继孔。

37. 孟子世家谱流寓奉天新民府新民县(镇安、姜家屯、茨榆坨子)支谱，续修年代及鉴定人不详，该支始迁祖系亚圣五十八代孙孟公福。

38. 孟子世家谱流寓奉天新民府新民县（孟家岗子）支谱，续修年代及鉴定人不详，该支始迁祖系亚圣六十四代孙孟尚良。

39. 孟子世家谱流寓奉天新民府新民县（镇安、辽中、靠山屯）支谱，续修年代及鉴定人不详，该支始迁祖系亚圣六十五代孙孟衍公。

40. 孟子世家谱流寓奉天昌图府（四道沟）支谱，续修年代及鉴定人不详，该支始迁祖系亚圣六十五代孙孟衍成。

41. 孟子世家谱流寓奉天凤凰府（宽甸、小牙河、东瞠子）支谱，续修年代及鉴定人不详，该支始迁祖系亚圣六十五代孙孟衍安。

42. 孟子世家谱流寓奉天昌图府（小城子）支谱，续修年代及鉴定人不详，该支始迁祖系亚圣六十六代孙孟兴春。

43. 孟子世家谱流寓奉天府海县（石柱子沟、后黄土坎）支谱，续修年代及鉴定人不详，该支始迁祖系亚圣六十五代孙孟衍通、孟衍顺。

44. 孟子世家谱流寓奉天海龙府（西丰元宝山）支谱，续修年代及鉴定人不详，该支始迁祖系亚圣六十八代孙孟传居。

45. 孟子世家谱流寓奉天复州（相棋飞、后枣儿房、潘家沟、王家屯）支谱，续修年代及鉴定人不详，该支始迁祖系亚圣六十六代孙孟兴姣。

46. 孟子世家流寓奉天昌图府（二道沟）支谱，续修年代及鉴定人不详，该支始迁祖系亚圣六十七代孙孟毓岩。

吉林省 15 支（部）

1. 孟子世家流寓滨州府（城里南关）支谱，续修年代、鉴定人不详，续修年代为清嘉庆十八年（1813）该支始迁祖系亚圣四十八代孙孟彬，后于宋元祐年间迁往海阳，其后再次迁至吉林。

2. 孟子世家流寓长春府吉林（伯都纳、怀家沟）支谱，续修年代为同治七年（1868），鉴定人系亚圣七十代翰博孟广均鉴定并作序，该支始迁祖系亚圣六十五代孙孟衍超。

3. 孟子世家流寓昌图府（青阳、山河寿立屯）支谱，续修年代为清同治七年（1868），鉴定人系亚圣七十代翰博孟广均鉴定并作序。

4. 孟子世家流寓长春府长春（理事分府）支谱，续修年代为清同治七年（1868），亚圣七十代翰博孟广均鉴定并作序，该支始迁祖系亚圣六十八代孟传发。

5. 孟子世家流寓长春府（孟家洼子）支谱，续修年代为清同治七年（1868），鉴定人系亚圣七十代翰博孟广均鉴定并作序，该支始迁祖系亚圣六十七代孙孟毓怀。

6. 孟子世家流寓伊通州伊通（臭水甸子）支谱，续修年代为清光绪十三年（1887），鉴定人系亚圣七ˆ一代翰博孟昭铃鉴定并作序，该支始迁祖系亚圣六十五代孙孟衍臣。

7. 孟子世家流寓长春府农安（农康社）支谱，续修年代为清光绪二十四年（1898），鉴定人系亚圣七十三代翰博孟庆棠鉴定并作序。

8. 孟子世家流寓昌图府伊通（臭水甸子）支谱，续修年代为清光绪二十四年（1898），鉴定人系亚圣七十三代翰博孟庆棠鉴定并作序，该支始迁祖系亚圣六十六代孙孟兴德。

9. 孟子世家流寓长春府奉天（明水泉子庄）支谱，续修年代为清光绪二十四年（1898），鉴定人系亚圣七十三代翰博孟庆棠鉴定并作序，该支始迁祖系亚圣五十八代孙孟公笃。

10. 孟子世家流寓宾州（老营口）支谱，续修年代为清光绪二十五年（1899），鉴定人系亚圣七十三代翰博孟庆棠鉴定并作序，该支始迁祖系亚圣六十八代孙孟传功。

11. 孟子世家流寓延吉府（敦化）支谱，续修年代为清光绪三十四年（1908），鉴定人系亚圣七十三代翰博孟庆棠鉴定并作序，该支始迁祖系亚圣六十三代孙孟贞宗。

12. 孟子世家流寓伊通州伊通（臭水甸子）支谱，续修年代为清宣统元年（1909），鉴定人系亚圣七十三代翰博孟庆棠鉴定并作序，该支始迁祖系亚圣六十五代孙孟衍臣。

13. 孟子世家流寓新城府新城（张麻子窝堡）支谱，续修年代为清宣统二年（1910），鉴定人系亚圣七十三代翰博孟庆棠鉴定并作序。

14. 孟子世家流寓昌图府吉林（青阳堡、山河堡、新立屯）支谱，续修年代及鉴定人不详，该支始迁祖系亚圣六十五代孙孟衍财。

15. 孟子世家流寓长春奉天昌图府（泉眼沟、二道河子等）支谱，续修年代、鉴定人不详，该支始迁祖系亚圣五十八代孙孟公笃。

### 黑龙江省 8 支（部）

1. 孟子世家流寓黑龙江呼兰府（中兴镇、马架子）支谱，续修年代为清光绪三年（1877），鉴定人系亚圣七十一代翰博孟昭铃鉴定并作序，该支始迁祖系亚圣六十六代孙孟兴保。

2. 孟子世家流寓黑龙江呼兰府（石门子村）支谱，续修年代为清光绪三年（1877 年），鉴定人系亚圣七ˆ一代翰博孟昭铃鉴定并作序，该支始迁祖系亚圣五十八代孙孟公隆。

3. 孟子世家流寓呼兰府（双榆树村）支谱，续修年代为清光绪五年（1879），鉴定人系亚圣七十一代翰博孟昭铃鉴定并作序，该支始迁祖系亚圣六十六代孙孟兴利。

4. 孟子世家流寓呼兰府（莲花泡）支谱，续修年代为清光绪十六年（1890），鉴定人系亚圣七十一代翰博孟昭铃鉴定并作序，该支始迁祖系亚圣六十七代孙孟毓恒。

5. 孟子世家流寓黑龙江呼兰府（朝阳沟）支谱，续修年代为清光绪三十三年（1907），鉴定人系亚圣七十三代翰博孟庆棠鉴定并作序，该支始迁祖系亚圣六十七代孙孟毓恒。

6. 孟子世家流寓绥化县（余庆）支谱，续修年代为清光绪三十四年（1908），鉴定人系亚圣七十三代翰博庆棠公鉴定并作序，该支始迁

祖系亚圣六十八代孙孟传化。

7. 孟子世家流寓呼兰府（巴彦）支谱，续修年代及鉴定人不详，该支始迁祖系亚圣六十六代孙孟兴利。

孟子世家流寓黑龙江呼兰府（孟家窝铺）支谱，续修年代及鉴定人不详，该支始迁祖系亚圣六十六代孙孟兴仁。

## 江苏省 7 支（部）

1. 孟子世家流寓徐州府丰县（台上集、孟家菜园）支谱，续修年代为清同治六年（1867），鉴定人系亚圣七十代翰博孟广均鉴定并作序，该支始迁祖系亚圣六十四代孙孟尚桂。

2. 孟子世家流寓徐州府沛县（孟家庄）支谱，续修年代为清同治七年（1868），以居住城南十二里的广发、广田二公续修，鉴定人系亚圣七十代翰博孟广均鉴定并作序，该支始迁祖系亚圣六十五代孙孟衍成。

3. 孟子世家流寓徐州府宿迁（孟家集）支谱，续修年代为清光绪二年（1876），鉴定人系亚圣七ˆ一代翰博孟昭铃鉴定并作序，该支始迁祖系亚圣六十二代孙孟闻明。

4. 孟子世家流寓徐州府铜山（房村集）支谱，续修年代为清光绪四

年（1878年），鉴定人系亚圣七ˆ一代翰博孟昭铃鉴定并作序，该支始迁祖系亚圣六十五代孙孟衍常。

5. 孟子世家流寓淮安府桃园（西孟家庄）支谱，续修年代为清光绪六年（1880），鉴定人系亚圣七ˆ一代翰博孟昭铃鉴定并作序，该支始迁祖系亚圣六十五代孙孟衍兆。

6. 孟子世家流寓徐州府铜山县（铁匠营）支谱，续修年代为清光绪三十二年（1906），鉴定人系亚圣七十三代翰博孟庆棠鉴定并作序，该支始迁祖系亚圣六十代孙孟承玉。

孟子世家流寓徐州府萧县（曲里铺、孟家马路）支谱，续修年代及鉴定人不详，该支始迁祖系亚圣五十八代孙孟公礼。

### 山西省1支（部）

孟子世家流寓大同府灵丘（下寨村）支谱，续修年代为清光绪二十四年（1898年），鉴定人系亚圣七十三代翰博孟庆棠鉴定并作序。

**注：根据孟府档案辑录资料整理。**

孟宪江（亚圣72代孙、“宪”字辈），1965年出生于新疆石河子市，祖籍山东省青岛市即墨区。中国人民大学新闻系毕业，获北京大学硕士学位。现任经济日报社（集团）中国建材报总编辑。

曾在经济日报《县域经济》周刊担任主编，近15年时间走访了全国1000多个县市，参与了全国县域经济基本竞争力评价工作，并组织编辑《全国县域经济年鉴》。

1989年获得全国抗洪抗旱模范称号。1998年获得全国抗洪抢险报道先进个人称号。

《血脉·孟姓家书》总策划

## （九）孟子世家流寓青岛等地支谱

孟氏族谱鳌山、海阳、岫岩、琅琲、昌邑（平度）高密等地支谱资料，供宗亲们查对各支系渊源参考：

1. 孟子世家流寓（昌邑孟氏）族谱续修年代为清嘉庆二十一年（1816）（墨字版），一套四册（分元、亨、利、贞四册），亚圣六十

六代孙孟兴诗谨识，该支始迁祖系五十六代孙孟希颜迁昌邑湖海社。

今平度宿召孟庆成、孟庆海持有。

2. 孟子世家流寓即墨鳌山（蒲湾头）支谱，续修年代为清嘉庆二十五年（1820），一套二册，载亚圣五十四代孙孟式科（思厚）旧志，鳌山始迁祖系亚圣五十六代孙孟希灵、孟希善。

今即墨区蒲湾头孟昭梧持版印一套，孟广峰持复印本一套。

3. 孟子世家流寓（胶州鳌山）支谱，续修年代为清道光十二年（1832）（朱字版），一套二册，为鳌山支、孟家滩支；孟家滩支始迁

祖五十八代孟公瑾、孟公惠、孟公风；黄岛孟家滩、孟家庄、孟家洼子、小报屋、西砚瓦、白家屯、赵家庙等，与烟台海阳南孟格庄、辽宁岫岩各分支，皆为鳌山老二支。鉴定人系亚圣六十九代翰博孟继娘鉴定并作序，该支鳌山始迁祖系亚圣五十六代孙孟希善，黄岛区孟家滩迁祖系亚圣五十八代孙孟公瑾、孟公惠、孟公风。

今黄岛区孟家滩孟继利、孟家庄孟继利、西砚瓦孟昭波、胶州市胶莱镇孟家村孟宪义各持版印一套，即墨区龙泉街道前碾子头孟宪明持版印一套。

4. 孟子世家流寓（高密鳌山支谱），续修年代为清道光十二年（1832），系亚圣六十八代翰博孟传槌敬序，该支高密始迁祖系亚圣

五十七代孟烁（孟希灵次子），五十八代孟公谭。

今高密前冢子头村孟庆林持版印一套。

5. 孟子世家流（鳌山胶州海阳）支谱，续修年代为清道光十五年（1835）（朱字版），一套二册，又添加海阳孟格庄支，鉴定人系亚圣六十九代翰

博孟继娘鉴定作序，该支海阳始迁祖系亚圣六十代孙孟承海、孟承江、孟承任。

今黄岛区孟家滩孟昭健持一套。

6. 孟子世家流寓（辽宁岫岩）支谱，为烟台海阳（即墨鳌山老二支）复迁辽宁岫岩支谱，续修年代为道光十五年（1835）（朱字版），一套二册，鉴定人系亚圣六十九代翰博孟继娘鉴定作序，以上各支都为鳌山始迁祖孟希善后代，为鳌山支、海阳支、文登支、海阳迁岫岩支和文登迁岫岩支，含贵城子、偏坡子、黄岭子、拉塔孟家屯、洋河东、高丽城子、孟家店、西岔沟、复州一拉塔、虎獐屯、上黑峪、四道河子、宽城子、江东古榆树等分支，该支海阳始迁祖系亚圣五十八代孙孟公强、孟公胜；孟公胜后裔六十三代孟贞祯迁莱阳孟家夏布。

今辽宁岫岩偏坡子孟庆久持版印一套，喇嘛台孟宪荣、驿马站孟令保各持复印本一套，即墨区龙泉街道办前碾子头村孟宪明持版印一套。

7. 孟子世家流寓（琅琊胶州）支谱，续修年代为清道光十七年（1837），一套两册，鉴定人系亚圣七十代翰博孟广均鉴定并作序。

原官庄孟继祥持版印一套两册，今黄岛区孟家官庄孟昭孔之子孟宪康持誉抄本一套。

8. 孟子世家流寓（高密支谱），续修年代为清咸丰元年（1851），鉴定人系亚圣七十代翰博孟广均敬序，该支高密始迁祖系亚圣五十八代孟公谭。

今高密前冢子头村孟庆林持版印一套。

9. 孟子世家流寓（岫岩）支谱，为辽宁岫岩偏坡子、红旗街、黄岭子等支谱，续修年代为清同治七年（1868），一套一册分二卷，鉴定人系亚圣七十代翰博孟广均鉴定作序，该支始迁祖系亚圣六十三代孙孟贞发。

今辽宁岫岩孟庆久持印本，喇嘛台孟宪荣、驿马站孟令保各持复印本一套。

10. 孟子世家流寓胶州支谱，续修年代为清光绪四年（1878），一套二册，鉴定人系亚圣七十一代翰博孟昭铃鉴定并作序。

今黄岛区孟家庄孟继利持一套。

11. 孟子世家流寓（胶州）支谱，续修年代为清光绪四年（1878），一套二册，鉴定人系亚圣七十一代翰博孟昭铃鉴定并作序，

今黄岛区孟家庄孟继利持一套。

12. 孟子世家流寓莱州府（今青岛市即墨泥洼疃）支谱，一套二册，续修时间为清光绪六年（1880），鉴定人系亚圣七ˆ一代翰博孟昭铃鉴定并作序，该支始迁祖系亚圣六十四代孙孟尚镯、孟尚哲。

今即墨泥洼疃孟宪武持有。

13. 孟子世家流寓（琅琲胶州）支谱，续修年代为清光绪九年（1883）（朱字版），一套二册，鉴定人系亚圣七十一代翰博孟昭铃鉴

定并作序，该支始迁祖系亚圣五十六代孙孟希先，六十代孙孟承柱、孟承鸾、孟承风、由孟老营迁茉旺；孟承桂由孟老营迁孟家官庄；孟承梅由孟老营迁夹沟；孟承宗由孟老营迁诸城孟家窑；孟承珠由孟老营迁孟家小庄。

今黄岛区茉旺孟宪治、孟繁先各持原本一套，逮家庄孟广成1997年复印一套，并手写添加本支。

14. 孟子世家流寓（程戈庄）再分支谱》誊抄本一册，续修年代为民国八年(1919),该支始迁祖系亚圣五十六代孙孟希善四子孟言胜的后代(老四支），该支城阳程戈庄始迁祖系亚圣五十八代孙孟公道，即墨纪家庄支始迁祖系亚圣六十七代孙孟毓彩。

今城阳区孟繁果持誉抄本一册，即墨市孟宪良持誉抄本一册。

15. 孟子世家流寓（琅瑯胶州）支谱，为民国三十三年（1944）石印局翻印清光绪九年（琅瑯胶州）支谱，一套二册（朱字版）。

今黄岛区逮家庄孟宪国持一套。

16. 孟子世家流寓（照邑东北乡城壕庄）支谱，民国三十四年（1945）三月重修誉抄本一册茉旺迁日照支。

今日照市城壕村孟宪阁持一套。

17. 孟子世家流寓（琅瑯孟氏）支谱誉抄本，1952年（孟家窑老七支），民国十五年重开，遵照文卿祖于清同治八年（1869）所立原册眷来。以老

七支原册被孟传德带往关东，本支过年节宣疏无册可查，故敬录一册备查照，1952 正月初十，茉旺孟广大重开孟小庄孟氏老七支，重开再分支，承上续下疏本。

今黄岛区孟家村孟宪波持一册。

18. 孟子世家流寓（琅琊前杨兰沟支）支谱誉抄本，1953 年誉抄。今黄岛区琅琊前杨兰沟孟广池持，现居青岛李沧区。

19. 孟子世家流寓（塔山坡、双墩支），1985 年《孟氏支谱》誉抄本一册。

今黄岛区塔山坡孟昭进持。

20. 孟子世家流寓（琅琊胶州孟氏）支谱，1987 年孟宪德誉抄本一套四册。

今黄岛区茉旺孟宪林持扫描件。

21. 孟子世家流寓（琅琊胶州孟氏）支谱，1987 年孟宪德誉抄本一册，茉旺二支。

今黄岛区茉旺孟庆廷持。

22. 孟子世家流寓（岭南庄本支）支谱，1987 年誉抄本一册。今黄岛区岭南庄孟宪锋持。

23. 孟子世家流寓台湾新修《孟子世家》族谱，1990 年一套一本，亚圣七十代孙孟广培字敏谨序，亚圣奉祀官七十四代嫡孙孟繁骥谨识，六十九代孙孟继丙谨述，七十三代孙庆彝敬识。

今城阳区程戈庄孟宪深持版印一套。

**注：根据孟宪军提供资料整理。**

青岛孟子文化研究会秘书长孟繁胜、理事孟庆鹏在孟府留影

链接

孟庆柱（亚圣73代孙、“庆”字辈），字辛默，1949年7月生于山东临沂。山东省美术家协会会员，一级美术师。其作品曾在全国“第七届少数民族运动会全国书画展”中获优秀奖，并被收藏。作品《竹鹭》被中央文史馆收藏。本书孟姓始祖亚圣孟子立像作者。

# 四、亚圣孟子（氏）的荣誉

孟子是孔子之后最主要的儒家代表人物，是战国时期著名的思想家、教育家、政治家和政论家，受到历朝历代皇帝的尊崇，他们把儒家学说作为治国之纲，加以推崇宣扬并对孟子予以褒奖和敕封，对其孟姓子孙更是优崇有加。孟姓子孙出仕者无论在朝在野，皆走的是正统的为官之道，忠君爱国的政声彪炳史册，皇帝御赐的牌坊不计其数。

## （一）历代帝王对亚圣孟子（家）的敕封

（1）**唐朝：** 玄宗天宝七年（748）

诏立祠岁时致祭邹国公孟子母。

（2）**唐朝：** 文宗太和七年（833）

诏邹孟母令县官立祠致祭。

（3）**宋朝：** 神宗元丰六年（1083）

封孟子为邹国公。

（4）**元朝：** 仁宗延祐三年（1316）

诏封孟子父一孟激为邾国公。

诏封孟子母一仇氏为邾国宣献夫人。

（5）**元朝：** 文宗至顺元年（1330）

敕封孟子为邹国亚圣公。

（6）**明朝：** 代宗景泰二年（1451）

钦授孟希文世袭翰林院五经博士主奉祀事。

（7）**明朝：** 世宗嘉靖九年（1530）

敕封孟子为亚圣始祖邹国公。

敕封孟子妻为亚圣夫人。

（8）**清朝：** 乾隆三年（1738）

弘历帝追封孟母邾国宣献夫人为“端范宣献夫人”。

（9）**民国：** 民国三年（1914），七十三代翰林院五经博士孟庆棠改封奉祀官。

（10）**民国：** 民国二十四年（1935）改称亚圣奉祀官。

## （二）历代帝王对亚圣孟氏子孙的优崇

封建社会里，下层社会的劳苦大众，地位低下，他们生活在水深火热之中，摊徭役、当苦差、充壮丁、苛捐杂税压肩头，备受煎熬，过着煎熬困苦的生活。由于孟子的杰出贡献，其学说得到官方尊崇，因此孟子后裔受到极大的恩遇，与一般百姓相比，生活优渥。

**(1) 唐朝：** 唐贞观元年（627）朝廷始诏免圣贤子孙赋役；唐开元十三年（725 年）明文诏免孟氏子孙赋役。

**(2) 宋朝：** 嘉祐元年（1056）敕免孟氏税粮。

**(3) 金朝：** 明昌五年（1194）诏先师邹国公后裔免赋役。

**(4) 元朝：** 元朝文宗时，诏孟氏子孙，奉上丝绵、颜色、税石、军役、大小差役并行蠲免。

**(5) 元朝：** 又五次诏免孟氏子孙赋役税粮。

**(6) 明朝：** 明朝初年奉诏免孟氏子孙差役蠲除如旧。

**(7) 明朝：** 崇祯十六年（1643）户部题准，孟庙洒扫人户，礼生及奉祀生员优免杂泛差徭。

**(8) 清朝：** 顺治四年（1647）奉旨亚圣后裔，地免杂徭，人无丁役。

**(9) 清朝：** 顺治十三年（1656）山东巡抚遵照户部文，孟氏子孙以及礼生、庙户俱行蠲免杂差。

**(10) 清朝：** 康熙二十二年（1683）又蒙户部行文照旧例蠲免。

**(11) 清朝：** 康熙四十年（1701）蒙户部复行文申饬将一切地亩差徭概行蠲免。

**(12) 清朝：** 乾隆二十年（1755）又蒙督抚官通饰州县地方有差徭豁行遵例免除。

**(13) 清朝：** 嘉庆二十二年（1817）衍圣公府当重申恩例，严禁扰累差徭之事，于至圣庙东华门里勒石说：先圣、先贤四氏后裔及庙、佃两户，原与齐民有别，一切差徭，概行蠲免。

(14) **清朝：** 道光六年（1826）诏宗子修大族远近谱牒，一切差徭概行蠲免。

(15) **清朝：** 咸丰二年（1852）诏免孟氏赋役暨杂项差徭。

(16) **清朝：** 同治元年（1862）诏免孟氏差徭照例蠲免。

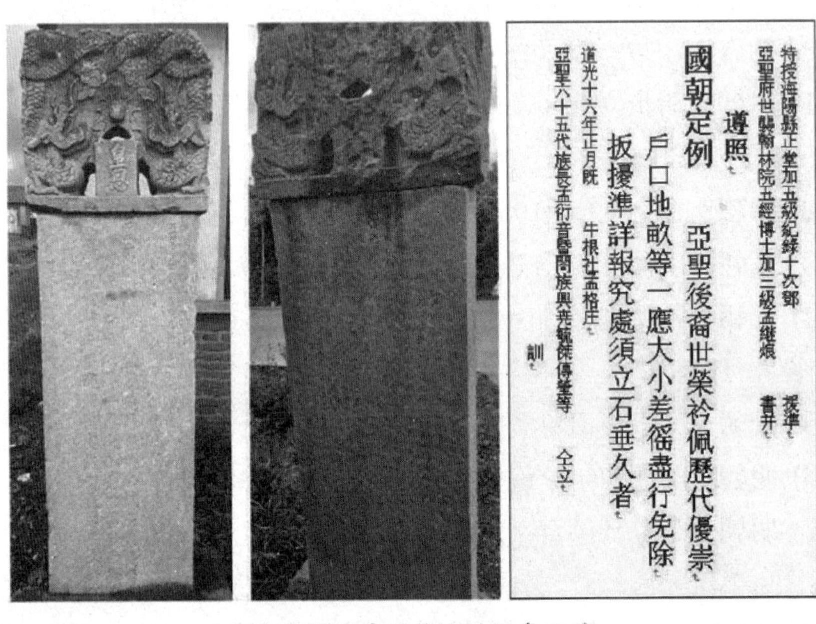

特授海陽縣正堂加五級紀錄十次鄧 扱準
亞聖府世襲翰林院五經博士加三級孟繼烺 書并
遵照
國朝定例 亞聖後裔世榮衿佩歷代優崇
戶口地畝等一應大小差徭盡行免除
扳擾準詳報究處須立石垂久者
道光十六年正月既 牛根社孟格庄
亞聖六十五代族長孟衍音暨闔族與珫毓傑傳肇等 仝立
訓

烟台海阳市南孟格庄的优崇石碑

存于孟府的优崇石碑

## （三）孟姓的牌坊

牌坊，是中华特色建筑文化之一，是封建社会为表彰功勋、科第、德政以及忠孝节义所立的建筑物，昭示家族先人的高尚美德和丰功伟绩，兼有祭祖的功能。

1. 山西孟氏一门七进士牌坊

有着古街、古巷、古院落的山西泽州大阳村，据说在建村初是先有小庙巷，后才渐有大阳村规模。大阳孟氏的五架功德牌坊就立在小庙巷。

这一家族从明朝中期开始就多有出仕，先后出过七个进士，他们是：

弘治丙辰进士（1496）孟春

正德甲戌进士（1514）孟阳

嘉靖戊戌进士（1538）孟颜

嘉靖己丑进士（1529）孟霧

嘉靖己丑进士（1529）孟雷

天启壬戌进士（1622 年）孟兆祥

崇祯癸未进士（1643 年）孟章明

可谓簪缨之族，仕宦之家。他们显亲扬名于乡里，街巷里先后立起了五架功德牌坊：

孟阳天官司徒牌坊；

孟阳忠义牌坊；

孟春吏部侍郎牌坊；

孟露陕西按察司都给事牌坊；

孟雷陕西督粮道按察佥事牌坊。

这五架封建士大夫的功德坊先后立于明朝的中后期，记述了古镇历史上发生过的文化现象。这一文化现象不只是属于一个家族的荣耀，也是属于这方古老土地的荣光。明宪宗成化年间，大阳建起了四门，完善了阳阿城的规模和格局。阳阿城里的孟氏家族诗书传家，从明景泰年始，就出仕为官。孟春之祖孟鉴任过景泰年间的都察院左副都御史；孟春之父孟彪做过御史官。从孟春之后，则甲第蝉联，延至清康熙年还出过武举孟言厉。

孟春，字时元，弘治乙卯（1495）举人。丙辰（1496）进士。历任官刑曹、严州守、宣镇和顺天巡抚、吏部左右侍郎，史称“清官第一”。在朝为官，不仰俯时风，力拒阉宦索贿。群僚见大宦官张永皆匍匐于地，孟春唯“长揖而已”。在巡抚任间，能体察民情，奏辩民间冤案多起，得到百姓称颂。他忠君爱国，正直敢谏，面对明朝宗室内部的斗争，上言乞斩宁王朱宸濠逆党，以振朝纲。后因“十大狱”牵连削职归里。病笃之际，嘱家人从简，殓以青袍角带，树清廉家风。孟春著文富有才思。现青莲寺尚留有他的诗碑，还有“游青莲寺记”。

孟阳，字子干，孟春之子。正德丁卯（1507）举人、甲戌（1514）进士。他生活在宦官肆虐的年代，耻于低眉折腰事权贵。忠君爱国，清廉为政。武宗正德年间，刘瑾专权，与张永等号称“八虎”。大宦官江彬因武宗围猎遇虎救驾有功，被武宗收为义子，以此横行朝野。他们沆源一气，给武宗敬献鹰犬和美女，还引导武宗出行。1519 年春，武宗自称“镇国公”以南巡为由出游，举朝汹汹，百官惧于刘瑾的权势，无上言者。忧国忧民的孟阳与同官说“此举系社稷安危，一命之士皆当忧国，岂必言官，乃当效死”。于是率同官余延瓒、李绍贤等十九人上朝直斥权奸误国，误导皇上出行之虞。武宗大怒，命下锦衣卫大狱，各杖四十，而后捆至午门罚跪五日。宦官江彬趁机激怒武宗，再次杖击孟阳等十九人，并由江彬监督，杖击甚毒。孟阳仰天叹曰：“今日得死所矣！”十九人中十一人在杖击下殒命，孟阳在其中。孟春闻讯孟阳为国殒命，赋诗遥祭，诗情痛切悲壮，时人争相传诵。

1522 年，世宗嗣位，将江彬凌迟处死，孟阳即平反昭雪。高陵吕文简在孟阳的墓志铭中道：“爱身何薄，爱国何厚。于生无羞，于死无负。”奉圣谕，孟阳的故里立起了“忠义坊”，建起了“旌忠祠”。裴骞写有《旌忠祠哭忠臣孟子乾》长诗祭孟阳。诗情痛切感人，催人泪下。此诗收录在《凤台县志》中。

孟颜，字怀溪，天官孟阳之子。历官县令、工部主事、四川布政参议。为官“仁爱为政，惠泽及于民”。后因“亲老不能迎养”辞官归里。他胸富才学，下笔常千万言。写诗不拘格律，直抒其性情，著有《孟亭恒隐集》数卷。《游青莲寺七古诗》诗碑在青莲寺待月台。

孟霖，字泉坡，与弟孟雷同榜，官至陕西督粮道。他处理政务刚柔相济，督促有方，地方兵民无忧，政绩卓著。其真、草书在当时很受人宝爱，著有《诗纪集》。青莲寺留有诗碑。

孟雷，字石盟，官至陕西按察司佥事，为官有“与民相安，境内称治”的政声。他擅长诗文和书法，尤其是他的隶书和篆书很有名气，为时人所宗。著有《修趾》数卷。

孟兆祥，字肖形，天启壬戌（1622）进士。历官吏曹至刑部右侍郎。他满腔爱国之心，但生不逢时。天启年间的熹宗帝读书甚少，喜欢木工，不理朝政，内宫外廷大权全落在魏忠贤手里。孟兆祥为匡扶大明朝，上书弹劾魏忠贤，反遭罢官免职。思宗嗣位，孟兆祥才被启用，初授太常少卿，继任刑部右侍郎。

1644 年 3 月，李自成义军攻战北京，孟兆祥奉命扼守正阳门。孟兆祥孤军奋战，冒刃战死于正阳门下。其妻何氏闻讯，自缢身亡。其子孟章明，字伯昭，癸未进士，他装殓父母后，与妻王氏皆自缢身亡。

孟兆祥一家以身殉国，他们用生命和鲜血为明王朝的灭亡送上了一曲悲凉、惨烈的挽歌，也为孟氏家族世代出仕为官，画上了一个奕世扬流的句号。家事、国事、天下事于孟氏，他们选择的是以国事、天下事为重，家事为轻。大阳崔家庄上旗杆院即孟天官府，但简陋无华。奉圣谕恩典在开元巷修建孟氏宅第也未付诸实施，而深植于民间的是，世代把开元巷改叫成了孟家巷。

山西一门七进士牌坊

2, 河南孟氏一门三进士牌坊

在河南省浚县有一座雕刻艺术精妙绝伦的牌坊，被人们称为“花牌坊”，是明万历四十五年（1617 年），神宗皇帝恩准工部主事“一门三进士”的孟楠家族，在其老家卫贤集建立的。

这座牌坊高宽皆十米，原为上下两坊。下为四柱三间五楼式大坊，大坊之顶正脊中间原有三间四柱三楼式小坊，人称“牌坊摞牌坊”，这座牌坊建在两座由十二块条石砌就的方形平台上。平台的侧面雕有精美的莲花花纹。四根立柱由八个抱鼓石和八块抱柱石组成。抱鼓及抱柱上，各蹲有一只不同姿态的仿佛随时会越壁而起的透雕雄狮。立柱之上有主楼一个，次楼四个，均为歇山式顶，雕有布满花纹的瓦当，并以龙首为脊。此坊自上而下共七层，主楼横匾上刻有“恩荣”二字。第一层刻二龙戏珠；第二层刻“龙章宠锡”，“锡”在这里读“赐”，意思为圣旨恩赐；第三层是八仙庆寿；第四层刻“敕封承德郎南京工部主事孟含霓”；第五层刻“竹林七贤”图，再现了魏晋时期阮籍、嵇康、山涛、向秀等七位有名的文人于竹林间品酒赋诗，高谈阔论，呼啸长吟的情景。图中还雕有书童等，并雕出了阴晴雨雪四季变化。第六层刻“赐进士及第承德郎工部主事孟楠”并有题记；最下一层的画面上共有十六个人物，有骑士、倚仗，上方还有仙人。画面前方刻有一半开半掩的城门，一人从门内探头向外张望，空中有仙人护送，描绘了孟楠祖孙三代“衣锦还乡、荣归故里”的情景。

整个牌坊以浮雕、透雕等雕刻手法，雕出了神兽、人物、房舍、树木、花草，大气、典雅、自由、奔放，可谓栩栩如生，巧夺天工。其雕刻之精美，花纹之细密，浑然天成，匠心独运，让人叹为观止。这一造型奇特的牌坊建筑样式，在全国可谓独一无二。可见当时的能工巧匠在雕刻的过程中倾注了极大的心血，是灵魂投入后的艺术结晶与文化积淀。

浚县卫贤镇卫贤村的孟氏一族为“亚圣”孟子的后裔。早在八百年前的金国统治时期，孟子第四十八代孙孟天安由祖籍山东邹县迁居至卫贤，成为卫贤孟氏始祖。至明代，卫贤人孟继官至按察使，孟继之子孟含霓为孟德郎南京工部主事。后来，孟含霓之子孟楠于明万历二十六年（1598）登进士第，任青州知州，后升至山西布政使。家乡人称孟楠为孟都堂。据史料记载，孟楠为官期间，朝廷命他挂帅前往延庆平叛。孟楠在平叛中出奇制胜将战乱平息，因此深得万历皇帝赏识。又因孟继、孟含霓、孟楠祖孙三人身出名门，系“亚圣”孟子的后裔，更受万历皇帝器重。于是，明万历四十五年（1617），皇帝为表彰孟家“-门三进士”，恩准孟楠在家乡浚县建造功名牌坊一恩荣坊。

可惜的是，牌坊上的人物头像大都在“文革”时期“破四旧”中毁损，近年文物部门将这座全国独-无二的牌坊搬迁至浚县大伾山百猴路中Ⅰ段并进行了修复。浚县恩荣坊被上海辞书出版社出版的《中国名胜词典》作为-处名胜单独列出，它还被权威古建筑专家称为“-座标准的光宗耀祖的功名牌坊”。

河南一门三进士牌坊

# 五、亚圣孟（氏）子家庙和祭祀

## （一）亚圣孟（氏）子家庙

庙，本是古代供祀祖宗的地方。周朝时，庙的规模有严格的等级限制。《礼记》中说：“天子七庙，卿五庙，大夫三庙，士一庙。”“太庙”是帝王的祖庙，其他凡有官爵的人，也可按制建立“家庙”。古时有官爵者才能建家庙，作为祭祀祖先的场所。上古叫宗庙，唐朝始创私庙，宋改为家庙。孟子乃儒教先圣，孟姓子孙在全国各地建有很多孟氏家庙，以便祭祀孟子。

1. 山东潍坊孟氏家庙

位于山东省潍坊市坊子区九龙街道丁村孟家村北有一座孟氏家庙，为孟氏子孙祭祀祖先所用。

这座家庙始建于明代末年，清嘉庆、光绪年间多次重修，对孟氏祠堂屋面和灰瓦进行了更换。主建筑为孟氏家庙大殿，占地七十六平方米，院落南北长二十七米，东西宽十四米，占地约三百八十平方米。正门坐北朝南，

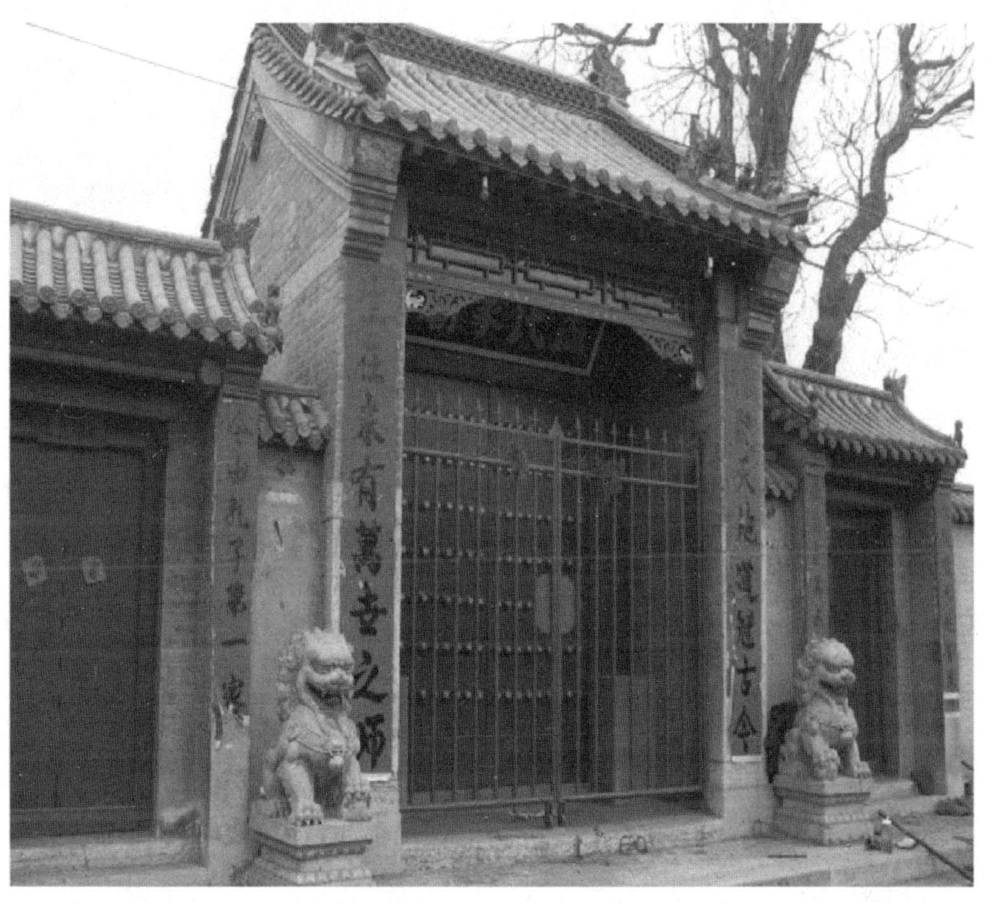

东西两旁各有侧门，正门高约五米，进深三点六米，正上方高悬蓝底金字的“孟氏家庙”匾额，在正门两边各有护卫的石狮，而正门与侧门的翘檐顶各有两个赠吻。该建筑为北方青砖灰瓦建筑，为单檐硬山顶结构，屋脊正中为宝葫芦顶，两侧暗尾高0.4。正前方四根石柱，梁架制作得简练大方，整个建筑结构严谨，比例适当，作风典雅，形制稳健，蔚为大观。近年来，有过多次修缮，使正殿保存较为完好，而在东西两山上方、均有砖雕装饰。大门是丹色，上有突起的鎏金配饰，前有铁质栅栏护卫，木质栅栏里面左右两边各并置两座长方门枕石。20世纪90年代末为最新一次大修，重新更换了標板，屋内梁架新刷漆，露台上新建了两个石香炉，复制了孟氏优免碑和孟氏支谱序碑。孟子塑像在1992年重塑，按原画像恢复如旧。

2. 浙江诸暨孟子庙

位于浙江省诸暨十二都的孟子庙，是这里孟氏后裔祭祀祖先的地方，这里的孟姓一族有“南孟故里”“南孟大宗”之说。

孟庙就坐落在南泉岭上。如今的孟庙是20世纪90年代孟氏后人择地重新修建的，规模不大，但基本延续了原孟庙的建筑格局和风貌。门顶悬南孟故里大字，门楼和亚圣殿前各立石雕雄狮。亚圣殿之中孟子肖像居中，左郡王忠厚公，右太尉德载公等。在孟庙正殿的东侧还有一方乾隆三十五年（1770）立的《概里端范夫人庙记》石碑。孟庙院内两侧是画廊，左侧为孟子像以及著名的孟母三迁、断机教子的故事图像；左侧为南宋年间南孟一族护驾南迁的故事以及明代孟氏贞女孟蕴的故事壁画。

3. 天津孟氏家庙

天津孟氏家庙坐落在天津市河北区的意租界，今河北区博爱道，是孟姓子孙祭祀祖先的地方。

这座家庙建于1912年，距今已有九十八年历史，是现今保留最完整的中西合璧建筑。它原是山东章丘旧军孟氏进修堂在天津的故居，为绸缎商孟养轩的家族祠堂。孟养轩曾经在本市经营著名的“谦祥益”绸缎店，因为曾经在这座建筑供奉过孟氏祖宗牌位和家谱，因此这座庙被称作孟氏家庙。

4. 江苏泰州孟氏家庙

孟氏家庙位于泰州市姜堰区蒋垛镇东侧，为本镇孟咸宏、孟咸君兄弟筹资所建，总投资约两千万元，占地面积约四亩。耗时十八个月建设的孟氏家庙于 2014 年 10 月建成开放。据史书记载，孟东瀛、孟东山是孟子的第五十七代孙，两人由苏州太湖边的孟家湾庄迁至泰州东南蒋垛镇，至今有六百多年，繁衍近万人，且民风淳朴、亦耕亦读、生活小康。

据介绍，蒋垛曾涌现出众多孟氏贤人能人，建孟氏祠堂也为纪念这些优秀人物。如真诚厚道、谦顺和气的孟锦煌，其创办孟锦煌老字号“以诚立信”的经营之道，被蒋垛的商户们代代传承；神医孟尔华以高尚的医德医术悬壶济世，在本地及周边海安、盐城、扬州都有口碑；因为传播革命火种，年仅四十岁的孟致祥在敌人狱中被折磨致死，其事迹为后代所传颂。如今，孟氏祠堂已经成为蒋垛镇纪念先贤、传播传统文化、弘扬社会美德的重要阵地。

## （二）亚圣孟（氏）子的祭祀

自宋朝神宗元丰六年（1083）封孟子为邹国公的四十年前起，对于孟子的祭奠就上升至国家层面的祭祀了，以后的家祭、公祭和冬至忌日祭都是经朝廷获准沿袭下来的，与一般民间家族祭典截然不同，祭祀的各类仪式、乐器、服装等都是经皇帝钦点而实施的，场面庄重宏大，昭显中华文明礼仪的内涵。

1. 亚圣孟（氏）子家祭

宋朝宋仁宗首次钦定孟氏家祭亚圣孟子，景祐五年（1038）冬至亚圣孟子祭日，孟氏后裔奉旨在孟林举行了隆重的祭祀活动。

仿古代家祭场面

2. 公祭亚圣孟子

宋代首次家祭亚圣孟子七十年后的宋政和五年（1115），这是官方历史上第一次公祭亚圣孟子。第一次公祭亚圣孟子所用乐器、乐章、服饰程序均为宋徽宗钦定。随后，亚圣孟子后代一直按照宋徽宗钦定的祭祀礼制

亚圣孟子76代嫡孙孟令继及海内外孟氏子孙公祭亚圣孟子

来祭祀亚圣孟子。

现在公祭亚圣孟子的礼制是根据邹城市非遗传承中心挖掘、整理祭祀亚圣孟子的历史资料整理而成的。古代礼仪有很强的庄重感和仪式感，蕴含着巨大的文化凝聚力、向心力和浓郁的民族自豪感。通过仪式的再现，更多人愿意在自豪感中继承这些优秀传统文化，用最正统的、最原味的古典礼仪，来守住我们的优秀传统文化的根基。

3. 冬至祭亚圣孟子大典

2015 年 12 月 22 日是中国农历冬至，中华人民共和国成立后首次民间冬至祭亚圣孟子大典在亚圣孟子故里山东邹城孟庙举行，以纪念一代儒学宗师亚圣孟子逝世 2304 年。

冬至是中华民族重要传统节气，也是亚圣孟子逝世的日子。据《孟氏宗谱》记载，公元前 289 年孟子寿终，享年八十四岁。孟子故里的乡亲们非常悲痛，于是废除庆贺冬至的仪式，素斋并隆重祭祀亚圣孟子。冬至祭亚圣孟子由来已久，但自 1948 年亚圣孟子嫡系后裔孟繁骥离邹迁居台湾后自行终止。此次祭孟活动既不同于家祭，又有别于公祭，在举行祭祀仪式之前，明确要求祭祀人员遵照礼制素食忌酒。活动结束时，参加祭祀活动的人每人分得一块胙肉，以示敬意。这些做法，是对祭亚圣孟子活动的一种创新传承，具有传承历史、继往开来的意义。

此次冬至祭亚圣孟子大典是邹鲁礼乐的原味再现，所有步骤都经过了相关学者的认真考证。整个祭祀大典包括启户、排班、瘗毛血、迎神、初献、亚献、终献、饮福受胙、读祝、焚帛、彻馔、送神等仪式，礼乐伴奏皆为现场演奏，形象地阐释了亚圣孟子思想中“礼之实，节文斯二者是也；乐之实，乐斯二者”等思想。

在亚圣孟子次嫡传七十五代孙孟祥居看来，恢复民间冬至祭孟不仅是对先祖的敬仰尊重，更是对儒家文化、孟子思想的传承发扬。以祭亚圣孟子颂扬亚圣孟子之功德，追思亚圣孟子对中国和世界文化做出的杰出贡献，表达后人的崇敬怀念之情。他说，希望更多的人能够通过传统礼乐，感受其中蕴含着的优秀中华传统文化，助其发扬光大。

孟氏宗亲联谊会会长孟淑勤及孟氏子孙冬至祭祀亚圣孟子

4. 马登科：一家三代天天祭祀亚圣孟子

在邹城市区东北二十多里的四基山西麓，高大的土冢上面绿草如茵，墓前有螭首龟趺巨碑，上书“亚圣孟子墓”，位于孟子林内。孟子林亦称亚圣林，是葬埋亚圣孟子及其后裔的家族墓地，这里也成为人们祭奠亚圣孟子的地方。

在亚圣孟子墓的西南侧住着一户人家，他们就是一家三代天天祭祀亚圣孟子的守墓人马登科一家。

马登科的爷爷生活在兵荒马乱的战争年代，当年马家家道中落，那时本来由地方政府看护的孟林，因匪患、灾荒、盗墓、伐林、闹鬼等早已破败，孟氏族长就想找个有责任心的马姓人来护林守墓，最好会点武术，马登科的爷爷就成了最佳人选。因此，马家获得十七亩山地，并得以在孟林旁几间护林房栖身，马家承诺世代守护好孟子墓。这个承诺看似简单，其实是一份重任。从此他们每天为孟子祭祀，为孟子上香烧纸摆供，守护着孟子的精神家园，承担起孟氏子孙该干而没条件干的事情。

老马爷为守好墓护好林，即使是黑夜里，也带领三个儿子巡护于山林墓地。世代守护，就意味着代代相传，无论社会如何发展变化，马家一直坚守在孟子安息的地方。由于马家守墓护林尽心尽责，获得了孟氏族人的信任，马家也得以继续守护在孟林旁，兑现着他们的承诺。

时代在不断变化着。到了马登科父亲马瑞和牵头守墓护林的时候，赶上了“大跃进”、三年严重困难等一系列历史运动和考验。“文化大革命”时期，“破四旧”、“批林批孔”，孟子也难于幸免，马瑞和尽心尽力，不惧艰难，守护孟墓度过了最艰难的岁月。

1982 年，马瑞和病重将离人世，他像当年父亲和自己交接班那样，把家族的承诺和使命郑重地交给了自己不足十八岁的儿子马登科。那一年马登科才上高一，没有读完高中就开始了守墓护林生涯。那时候外面的世界已充满了诱惑力，各行各业的人都因为改革开放提供的机会朝自己的梦想狂奔，年少的马登科却在这个古老的墓地为孟子守墓种树，他的梦想就是守好墓多种树，希望那些树跟他父辈种的树还有古人种的树连成一片，成为越来越大的森林。他似乎错过了一个时代，但又坚守住了很多时代所需要的信誉与道义。马登科又在这里守了三十多年，后来这里被纳入国家文物保护系统，马登科担任了孟林管理所副所长，也配备了一些忙时协助他工作的人，但他不是公务员或国家干部，到现在还是一名企业职工，不享受其他国家文物单位人员待遇，他的收入依然很低。马登科不抱怨，依然践行着孟子说过的话，“君子不怨天，不尤人”。

三代人守墓护林，不忘初心，将祭祀孟子、守墓护林当成他们人生的大事，对国家、对社会、对我们孟家贡献很大，我们孟姓子孙应该记住他们，感恩他们。

**注：根据孟子邹文资料。**

马登科每天向亚圣孟子祭拜

# 六、亚圣孟子故里邹城“四孟”

曲阜是孔子的故乡，有著名的孔府、孔庙和孔林历史古迹和旅游景区，被游客冠以“三孔”；而邹城亚圣孟子的故乡，则有孟府、孟庙、孟林和孟母林，被誉为邹城“四孟”，同样闻名于世，许多游人走进邹城，到此瞻仰圣人的圣迹。

### （一）孟府

孟府，也称“亚圣府”，重要的儒家府第之一，坐落于邹城市南关。总面积二万二千四百平方米，约三十三亩。始建于北宋晚期。孟庙西侧，庙、府仅一街之隔，是亚圣孟子嫡系后裔居住的宅第。孟府是一座典型的中国封建贵族府第，平面呈长方形，前后有七进院落，楼、堂、阁、室 148 间，以主体建筑大堂为界，前为官衙，后为内宅，整体布局大方气派，典雅中透着几分威严。

孟府美景

据孟庙内现存明洪武六年（1373 年）立《孟氏宗传祖图碑》记载，根据孟府大堂前现存几棵相当古老的桧树，紧同孟庙毗邻的建筑布局来考证，在宋朝宣和三年（1121） 第三次迁建孟庙于城南的同时，迁建孟府于孟庙之西侧。元朝文宗至顺元年（1330），文宗皇帝封孟子为“邹国亚圣公”，从此，这里就被称为“亚圣府”，也叫“孟府”。孟府也是全国重点文物保护单位。

# 孟府·平面示意图
# Panorama of Mencius Mansion

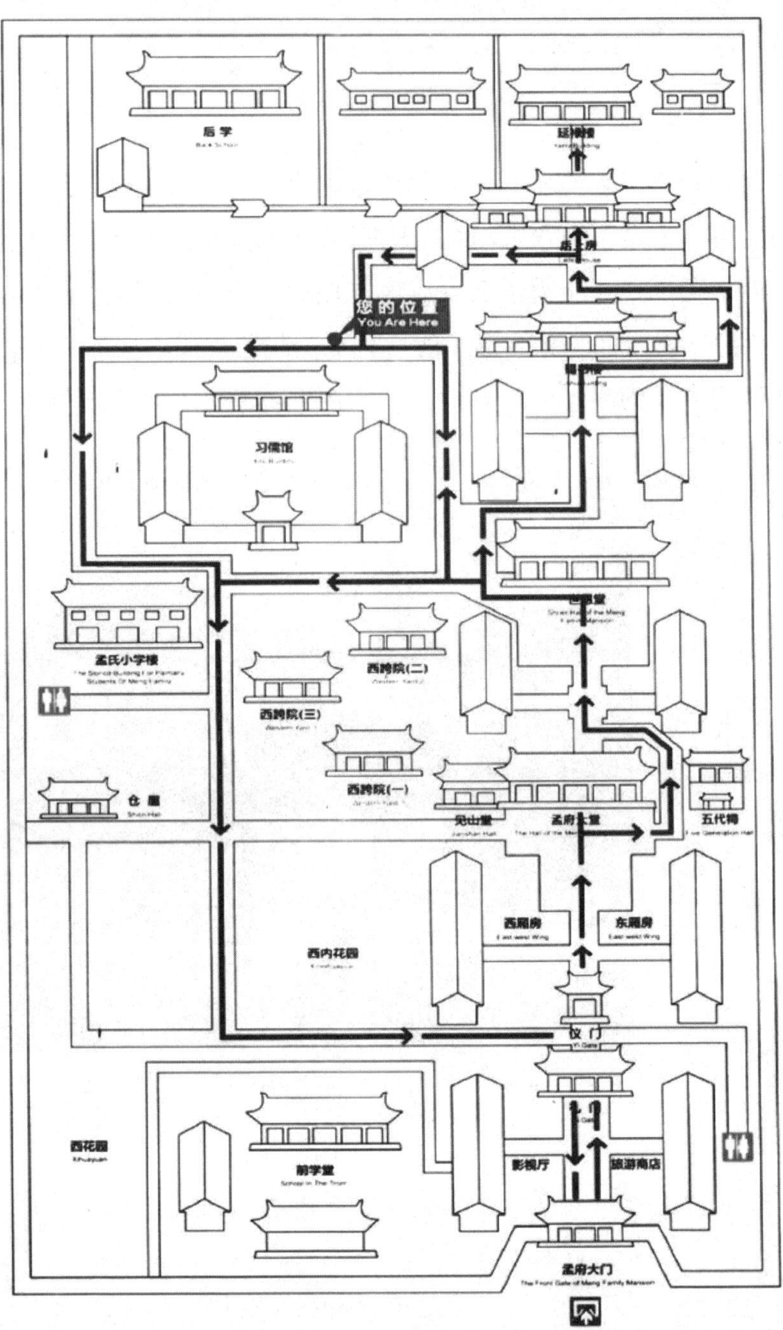

亚圣府

孟府正门

礼门义路

赐书楼

## （二）孟庙

孟庙又称亚圣庙，坐落在邹城市城南，为历代祭祀亚圣孟子之场所。孟庙呈长方形，院落五进，殿宇六十四间，占地四万平方米，约六十亩。亚圣殿位于南北中轴线上，为庙内主体建筑。据记载，历代重修，达三十八次之多。现存建筑为清康熙年间地震倾圮后重建。殿七间，高十七米，横宽二十七米，进深二十米，双层飞檐，歇山式，绿琉璃瓦覆顶。檐下八角石柱二十六根，中轴线两侧对称排列寝殿等，庙内共有碑碣石刻三百五十余块，庙内古树苍郁，葱茏茂密，堪称奇观。

正南门为“极星门”，门内左右各一坊，左名“继往圣”，右名“开来学”。第一进院落的北壁正中为“亚圣庙石坊”。第二进院落的砖铺甬道两侧尽是古老的苍松翠柏，往北为“泰山气象门”。进入此门后，即为第三进院落。此院左右各有门通往庙外，左名’‘知言门”，右名“养气门”，是过去出于孟庙的主要通道。“养气门”外南侧建有“亚圣木坊”；门内南侧建有“祭器库”三楹。“知言门”内南侧建有“省牲所”三楹，此院北壁，三门并列。正中之门为“承圣门”，门之左侧建有“康熙御碑亭”；左为“启贤门”，右为“致敬门”。“承圣门”内第四进院落即分为东、西、中三路。中为孟庙主体建筑“亚圣殿”，其后为“寝殿”，其前左右两侧建有“东虎”和“西底”各七楹，院中有“天震井”和“乾隆御碑亭”。东路“启贤门”内为“启圣殿”，其后为“孟母殿”。从“启贤门”到“启圣殿”甬路两侧，竖立着为数众多的历代碑刻，称之为“孟庙碑林”。西路“致敬门”内为一过道小院，东垣有一小门可通往中路“亚圣殿”院，北壁有一小门为“斋戒门”。这一小院四周墙壁上镶嵌着历代名人谒孟庙题咏等数十块小型碑刻。“斋戒门”内建有“致严堂”三楹。

孟庙的古建筑群，以主体建筑亚圣殿为中心，南北为一中轴线，左右作对称式排列，有些地方又因地制宜地进行了适当安置。逐院前进，起伏参差，布局严谨，错落有致，建筑雄伟，院院不同，格局迥异，充分体现了我国劳动人民的创造才能和古建筑的特点，是国内宋元至明清时期的古建筑代表作品。

极星门

亚圣殿

## （三）孟林

孟林又称“亚圣林”，是亚圣孟子及其后裔的墓地，位于邹城东北二十六里的四基山西麓。四基山是连绵不断的四座山，因坐落的山顶都是齐头的，很平坦，古人说“如基”，所以叫作四基山。四基山的地理环境十分幽美，它“南面凫峰，北拱岱岳，层峦叠嶂，环拱交错。远接洙泗之水，近连岗峰之脉”。一片苍松翠柏，遮天蔽日，芳草如茵，肃穆幽深。

《新建孟子庙记》碑载，北宋景祐四年（1037），于此发现孟子墓，并建庙祭祀。元丰七年（1084），朝廷赐库钱修墓庙，购置祭田。经宋、元、明、清历代重修扩建，至清康熙年间形成目前规模。现有林地面积九百一^五亩，林内现存柏、桧、柞、榆、楸、槐、枫、楷等古树近万株，是国内少有的一处大面积侧柏山林。

孟林前有神道，道中有一单孔石桥，桥旁立有一石碑，上书“亚圣林”三字，为欧阳中石先生所书。过桥石叠甬道直通享殿大门，享殿为孟林主体建筑，殿内存石碑八幢，记载了孟庙、孟林的创建和扩置情况。享殿后为亚圣孟子墓，墓前有清道光年间立“亚圣孟子墓”碑，碑前有石供案和石香炉，专供祭祀亚圣孟子之用。

四基山全景

亚圣孟子墓碑

亚圣林

## （四）孟母林

孟母林是亚圣孟子父母的合葬地，位于邹城北二十五里的马鞍山下，属曲阜城南二十六里的凫村（中华人民共和国成立后划归曲阜）。整个墓地占地五百七十八亩，西靠马鞍山，山中上下遍植桧柏，古木苍翠、浓荫蔽地，林内墓冢累累。在墓的东侧建有一享殿。园内有树木约一万三千株，是世界上最大的古柏园林。

那里除孟母仉氏和她丈夫孟激的墓外，历史上孟氏子孙死后也都葬于林内，数得上是中国少有的保存完整的氏族墓地之一。

孟母林南路有一条长约百米，宽约四十米的林道，两旁有立马、卧羊及合抱粗的古柏。那古老的树干，有的成了空心，但在手臂般粗的枝丫上，却生长着层层茂密的枝叶。林道的尽头，是祭祀孟母的享殿。二楹殿室，由一道高大的红墙围绕在正方形的大院之中。殿内安放着孟母牌位、供桌、香炉等祭器。出享殿院西行五十米，有一高高隆起的大土丘，便是孟母墓了。

孟母林大门

亚圣孟母端范宣献夫人墓

墓高九米有余，底圆长达二十多米。元明两代祭祀孟母而立的御碑及石桌、石鼎、石凳、石瓶等石雕，排列在墓前。正对墓堆的石碑上，镌刻着一个醒目大字：“亚圣孟母端范宣献夫人墓”。

孟母墓西北大约十米处，是孟子的儿子孟仲子之墓，墓前除有石桌石炉等墓地设置，还有一块刻着“新泰伯孟仲子墓”的石碑。再往西北走，就是孟子四十五代孙，被封为中兴祖的孟宁墓。墓碑是元代立的，上面刻有记载孟氏家庭繁衍情况的“世系之图”，有“元代至顺四年”字样。

# 第二篇
# 亚圣孟子思想与儒家文化

# 一、亚圣孟子与先圣孔子的历史渊源

孟子从小受母亲的严格教诲，少年时就立志学儒习礼。十五岁时他怀着对孔子的仰慕之情进入儒门，师从子思的门人。子思是孔子的孙子，子思的老师叫曾子，曾子是孔子的学生。同为儒家代表人物，孔子被誉为至圣先师，孟子被誉为亚圣。孔子生于春秋时期，孟子生于战国时期，孔子比孟子早出生 179 年。

### （一）先圣孔子出生及其学说

孔子，名丘，字仲尼，出生于公元前 551 年 9 月 28 日，逝世于公元前 479 年 4 月 11 日。孔子生于春秋时期的鲁国，位于今山东省曲阜市，是春秋末期的思想家、教育家、政治家。孔子开创了私人讲学的风气，是儒家学派的创始人。2018 年是孔子诞辰 2569 周年。

孔子之前，学在王官，就是官方办教育。春秋时期孔子首先招收学徒，开宗立派，创立儒学，开启了私人办教育的事业。为了推广儒家学说，带领部分弟子周游列国十四年，晚年修订六经，即《诗》《书》《礼》《乐》《易》《春秋》。相传他有弟子三千，其中有七十二贤人。孔子去世后，其弟子及其再传弟子把孔子及其弟子的言行语录和思想记录下来，整理编成儒家经典《论语》。

## （二）亚圣孟子出生及其学说

孟子，名轲，字子舆，出生于公元前约 372 年 4 月 2 日，逝世于公元前 289 年冬至。孟子生于战国时期的鲁国，位于今山东省邹城市。孟子是战国时期伟大的思想家、政治家、教育家，儒家学派的传承性代表人物。2018 年是亚圣孟子诞辰 2390 周年。

孟子出道之前，儒学的状况已经不那么受到社会重视，当时已经是“百家争鸣”时期，道家、墨家、法家都已经成为显学，风头甚至超过了儒家。“杨朱、墨翟之言盈天下，天下之言，不归杨则归墨。”也就是说，当时的学说，主要是杨朱的道家学说和墨子的墨家学说最为流行。这时候孟子深感自己责任重大，他发誓要光大孔门，重振儒学，排斥邪说，发明真理。为了发扬孔子的儒家学说，他行儒学之道，周游各国宣传儒家的治国理念，讲性善，讲道德，说仁义，传播儒学以拯救时弊，被齐国尊为“列大夫”。孟子受到各国诸侯的一致尊重，他的车队常达数十辆，跟着学生数百人，各国诸侯听到孟子过境，都会为他们提供酒食（“后车数十乘，从者数百人，以传食于诸侯”）。孟子为孔子思想的发扬光大做出了突出的贡献，被后人尊为“亚圣”，与孔子并称“孔孟”。

政治上，孟子主张法先王、行仁政。他强烈反对诸侯们的掠夺战争，认为这是最大的犯罪。他主张实施仁政，把对亲人的关爱推广到整个社会。他蔑视权贵，提出“民贵君轻”和“暴君放伐论”的主张，这是先秦民本思想的最强音。这个学说就是：在国家、君主、民众三者中，民众最重要，国家次之，君主是排在最后的。君主获得天下百姓的拥护，这才算个君主，如果他暴虐残民，奢侈腐败，那他就是个“独夫民贼”，而独夫民贼是“人人可得而诛之”的。他游历于齐、宋、滕、魏、鲁等诸国二十多年，效法孔子推行自己的政治主张，但当时列国争雄，各国皆尚功利，纷纷恃强凌弱，以大吞小，孟子“仁者无敌”的主张，被急功近利的诸侯们认为不合时宜，因此得不到采纳。晚年，孟子效法孔子“乃所愿，则学孔子也”，安下心来著书讲学。

孟子晚年，倾心讲学和写作，和他的学生一起，序（诗）、（书）做《孟子》七篇。《孟子》的七篇是《梁惠王》《公孙丑》《滕文公》《离娄》《万章》《告子》《尽心》，每篇各分为上下两篇，实际是十四篇。现在中小学语文课本中的《鱼我所欲也》《得道多助，失道寡助》和《生于忧患，死于安乐》《王顾左右而言他》《寡人之于国也》，都是从《孟子》中节选的。

孟子思想，恢宏精深，光明正大，浩气凛然，气节耿耿。其“富贵不能淫，贫贱不能移，威武不能屈”的大丈夫人格深刻地影响了中华民族的人格养成。孟子有强烈的社会责任感，他认为“五百年必有王者兴”，在当时社会，如果历史发展到了需要天下大治的关头，那么他就是“收拾天下”的当然人选。“天下兴亡，匹夫有责”就是他的信念。

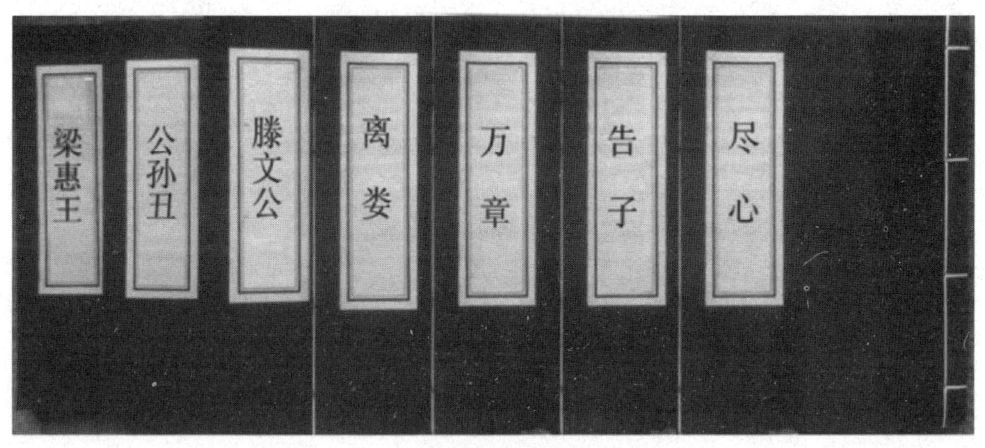


孟子七篇

## （三）亚圣孟子将孔子奉为“集大成”的“至圣”

一个人能够成为某家学派的宗师，其地位之确立，除了其自身的非凡品格和造诣外，还需要有影响力的后人学者不遗余力地弘扬。

春秋战国时期，管仲、墨子、荀子、韩非子等都曾被人称为“圣人”，但却没有什么有影响力的人站出来呼应。孔子在当时曾被许多人称为“圣人”，孔子“圣人”的称号奠定，得到了战国具有影响力的人物的强力呼应，这个人就是孟子。在孟子看来，孔子不仅是“圣人”，而且是有史以来的“集大成”的“至圣”。孟子提出：“自有生民以来，未有孔子也。”就是说，自有人类就不曾有过孔子这样的“圣人”。孟子还说：“孔子，圣之时者也。孔子之谓集大成。”“乃所愿，则学孔子也。”可以说，他对孔子的评价已经达到了无以复加的地步。孟子在弘扬孔子思想的过程中也同时在其学派史上刻下了自己的名字，孟子正是这样一位有影响力的孔子后学，因而其学说和孔子的学说被后世并称“孔孟之道”。

孔府大成殿

## （四）亚圣孟子将孔子思想发扬光大

据传孔子去世后就“儒分为八”了，孟子即属于其中一家。在孟子生活的时代，百家争鸣，“杨朱、墨翟之言盈天下”，孟子站在儒家立场加以激烈抨击。孟子继承和发展了孔子的思想，提出一套完整的思想体系，尤其发展了孔子“仁”的学说，对儒家学派的传播与发展做出了重大贡献，对后世产生了极大的影响。

孟子继承和发展了孔子的“德治”“仁学”思想，发展为“仁政”学说，成为其政治思想的核心，他把“亲亲”“长长”的原则运用于政治，以缓和阶级矛盾，为老百姓创造更安定的生活环境和更好的生活条件。孟子把伦理和政治紧密结合起来，强调道德修养是搞好政治的根本，他说：“天下之本在国，国之本在家，家之本在身。”孟子哲学思想的最高范畴是天，他继承了孔子的天命思想，使孔子思发扬光大。

孟子尊孔图（孟昭德画）

## （五）孔子后代将孟子文化传承发扬

孟子是儒家最主要的代表人物之一，但孟子的地位在宋代以前并不是很高。宋朝宋仁宗时，孔子四十五代嫡孙孔道辅到山东兖州任知府，当时的邹县隶属于兖州府管辖。

孔道辅

孔道辅到任后，以恢张儒学、兴复斯文为己任，出于对孟子的敬仰，他经常对别人讲："在儒家学派中，有大功于圣门者，没有超过孟子的，至今却没有享受祭祀，这是太大的遗憾了。我应当为孟子新建祠宇去祭祀他，以彰显他的丰功伟绩。"他便派人四处察访孟子墓。经过多方面的调查，终于在至任的第二年，在邹县东北二十六里处，在一个被称为四基山的地方找到了孟子的坟墓。于是，孔道辅立即组织能工巧匠，铲除榛莽，砌石培土，兴建堂宇，并让公孙丑、万章等孟子的高足从祀。

随后孔道辅又组织人力，破土动工，修筑孟子庙。景祐四年（1037），孟子庙修筑完成。孔道辅请泰山著名学者孙复，撰写了一篇《新建孟子庙记》的文章，并把这篇文章记录在石碑上，这块石碑现仍安置在享殿内。

孟子庙落成后不久，孔道辅又为寻找孟子的后裔而忙碌。不久，在邹县西北二十五里的凫村，找到了孟子四十五代后裔孟宁。孔道辅遂向朝廷推荐。朝廷立即授予孟宁担任迪功郎，邹县主簿，并让他专门主管孟子祭祀工作。从此，孟子不仅有了新修的坟墓、祠庙，还有了专人主持祭祀。

由于孔道辅创建孟子庙、开创祭祀孟子，并把孟子列为儒家继承孔子文化的典范，这时出现了一个孟子的“升格运动”，孟子和《孟子》书的地位逐渐上升。宋神宗熙宁四年（1071），《孟子》一书首次被列入科举考试科目。元丰六年（1083），孟子首次被官方追封为“邹国公”，翌年被批准配享孔庙。以后《孟子》一书升格为儒家经典，南宋朱熹又把《孟子》与《论语》《大学》《中庸》合为“四书”，其实际地位更在“五经”之上。元朝至顺元年（1330），孟子被加封为“亚圣公”，以后就称为“亚圣”，地位仅次于孔子。对于孔道辅尊孟祭孟的举措，孟子后裔及儒学一门不忘他的特殊贡献，在元代，就将其与公孙丑、万章等同列为孟子门人。约从明代洪武年间，孔道辅即从祀孟庙，位设西虎，题“司空孔道辅”。

### （六）“孔孟是一家”的说法

因为孔孟都是儒家的代表人物，汉朝时董仲舒又是孔孟儒家学派的极力推崇者，汉武帝认识到孔孟学说有利于维护大一统的社会格局，因而采纳了董仲舒“罢黜百家，独尊儒术”的建议。从此中国在长达两千多年的封建社会时期里，孔子一直被尊奉为圣人，孟子被尊称为亚圣，他们的主张都对中国古代社会思想、传统文化的形成和发展产生了重要影响。孔子出生在曲阜，孟子出生于邹城，故乡毗邻。历代统治者为了利用儒家思想稳定统治，除对孔子、孟子赐封不断，尊崇有加外，还在他们的故里这块古老的邹鲁之地上为孔孟修庙宇，为嫡长子孙建府第，封官晋爵，让孟子配享于孔子庙堂，让孔子的后代子孙孔道辅配享孟庙，这样以来上至皇帝，下至黎民百姓，以及孔子后裔和孟子后裔，都逐渐认同孔孟思想一脉相承或基本一致，而且明朝时皇帝朱元璋又特赐孔家和孟家的姓氏排辈字都相同，这样一来所谓的孔孟一家就不难理解了。

## （七）孔孟颜曾四姓统一辈分

在华夏大地，孔、孟、颜、曾四姓是所谓的“通天家谱”。这四家的祖先都分别追溯到孔丘、孟轲、颜回、曾参四大圣贤，四家所用的字辈千百年来完全相同。这四姓始祖，古往今来，皆以圣人尊之。至圣为孔子，孟子被尊为亚圣，而复圣颜回、宗圣曾子均是孔子的嫡传高足。孔、孟、颜曾四姓为后世中国人建立了一个精神家园。这个看似与国家民族没有多大关系的同族谱之字辈，实际上却是一个民族血脉相承的缩影。

讲儒堂

至圣孔子

亚圣孟子

复圣颜回

宗圣曾子

中国儒学的四大圣贤

# 二、亚圣孟子的儒学贡献和主要思想

孟子的最大贡献是《孟子》一书的问世，并被列为儒家经典之书；孟子的最大志向就是志在学习孔子，弘扬了孔子之学说。在《孟子》这本书里，孟子把孔子的精神、学问进行了全面推崇，他说孔子是“生民未有”，意思是说从没有出现过像孔子这样的人。他极力推崇孔子的《春秋》，是儒家官方话语权地位确立之先声，由此将孔子的圣人地位确定下来。他继承了孔子的学说，从而带动了整个儒学成为官方学术，使

《春秋》在后世成为官方学术代表，而且使其成为治国利器，影响深远。

孟子生活在战国中期，其主要思想体系中具有丰富的传播内容和传播准则，在当时的时代背景下，他主要通过游说诸侯、聚徒讲学等方式来传播其思想，他说“乃所愿，则学孔子也”。作为孔子学说的继承人，孟子在传播方面的言论也追随着孔子，他认为必须通过“仁政”学说的传播来规范人们的道德标准，进而实现他治国的社会理想。

## （一）亚圣孟了的“春秋无义战”

“春秋无义战”表达了孟子的历史观，也是其政治观的体现。儒家认为，“礼乐征伐自天子出”，这才是合乎义的，而春秋时代则是“礼崩乐坏”“礼乐征伐自诸侯出”，所以没有合乎义的战争。

这些战争都是统治者的争霸，于平民无利，也没有什么真正尊王攘夷的正义的战争。战争是和政治紧紧联系在一起的，因此，也的确有正义的战争和非正义的战争之分。以今天的观点来看，衡量正义战争和非正义战争的标准主要看是否符合绝大多数人民的利益。

战争最大的受害受苦者是百姓。“春秋无义战”反映了孟子“和为贵、

民为贵”的思想。尊重生命，尊重人权，让人们远离战争。但是孟子又不是像墨子那样一概反对战争，而是只反对不义战争，倡导正义的解放民众的王道统一战争。他举例说，商汤灭夏的战争就是正义战争，以至于百姓盼望商汤的军队到来，如同“大旱之望云霓”，埋怨商汤“奚我后？”就是说为什么后到我们这里来呢？他鼓励齐王要用仁政和王道去统一天下。

古代战争图

## （二）亚圣孟子的民本思想

孟子是为民说话的，他考虑问题是从老百姓的利益出发。他提倡的“民为贵，社稷次之，君为轻”，就是说，要把人民放在第一位，国家政权其次，君主的利益放在最后。孟子认为君主应以爱护人民为先，为政者要保障人民权利。有人问他，周武王本来只是商纣王的臣子，他讨伐商纣王，不是违背礼法，犯上作乱吗？孟子说，得到天下民心拥戴的才是天子，得到天子信任的是诸侯，得到诸侯信任的是大夫。如果一个人失去了天下民心，他就不是天子了。他再暴虐害民，残贼害义，就是独夫民贼，这种人，人人可以得而诛之！孟子赞同若君主无道，人民有权推翻政权，这就是著名的“暴君放伐论”。孟子这个论述，为受压迫的人民反抗暴君暴政提供了理论依据，把先秦民本思想推向了最高峰，喊出了最强音。

孟子民本思想为我们展现了近现代民主的原初观念形态，为我们提供了探索民主政治的思路。汲取其中积极有益的思想精髓，并将其与我国现代社会的国情相结合，对关注民生、创造和谐社会有着深远的意义。

## （三） 亚圣孟子的德治与仁政

孟子在人性本善的基础上，发展了孔子的德治思想，形成了系统的“仁政”理论。仁政思想的理论基础是性善论，善是人的内在本质，是“仁政”的内在核心，把以性善论为基础的伦理道德与政治紧密结合起来，赋予了德治的合理性。德治就是要行仁政，有“不忍人之心”，最重要的是取决于统治者自身的道德修养，核心是为民造福，获得民心，当政者与百姓形成和谐的官民关系，争取民众的支持和拥护。

孟子的仁政思想，是我国德治思想宝库中的珍贵遗产，以统治者树德为关健，以得民心为根本，以施仁政为途径，以王天下为目的，构建了一套完整的以德治国思想学说。以德治国的理论价值对当今我国社会主义建设及建立和谐文明的社会有着极其重要的借鉴意义。

## （四） 亚圣孟子的“直”和说真话，讲正道

孟子说：“不直，则道不见；我且直之。”意思是，如果不正直，不说真话，真理就表现不出，我姑且坦率地说真话吧。这句话的“直”字，讲的就是“正直”是一种“担当”。孟子正是凭借着这样一份“坦率”和“担当”，游说诸侯，“道性善”“距邪说”，从不为讨好诸侯而枉道事人。并且说出“说大人，则藐之，勿视其巍巍然”，以此来警励自己要敢于说真话，讲正道。

没有“正直”便没有“坦率”，便会只知胁肩低眉、察言观色，而丧失自己的一份本真。没有“坦率”，便不会“务实”，只会“误事”，往往会将工作和事业流于表面的浮华，而不会鞭辟入里地认清事实的真相。务实之人，一般都是愿听真话、敢讲真话、勇于负责、善抓落实之人。领导干部就要做这样的务实之人。所以，在现代社会，不管你想要成为一个怎样的人，想干一番怎样的事业，都要有一份坦率正直的豪情和心志。坚持原则、敢于担当也是作为公务人员必须具备的基本素质。

### （五）亚圣孟子的“民为贵”与毛泽东的“为人民服务”

孟子所倡导的“民为贵，社稷次之，君为轻”的“民本主义”思想，对毛泽东“为人民服务”“人民是创造世界历史的动力”思想的形成，有着非常重要的影响。孟子的“民本主义”在毛泽东思想中得到了高度的升华。毛泽东成为马克思主义者以后，就一直把相信和依靠人民群众作为一切工作的出发点和立足点。他从人民群众中汲取了无穷的智慧，又依靠这些智慧去领导群众，从胜利走向胜利。他一生热爱人民，关心人民，相信人民，把“全心全意为人民服务”作为每个中共党员入党的宗旨，毕生的座右铭，他理所当然地成为人民爱戴的领袖。毛泽东认为人民群众是推动社会历史的动力。他说：“人民，只有人民，才是创造世界历史的动力。”“人民群众有无限的创造力。他们可以组织起来……向生产的深度和广度进军，替自己创造日益增多的福利事业。”

毛泽东还认为，中国共产党是无产阶级的先锋队，但是它永远只是人民群众的一小部分，不依靠人民群众的伟大力量，党的一切思想和斗争都会落空，都会失败。他多次讲过，党与人民群众的关系就如鱼水关系，鱼儿永远也离不开水。民主革命时期，毛泽东就一再阐述过这样一个思想：在旧中国，人民群众实际上处于被统治的奴隶地位。孟子所说的“民为贵”“君为轻”，只不过是一种乌托邦式的理想，在旧社会是不可能实现的。作为“奴隶的人民”不可能直接、自发地推翻旧有的统治，成为“主人的人民”。他们只有集中自身的精华，形成能与统治阶级相抗衡的先进思想和阶级先锋，取得革命成功，才能完成由奴隶上升到主人的质变过程。在《整顿党的作风》一文中，毛泽东说：“为什么要有革命党？因为世界上有压迫人民的敌人存在，人民要推翻敌人的压迫，所以要有革命党……如果没有共产党这样的革命党，人民要想推翻敌人的压迫，简直是不可能的。”他还指出，“在本源和本质的意义上，人民是历史的主体、动力和创造者，共产党则是人民实现自身解放与自由的阶级工具。”

# 三、亚圣孟子的名言名句及成语

孟子是中国历史上最有影响力的教育家和思想家之一，出自孟子的名言名句和成语也广为流传，为世人所受用。他的一些名言名句和成语对中国语言文化的形成和民族性格的养成起了重要作用，有着深远影响，是中华文明掘起的基石，是人们文明进步发展的行为规范，鼓励人们积极进取、一心向善，对现在我们建设社会主义文明和谐的新家园也有非常重要的促进和借鉴作用。

## （一）亚圣孟子的名言名句

1.理想志向篇

（1）人皆可以为尧舜。（出自《孟子·告子下》）

**释义**：只要努力，每个人都可以成为尧、舜那样的圣人。人要有坚定的志向，并不懈地努力，干什么事都可以成功。

（2）如欲平治天下，当今之世，舍我其谁也。（出自《孟子·公孙丑下》）

**释义**：如果想使天下太平，在当前的社会里，除了我还有谁呢？孟子一贯积极用世，同时又彳艮自信。体现了孟子的抱负和历史责任感，而且相信自己有能力辅佐圣主、贤君平治天下。

（3）夫志，气之帅也；气，体之充也。夫志至焉，气次焉。故曰：“持其志，无暴其气。”（出自《孟子·公孙丑下》）

**释义**：志，是气的统帅；气充塞在人体全身。志朝向哪里，气就跟随到哪里。所以说：“要做到不动心，一定要坚守这个志，同时不要扰乱了气！”

（4）登泰山而小天下。（出自《孟子·尽心上》）

**释义**：登上了泰山，就觉得天下也小了。表面上指泰山之高，实际指人的眼界，视点要不断寻求突破，超越自我，提高境界，用超然物外的心境来观看世间的变幻纷扰。

（5）出于其类，拔乎其萃。（出自《孟子·公孙丑上》）

**释义**：超出它的同类，高出聚集在一起的人或物。被广泛引用成“出类拔萃”的成语，用以形容德、才超群出众的人才，也可形容突出地超过一般的事物。

（6）天将降大任于是人也，必先苦其心志，劳其筋骨，饿其体肤，空乏其身，行拂乱其所为。（出自《孟子·告子下》）

**释义**：上天将要把重大使命降落在某个人身上时，必定先要使他心绪苦恼，筋骨劳累，肠胃饥饿，身受贫困，他的每个行动都要受到扰乱而不能如意。指凡要成就一番大事业的人，必定会遇到意想不到的重重阻力和困难，身心各方面都要经受艰苦的磨炼。特别要勉励青少年在献身重大事业时，要做好充分的精神准备，接受困难的考验，不可抱有一蹴而就的侥幸心理。

（7）我善养吾浩然之气。（出自《孟子·公孙丑上》）

**释义**：做人要具有博大的胸怀，高尚的品行，耿直的性格，刚强的意志，坚贞的气节等。

（8）是故君子有终身之忧，无一朝之患也。（出自《孟子·离娄下》）

释义：智慧的人，只有对前途的忧虑，没有对一时一事得失的忧患。

2. 为人处世篇

（1）富贵不能淫，贫贱不能移，威武不能屈。（出自《孟子·滕文公下》）

**释义**：处于富贵利诱面前不受迷惑，处于贫穷困苦之中不改志节，处于武力威胁面前不能屈服，这几句实际上奠定了儒家的基本道德观，讲出了一个正人君子在富贵面前，在穷困面前，在威胁暴力面前应具有的态度和立场。

（2）人之患，在好为人师。（出自《孟子·离娄上》）

**释义**：一个人妨碍自己进步的坏毛病，就在于他自满到老是喜欢当别人的老师。

（3）君子不怨天，不尤人。（出自《孟子·公孙丑下》）

**释义**：君子不抱怨天，不责怪人。

（4）人有不为也，而后可以有为也。（出自《孟子·离娄下》）

**释义**：人只有对某些事舍弃不干，然后才可以有所作为；要想有所作为，就必须有所不为。如果样样事情都想干，结果什么事情也干不成。

（5）君子莫大乎与人为善。（出自《孟子·公孙丑上》）

**释义：**君子最高的德行莫大于跟别人一起做好事。要“与人为善”，不要“与人为恶”。

（6）仁者爱人，有礼者敬人，爱人者，人恒爱之；敬人者，人恒敬之。（出自《孟子·离娄下》）

**释义：**关心爱护别人的人，别人就会经常关心爱护他；尊重别人的人，别人也会经常尊重他。

（7）古之人，得志，泽加于民，不得志，修身见于世。达则兼济天下，穷则独善其身。（出自《孟子·尽心上》）

**释义：**获得成就的人，则将恩惠恩泽给老百姓，而没有获得成功的人，则在这个世上继续修身养性。得志显达时就要造福天下苍生，不得志时就洁身自好提升个人修行。穷，多指身处逆境，穷困潦倒，郁郁不得志。善其身，也可理解为使其身善，也就是使自己在道德情操、人文修养方面更高尚，人生的内涵更为丰富。

（8）仲尼不为已甚者。（出自《孟子·离娄下》）

**释义：**孔子是一个不会做过分的事的人。

（9）君子有三乐，而王天下不与存焉。父母俱存，兄弟无故，一乐也；仰不愧于天，俯不怍于人，二乐也；得天下英才而教育之，三乐也。（出自《孟子·尽心上》）

**释义：**君子有三大乐事，统治天下不在其中。父母健在，兄弟平安，这是第一大快乐；上不愧对于天，下不愧对于人，这是第二大快乐；得到天下优秀的人才进行教育，这是第三大快乐。

（10）自暴者，不可与有言也；自弃者，不可与有为也。（出自《孟子·离娄上》）

**释义：**自己损害自己的人，不能和他谈出有价值的言语；自己抛弃自己（对自己极不负责任）的人，不能和他做出有价值的事业。

（11）恭者不侮人，俭者不夺人。（出自《孟子·离娄上》）

**释义：**对别人恭敬的人不会侮辱别人，自己节俭的人不会掠夺别人。

（12）不挟长，不挟贵，不挟兄弟而友。（出自《孟子·万章》）

**释义：** 交朋友时，不倚仗自己年纪大，不仗恃自己地位高，不倚仗自己兄弟多。

3. 教育警示篇

（1）穷不失义，达不离道。（出自《孟子·尽心上》）

**释义：** 人穷的时候不丧失道德的标准，而发达的时候也不可以背弃道义原则。

（2）无父无君，是禽兽也。（出自《孟子·滕文公下》）

**释义：** 眼中没有父母、目无君上的人，犹如畜生豺狼。

（3）其进锐者，其退速。（出自《孟子·尽心上》）

**释义：** 前进太猛的人，后退也会快。

（4）家必自毁，而后人毁之。（出自《孟子·离娄上》）

**释义：** 家庭一定是自己先破坏，别人才跟着破坏你的家庭。希望天下的家庭要同心同德，和睦相处，这样才能保持家庭的稳定、幸福，使孩子的身心健康成长。

（5）有不虞之誉，有求全之毁。（出自《孟子·离娄上》）

**释义：** 有预料不到的赞扬，也有过分苛刻的诋毁。

（6）生于忧患而死于安乐。（出自《孟子·告子下》）

**释义：** 忧愁患难能磨炼人的意志，使人清醒，使人振奋，因而得以在奋斗中求生存；而安逸享乐使人丧失斗志，使人麻木懈怠，因而无力抵御祸患，势必导致死亡。

（7）以五十步笑百步。（出自《孟子·梁惠王上》）

**释义：** 作战时后退了五十步的人讥笑后退了百步的人。比喻自己跟别人有同样的缺点错误，只是程度上轻一些，却毫无自知之明地去讥笑别人。

（8）不以规矩，不能成方圆。（出自《孟子·离娄上》）

**释义：** 不用圆规和曲尺，就不能画出标准的方形和圆形。做任何事情一定要先立规章、规定才能将事情做好。

（9）孔子成《春秋》而乱臣贼子惧。（出自《孟子·滕文公下》

**释义：**自孔子著成《春秋》，那些乱臣贼子都害怕了。《春秋》叙事，于行文中分别善恶，暗寓褒贬，善者褒之，恶者贬之，人们从中可以吸取经验教训，而那些乱国奸臣、祸民贼子则从中看到了自己的影子，而心怀畏惧，这句赞美了孔子的史笔，可用以褒奖正直的史官及其历史著作。

（10）拔一毛而利天下，不为也。（出自《孟子·尽心上》）

**释义：**即使是拔一根汗毛而对整个天下的人都有利，（他）也是坚决不会干的。用以讽刺那些特别狭隘、自私、吝啬的利己主义者。

（11）得道者多助，失道者寡助。（出自《孟子·公孙丑下》）

**释义：**掌握着真理和正义的人，帮助的人就多；抛弃了真理和正义的人，帮助的人就少。说明正义的事业能得到人民的支持和拥护；倒行逆施，就会众叛亲离，导致失败。此句适用于政治斗争、军事斗争；既适用于国内，也适用于国际。

（12）爱人不亲，反其仁；治人不治，反其智；礼人不答，反其敬；行有不得者皆反求诸己，其身正而天下归之。（出自《孟子·离娄上》）

**释义：**你爱护别人但人家不亲近你，就反省自己的仁爱够不够；你管理人民却管不好，就要反省自己才智够不够；待人以礼对方不报答，就要反省自己恭敬够不够。任何行为如果没有取得效果，都要反过来检查一下自己，只要自己本身端正了，天下人民就会归顺你了。

（13）人之易其言也，无责耳矣。（出自《孟子·离娄上》）

**释义：**孟子说："人们如此出言轻率，是因为没有责任心。"

（14）祸福无不自己求之者。（出自《孟子·公孙丑上》）

**释义：**祸害或者幸福没有不是自己找来的。

（15）心之官则思，思则得之，不思则不得也。（出自《孟子·告子上》）

**释义：**心的功能就是思索考虑，思考就可以获得真知，不思考就什么收获也没有。孟子提出的"心之官则思"是一条重要的教育原则，它启迪人们去思考，承认主观能动性在学习中的积极作用，在中国教育史上有着相当重要的进步作用。

（16）人若无志，与禽兽同类。（出自《孟子·滕文公下》）

**释义：**一个人如果没有志向的话，那就和动物没什么两样了。

4.执政为民篇

（1）民为贵，社稷次之，君为轻。（出自《孟子·尽心下》）

**释义：**人民最为宝贵，国家次于人民，而国君的价值最轻。这是孟子著名的言论，讲人民、国家和国君三者的价值和地位。

（2）民事不可缓也。（出自《孟子·滕文公上》）

**释义：**老百姓的事情不能耽误啊。

（3）忧民之忧者，民亦忧其忧。（出自《孟子·梁惠王下》）

**释义：**以百姓的忧愁作为自己的忧愁的人，百姓也会以他的忧愁作为自己的忧愁。

（4）乐民之乐者，民亦乐其乐。（出自《孟子·梁惠王下》）

**释义：**执政者把百姓的快乐作为自己的快乐，百姓也会以他的快乐作为自己的快乐。人以知心相通，说明他的情感与百姓息息相通。爱民利民是孟子仁政思想的基本内容。

（5）劳心者治人，劳力者治于人。（出自《孟子·滕文公上》）

**释义：**做脑力劳动的人管理人，做体力劳动的人被人管理。这里的“劳心者”，指的主要是统治阶级，而“劳力者”指的是从事生产的人民。是说统治阶级和劳动人民地位不同，社会分工不同，劝导不同地位的人要各司其职，而主要又是劝导统治阶级负起“治人”的责任。

（6）上有好者，下必有甚焉者矣。（出自《孟子·滕文公上》）

**释义：**领导有什么爱好，下面的人一定跟得更厉害。用来说明上行下效的道理，强调上层人物对下面的人影响很大，不仅下级会跟着上级学，而且还会层层加码，超过原来的程度。现在可用来说明领导者的一举一动都会对下面的人造成影响，身居领导岗位的人要严于律己，言行都要审慎。

（7）志士不忘在沟壑，勇士不忘丧其元。（出自《孟子·滕文公下》）

**释义：**志士不怕抛尸山野。勇士不怕丢失脑袋。说明志士和勇士都不怕牺牲，甘愿“舍生而取义”。可用以赞颂爱国志士的牺牲精神。

（8）君仁，莫不仁；君义，莫不义；君正，莫不正。（出自《孟子·离娄上》）

**释义：**君主仁，没有人不仁；君主义，没有人不义；君主正，没有人不正。

（9）人有恒言，皆曰“天下国家”。天下之本在国，国之本在家，家之本在身。（出自《孟子·离娄上》）

**释义：**天下的根本在于国家，国家的根本在于家，家的根本在于个人。

（10）贤者在位，能者在职。（出自《孟子·公孙丑上》）

**释义：**使有德行的人居于相当的官位，有才能的人担任一定职务。

（11）尊贤使能，俊杰在位。（出自《孟子·公孙丑上》）

**释义：**尊重有道德的人，使用有能力的人，杰出的人物都有官位。

（12）天时不如地利，地利不如人和。（出自《孟子·公孙丑下》）

**释义：**有利的时机和气候不如有利的地势，有利的地势不如人心所向，上下团结。

## （二）亚圣孟子成语

孟子是伟大的思想家、教育家，更是一位语言大师，成语非常多，他所创造的成语贴近生活，耳熟能详，寓J富中华话语系统做出了突出的贡献。

1. 孟子创造的正能量成语

与人为善、父母之命、与民同乐、有所作为、
左右逢源、如此而已、尽力而为、事半功倍、
仁心仁术、日以继夜、舍己为人、饱食暖衣、
敬老慈幼、流连忘返、心悦诚服、地利人和、
穷不失义、取长补短、引而不发、闻过则喜、
孝子贤孙、绰绰有余、茁壮成长、出类拔萃、
良心发现、顿开茅塞、投其所好、易如反掌、
媒妁之言、良知良能、当务之急、来者不拒、
守身如玉、先知先觉、血气之勇、万无一失、
洁身自爱、明察秋毫、断杼择邻、斩钉截铁、
愧天做人、鸡鸣而起、截长补短、救民水火、
浩然之气、高楼大厦、得道多助、兼善天下、
百世之师、必由之路、从头到尾、安富尊荣、
不愧不作、不违农时、声音笑貌、春风化雨、
不言而喻、专心致志、规矩准绳、以理服人、
仁民爱物、礼门义路、手舞足蹈、四通八达、
不远万里、引颈而望、坐于涂炭、得其所哉、
以身殉职、源源而来、未雨绸缪、仰不愧天、
为民父母、舍生取义、舍我其谁、仁者无敌、
深恶痛绝、威武不屈、匹夫之勇、平治天下。

2. 孟子创造的贬义性成语

好事之徒、鸡鸣狗吠、举一废百、螳臂当车、好为人师、拒人千里、岌岌可危、坐以待旦、自以为是、荒诞不经、饿殍遍野、鳏寡孤独、好勇斗狠、舍近求远、朝秦暮楚、寡不敌众、为富不仁、沾沾自喜、因小失大、丢盔弃甲、投其所好、拔苗助长、勃然变色、杯水车薪、不肖子孙、枉己正人、自暴自弃、妻离子散、一毛不拔、淫辞邪说、胁肩谄笑、不可胜用、始作俑者、同流合污、泛滥成灾、乱臣贼子、市井之徒、失道寡助、水火之中、洪水猛兽、以其昏昏，使人昭昭、出尔反尔、水深火热、怨天尤人、行若无事、饥不择食、死于非命、孤家寡人、敌众我寡、负隅顽抗、逾墙钻隙。

孟母母教一人碑

# 四、儒家学说对中国的影响

## （一）使儒学成为国教的人——董仲舒

儒家的孔子、孟子、荀子，以及法家的商鞅、韩非等人都是主张统一的。但由于儒家主张“王道”的统一路线、法家主张“霸道”的统一路线，秦始皇倾向于法家路线，完成了国家统一的历史大业。

西汉时期汉武帝刘彻登基不久，便诏求贤良对策，重新选择和确定统治思想。董仲舒在《贤良三策》第三策中提出《春秋》“大一统”者，天地之常经，古今之通谊也。而“大一统”思想正好适合了汉代“大一统”政治的需要。

汉武帝刘彻接受了董仲舒的建议，“罢黜百家，独尊儒术”，儒家学说从此确立为君主专制时代的统治思想。自孔子到孟子、荀子，再到董仲舒，这些思想家都是一些标志性人物。他们的思想对其后的中国产生了长远的影响，暗含了中国人包括统治者，也包括普通百姓内心的声音，这些圣贤所说的也正是他们想要的，是他们更愿意接受的。儒家经学深刻影响了两千年来中国思想史的发展方向，没有这样广泛的文化心理基础，儒家经学也不会统治中国思想界两千年之久！

## （二）儒家学说适合中华民族的传统价值观

中国早期儒学的四个最主要的代表人物孔子、孟子、荀子、董仲舒，他们的学术思想活动带有许多原创性，其影响深远而巨大。这四个人的时间跨度达三四百年，在这三四百年当中，中国的历史发展既是波澜壮阔的，又是复杂曲折的。

先秦诸子各自创立自家的经典，儒家有儒家的经典，墨家有墨家的经典。其中有一个重要的历史使命，就是树立自家所倡导的价值观。诸子异说，百家争鸣，最后儒家取得了决定性的胜利。中华民族的传统价值观便以儒家思想为主体建立和延续下来。

儒家之所以取得决定性的胜利，一是儒家所倡导的价值观符合古代中

**中国儒学早期最主要的四个代表人物**

国宗法社会的特点；二是儒家创立经典，所依托的是悠久的历史文化传统。从几千年的中国历史看，执政者要想提出一种价值观主张，若不以华夏民族悠久的历史文化做依托，虽然暂时可以用强大的行政权力加以强制推行，但用不了多久，就会失去民心、失去政权。

## （三）儒家思想与现代社会

以习近平为总书记的党中央，以关注民生为己任，以新常态发展为目标，以减轻人民负担为重点，以反腐倡廉为抓手，充分体现了中国共产党执政为民、服务大众的民本思想，习近平总书记倡导的“讲仁爱、重民本、守诚信、崇正义、尚和合、求大同”，就是儒家的基本价值观，就是社会主义核心价值之根本。中华文化的价值观体系就是社会主义核心价值观的源泉、基础。社会主义核心价值观不是无根之木，不是无源之水。今天所讲的社会主义核心价值体系它是有根本的，根和本就在中华文化里面，而中华文化主要集成于儒家思想。这些体系和理念也是儒家学派亚圣孟子所倡导的“民为贵”思想的精髓。习近平总书记在三上井冈山慰问老区人民时说：“我们国家是人民当家做主，包括我在内，所有领导干部都是人民勤务员。”一席话道出了中国共产党全心全意为人民服务的宗旨，贯彻了社会主义核心价值观，体现了中华文化的根本所在。

孟庙继往圣

## （四）习近平主席重视儒家文化

2013年11月26日，习近平主席到曲阜孔府考察，并来到孔子研究院。桌子上摆放着展示孔子研究院系列研究成果的书籍和刊物，他一本本饶有兴趣地翻看。看到《孔子家语通解》《论语诠解》两本书，他拿起来翻阅，说："这两本书我要仔细看看。"

孔子研究院是1996年经国务院批准在曲阜设立的儒学研究专门机构，集文献收藏、信息交流、学术研究、人才培养、博物展览5项功能于一体，以建设"世界儒学研究交流中心，组织引领国际儒学研究"为发展目标，承担了"世界孔子庙研究"等4个国家社会科学基金项目，创办了《孔子学刊》等。

孟府大堂是孟子嫡系后裔迎接圣旨、处理公务的地方

孟府一角

孟府仪门

# 第三篇
# 孟姓故事及传说

# 一、孟母教子的故事

孟子的父亲名激，字公宜，是鲁国公族孟孙氏的后裔，因家道衰败，从鲁大夫降为国人，年轻时读了很多书，却难入仕途。而立之年随父亲流落到邹城凫村，为了光耀门楣，他舍妻别子，远赴宋国游学求仕。孟母仇氏，是鲁国大夫党氏的女儿，自幼受过良好的教育，古圣先贤，无所不知，是一位德惠淑娴、秀外慧中、善于教子的女性。孟子的父亲远赴宋国后，家庭生活的重担就落到了她的肩上。公元前 370 年，孟子三岁时，一心盼望丈夫出人头地的孟母听到的却是晴天霹雳般的噩耗。失去了丈夫的孟母，并没有气馁，她从悲伤中昂起头来，下定决心依靠自己的双手和智慧把儿子培养成一个有用的人，来完成丈夫的未竟之业。孟母的伟大之处在于她能够在儿子的成长过程当中按照阶段适时地选择，给儿子不同程度的教育。

孟子故里凫村

## （一）孟母“三迁”

**一迁**：孟子出生在山东省邹城市北二十五华里的凫村，三岁时父亲去世，按照当地习惯父亲去世要守墓三年，在这三年的时间内要经常去为父亲祭奠。祭奠的时间多了，经常看到出殡送葬的人群从附近经过，因此，孟轲与其他孩子就“为墓间之事，踊跃筑埋”。他们模仿送葬的人群，兴致勃勃地玩抬棺材、掩埋死人的游戏。孟母认为这样的环境会影响孩子读书，妨碍孩子正常思想的形成，会让孩子走向不健康的道路，毅然决定带孟子搬迁居住地。

孟子玩筑墓（孟昭德画）

**二迁**：孟母带着孟子搬迁到远离墓地的庙户营村。庙户营村位于现在的邹城市西北部，当时，这里是一处繁华的集镇。孟子置身于这人来人往的闹市之中，逐渐又同集镇上的孩子一起玩起做生意的游戏，与同伴们学习商贩叫卖吆喝，讨价还价，还学邻居屠夫杀猪宰羊。孟母觉得这里仍然不是培养孩子的理想场所，这样下去，孩子很容易受小商贩的影响而不认真读书。在这个集镇上刚刚居住了半年的孟母，再一次决定搬迁自己的住处。

**三迁**：这一次搬迁他们搬到了学宫的旁边。这所学宫位于现在邹城南门崇教门外路东，是孔子之孙子思设宫讲学的地方，后人称它为“子思书院”。孟母想，孩子在学宫的附近居住，必然会受到学宫气氛的影响，长大以后读书也方便。母子俩搬迁到这儿后，天资聪颖的孟轲果然被书院里的朗朗读书声吸引，常到书院里跟着学习诗书，演习礼仪。孟母很高兴自己终于找到了培养孩子的理想场所，从此就在这里定居下来了。后来孟母把孟子送入学宫，跟随子思门人的弟子学习，使孟子从此走上学业之路。

子思书院（孟昭德画）

**链接**

孟昭德（亚圣71代、“昭”字辈），字亦石，1939年出生于青岛。青岛美协会员，青岛孟子文化研究会理事，青岛聚贤画院艺术总监，东方文化崂山书院艺术顾问。

## （二）断机教子

断机教子（孟昭德画）

孟子虽然天资聪颖，但是也有一般孩子的顽皮。到学宫学习了一段时间后，开始的新鲜劲头儿过去了，小孩贪玩的本性渐渐显露出来，有时候逃学，对母亲谎称是找丢失的东西。有一次孟子又早早地跑回家了，孟母正在织布，知道他又逃学了。孟母把孟子叫到跟前，把织了一半的布全部割断。孟子问为什么要这样，孟母回答说："子之废学，若吾断斯织也！"教育孟子，学习就像织布，靠一丝一线长期的积累。只有持之以恒，坚持不懈，才能获得渊博的知识，才能成才，不可半途而废。逃学就如同断机，线断了，布就织不成了，常常逃学，必然学无所成。通过母亲的断机教育，孟子幡然醒悟，从此勤学苦读，发奋努力，没有辜负母亲的期望，终于成为一位伟大的思想家和教育家。

## （三）杀豚不欺子

孟母对于孩子品格的成长十分看重，她的“杀豚不欺子”的故事至今让后人赞叹。有一次，邻居家磨刀霍霍，正准备杀一只小猪。孟子非常好奇，就跑去问母亲：“邻居在干什么？”“在杀猪。”“杀猪干什么？”孟母笑了笑，随口说道：“是给你吃啊。”刚说完这句话，孟母就后悔了，心想本来不是为孩子杀的猪，我为什么欺骗他呢？这不是教他说谎吗？为了弥补这个过失，孟母真的买了邻居的猪肉给孟子吃了，以此教育孩子做人要“言必信，行必果”。

杀豚不欺子（孟昭德画）

## （四）万事礼为先

孟子娶妻以后，对自己的妻子不太喜欢，认为她太过倨傲。有一天，天气十分炎热，妻子从田间劳作回家，进了房间就脱衣纳凉，正巧孟子突然推门进来。看到妻子光着身子在房间里凉快，孟子异常生气，认为妻子行为放荡，不守礼节，当即就有了休妻的念头。孟母知道以后严厉斥责孟子说：“你进门之前应该先敲门问屋里是否有人，才能进去，你没有敲门就推门而入，是你先失礼节，并不是你妻子的过错啊。”听了母亲的话，孟子深感自己过于鲁莽，也惭愧于自己没有把所学知识应用于生活当中，自此对妻子误解尽除，与妻子和好如初。孟母用家庭小事教育孟子“万事礼为先”的做人道理，其见识令人敬仰。

## （五）劝子远行

孟母对于家庭一生操劳，尽管孟子已经长大成人，但对孟子的教育和督促从来没有放松过。在齐国，孟子多次向齐宣王阐述自己的政治主张，齐宣王虽然以年禄十万钟酬谢孟子，但是却不肯积极推行他的政治主张。他非常想去愿意采纳他政治主张的宋国，可是又担心母亲年事已高无人照料。

孟母知道了儿子的心事，对儿子说：“故年少则从乎父母，出嫁则从乎夫，夫死则从乎子，礼也。今子成人也，而我老矣！子行乎子义，吾行乎吾礼。”孟母的一席话把孟子的担忧和犹豫一扫而空，孟子遂离家周游列国，受到了各国的空前欢迎，他把孔子所创建的儒家学说发扬光大了。

为儿子倾尽毕生心血的孟母，却在能亲眼看着儿子成功喜悦的时刻，满怀着一个母亲成功的欢欣，一病不起。在归葬故乡的途中，沿途经过的地方，无论民众官员，无不争相在路旁祭奠，表达对这位伟大母亲的尊敬和哀思。

孟子能够成为中兴儒学的“亚圣”，成为中国封建社会正统思想体系中地位仅次于孔子的人，得益于这样一位伟大母亲的教育。

外出传学（孟昭德画）

## （六）孟母教子的历史影响

孟母教子的影响颇为深远，早在西汉时期韩婴的《韩诗外传》中，就用有关孟母的故事来解释诗义，刘向的《列女传》中，首次出现了“孟母”这个专用名词。东汉女史学家班昭曾作《孟母颂》，西晋女文学家左芬也作《孟母赞》。南宋时的启蒙课本《三字经》引证的第一个典故就是“昔孟母，择邻处，子不学，断机杼”，这一普及于封建社会后期的启蒙读物，虽经明、清学者陆续修订补充，但孟母三迁、断机教子的故事始终冠于篇首。山东监察御使钟化民《祭孟母文》赞扬道：“子之圣即母之圣”“人生教子，志在青紫。夫人教子，志在孔子。古今以来，一人而已。”随着孟母故事的广泛流传，历朝历代也竭力将其塑造成符合其需要的偶像，封建皇帝对其屡加封谥，直到乾隆三年（1738），加封孟母为“郡国端范宣献夫人”。孟母教子的故事对我们现代社会也有着很好的启迪和学习意义。

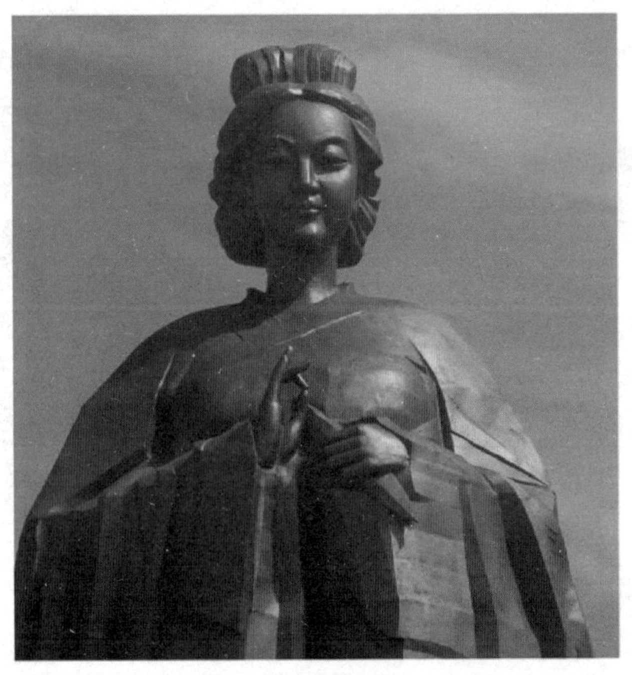

山西太古孟母像

### （七）孟母教子故事对现代家庭教育的启示

“孟母三迁”的故事诠释了环境对儿童成长的重要性。良好的人文环境对人的成长及品格的养成至关重要，环境是教育的隐性课程，它影响着人的身心发展方向、速度、水平。良好的育人环境不但给儿童的成长带来多方面、多层次的正面影响，而且是良好心理素质发展的重要条件。“孟母三迁”的故事说明，孟母很懂得教育的规律，知道社会环境影响对于儿童成长的重要意义，所以她屡次搬家，就是为了不断改善孟子的成长、学习环境。“断机”故事表明，孟母对于孩子的学习，抓得很紧，随时关注，并且懂得教育方法。当她看到孟子的学习态度松懈时，非常生气。但她没有采取粗暴的打骂手段，而是毅然割断了手中的织机。在当时的贫困生活中，割断织机等于断了生路。孟母通过这种方式告诉孟子荒废学业的严重性，以动之以情、晓之以理的方式达到了教育目的。这仅仅是孟母教育孟子的两件事情，还有“杀豚不欺子”的故事，“万事礼为先”的故事，“劝子远行”的故事……可以断定，孟母在孟子的教育中，一定还有许许多多这样的例子，只不过没有流传下来。孟子之所以成为伟大的思想家、教育家，与孟母的教育培养有着直接关系，而孟母，则是一位富有教育思想的伟大母亲。

孟母教子的故事影响深远，到现在还广为流传。在当前，人们也都懂得孩子教育与生活环境的关系，也都在为孩子教育选择文化环境好的住所，学区房的昂贵就是这种社会意识的体现。择邻而居的真正价值是什么？一个人通过学习，成长为合格的社会成员，甚至在社会上卓有贡献的人物，离不开科学的社会化过程。所谓社会化，就是一个自然人通过学习社会文化、社会规范、生活技能逐渐成长为一个合格的社会成员的过程。现在对社会化的认识，定义为一个终身的过程，但是分为两个部分：基本社会化和再社会化。基本社会化是指从孩子到一个成年人的社会化阶段。人的成长，离不开社会环境，社会学理论认为，生活学习环境（如孟母三迁中的环境）不仅仅对人的职业意识有重要意义，而且对孩子的交友、品性和行为的养成都有着决定性意义，所以荀子有“蓬生麻中，不扶自直；白沙在涅，与之俱黑”的说法，谚语也有“近朱者赤，近墨者黑”的感悟。

当然，我们现在学习“孟母三迁”的故事，学习孟母教子，不能简单地套用过去的故事，或者机械地照搬，因为现在的教育环境、教育方式、学习途径、社会化途径都发生了极大的变化，与古代不可同日而语。举例来说，我们现在正在力图推广和摊平优质教育资源，反对造成优劣悬殊的学校差别，以便就近入学。在学习的方法和途径方面，现在手段也极其丰富多彩，除了最初的家庭教育、学校系统的课堂教育之外，还有电视、广播等视听教育、互联网的网络教育、各种书报广告张贴户外视觉的教育，这种全天候、立体影响环境，绝不仅仅是搬家所能够改变的。

现在有些父母，把孩子的教育一切推给学校，以为学校的教育是万能的，孩子出了问题，就怪学校不好，老师无能，断言教育失败，这是错误的、

孟母殿图

不负责任的。对于孩子的成长，家庭有着首要的影响，父母是第一任老师，这是铁定无疑的真理。那种以为钱可以解决一切问题，花费天价购买学区房、聘请家教的做法是简单片面的。现在我们学习孟母的教育思想，要学习孟母重视孩子教育、关注孩子的教育环境、改变孩子学习内容的思想和做法，要学习孟母关注孩子学习、注意教育方法、启发孩子主动学习的做法。为人父母，负起责任，行端表正，以身作则，不断学习。要孩子做到的事情，自己首先要做到，要孩子安心学习，首先要给孩子创造安静的学习环境；要让孩子学习健康优质的学习内容，自己也要热心学习，不断进步。实际上，许多优秀品质的培养，比如诚实、正直、勤奋、友爱、谦让、孝敬……这些品质都可以从小培养，对于孩子的心理健康、成家立业、家庭幸福以及社会和谐，都有着重要意义。勇敢地承担起培养孩子这些优秀品质的培养责任，是天下母亲（当然包括父亲）的天职。

**注：根据孟天运（宪）提供资料整理。**

链接

孟天运（亚圣72代孙、“宪”字辈），1955年生，山东昌邑人。博士，教授。青岛大学二级教授、山东省教学名师，著名社会思想史学家，中国社会学会社会思想史研究专业委员会副秘书长。青岛孟子文化研究会副会长，法学院民商法学科学术带头人。

《血脉·孟姓家书》编审

# 二、民间传说

### （一）先圣孔子和亚圣孟子去世的传说

“人过七十古来稀”，民间对于七十三、八十四这两个数字的看法尤其敏感，其原因与“先圣”孔子和“亚圣”孟子的死亡年龄有关。先圣孔子生于公元前 551 年，卒于公元前 479 年，周岁为七十二岁，虚岁是七十三岁；亚圣孟子生于公元前约 372 年，卒于公元前 289 年，周岁是八十三岁，虚岁是八十四岁。所以民间就流传着一句俗语：“七十三、八十四，阎王不请自己去。”

在民间，这两个年龄对于老人来说是很不吉利的数字，是人生的两个坎，容易在此时死亡。因为圣人都躲不过这个坎，所以到了这个年龄的老人就会犯嘀咕，心中有些犯怵，其实这句俗语也没有什么科学依据，只是对圣人的一种敬畏所产生的联想而已。

也有另一种说法，在古代能度过七十三岁和八十四岁也算是高寿了。连圣人都活不过这个年龄，所以老人们与圣人相比，觉得能够活到这个岁数也就心满意足了。

### （二）亚圣孟子忌日的传说

公元前 289 年冬至，亚圣孟子去世，享年八十四岁，葬于邹国的四基山西麓，即今孟林。邹国人因孟子去世十分悲痛，举国皆敬，百姓长哭三月，酒家不卖酒，屠夫不卖肉，童子不唱歌。为寄托哀思，邹国废除贺冬之礼，所以，孟家人在冬至这一天都不吃饺子遂以成俗。如今的亚圣孟子故里邹城，至今还延续这个礼节。

### （三）孔姓与孟姓同字不同辈之说

孔孟颜曾的字辈自明朝起都是皇帝御赐，所有各姓在启用字辈时都对各姓氏的代数做了认真的研究和规范，据说孔姓、孟姓启用字辈比曾姓早两代，即从孔子和孟子的第六十一代裔孙起，启用“宏”字；颜姓从第六十二代起启用“宏”字；曾姓从曾参到第六十三代起启用“宏”字。四姓从圣人始祖启用的代数不同，这样在以后同一字辈中的辈分就应该是一样了，不存在其他辈分同字比孔姓低一辈的叫法。

按常理说，孔子的孙子孔伋是孟子老师的老师，有的说孟子比孔子低三辈，有的说是孟子比孔子低四辈，其实按孔孟的朝代和年龄应该在辈分上有所差别。但是，如果从孔子和孟子的世家谱再向上追溯，孔孟这两姓便都是黄帝和帝誉的后代：孔子是帝誉和次妃简狄所生子契的后代，帝誉是孔子的四十四世祖；孟子是帝誉和元妃姜原所生子弃的后代，帝誉是孟子的三十八世祖，两姓是同一个祖先帝誉，这样推算，孔子应该比孟子低六代，而不是孟子比孔子低一辈或低三辈或低四辈的说法。现在不管大家怎么理解，笔者认为：同字是对儒家学派而言定的，而不是依据血脉传承而定的，我们的先祖们在明朝上报皇上御赐字辈时，四姓圣人的后代就已确定了同字同辈应该是正确的，不应被质疑的。

### （四）孔姓和孟姓不能通婚的说法

民间有孔孟不通婚的说法，那为什么孔孟不能通婚？孔孟两姓通用一个族谱，被视为一个家族，为了不使辈分混淆，所以不能在这个特殊的家族内联姻也是有一定道理的。但也有一说：孔孟都是圣人之后，孔孟联姻会亲上加亲，例如孟子的嫡长孙五十五代孙孟克仁、五十七代孙孟元、五十八代孙孟公綮、五十九代孙孟彦璞、六十一代孙孟宏誉、六十二代孙孟闻玺、六十三代孙孟贞仁、六十四代孙孟尚桂、六十七代孙孟毓瀚等都与孔姓结为秦晋之好，孔孟两府关系因而更加亲切。

有人问孟姓之间的人能不能通婚？同姓不婚于西周入礼，唐朝入律，清末出律，几千年来按照族规，孟姓间就更不能通婚了，姓孟者本是一家人！天下无二孟，孟姓是血脉相通的自家人，兄妹间不能通婚，辈分不对更不能通婚，这样生育的后代对亲属不好称呼，不仅差辈分，也会乱了谱系，所以孟姓子孙应该尽可能地放弃同姓结婚的念头。

过去也有五服的局限。一个人以自身为中心，往旁系数，有兄弟、堂兄弟、族兄弟、再族兄弟。从女的来说，有姐妹、堂姐妹、族姐妹、再族姐妹，这就是五服的边界。五服之内，算是近亲，出了五服，关系就比较远了，可以联姻。而从现行法律来说，除了三代血亲以外对同姓结婚并没有规定，也就是说现在只要合乎婚姻法就可以结婚，但从优生优育的角度说，与其他姓氏结婚对后代的发育和健康会比同姓更好些，为了孟姓大家族的繁荣昌盛，相信我们孟姓子孙会做出理性和明智选择的。

### （五）“孔颜曾孟”与“孔孟颜曾”的说法

当前，对儒门四姓的排序和叫法有所不同，有的人叫“孔颜曾孟”，有的人说“孔孟颜曾”，还有的人称“孔孟曾颜”或“孔曾颜孟”等，甚至在同一主题的会议或研讨中，不同的人也会有不同的叫法，那到底应该怎么说才对呢？

按“孔颜曾孟”说法的依据是：根据孔庙四配的顺序。文庙大成殿中东边供奉复圣颜子、述圣子思子；西边设宗圣曾子、亚圣孟子，四位“配享”，即四配的排序是颜曾思孟。另外，孔庙里面不仅有在大成殿的四配，还有孔庙东侧的崇圣祠，崇圣祠里面依次供奉了颜子、曾子、孟子的先人。

其次，就是按照五位圣人出生的先后时间和与孔门的师生关系及历朝历代受封的时间。其中颜子、曾子均为孔子的学生，子思子则是曾子的学生，而孟子是子思子门人的学生，而孔伋是孔子的孙子。

据曲阜的宗亲们讲，四圣后裔每年都要家祭，一旦联合家祭，就会为家祭排序问题进行争论。

所以，一般观点认为，四圣排序讲的是生卒年代，特别是师承孔圣的早晚，经常是按“孔颜曾孟”排序的，说是应基于历史，尊重道统。

根据“孔孟颜曾”排序的依据是：儒家学说逐渐形成于春秋战国时期，后逐渐成为中国君主社会的正统思想，儒家文化在主导了华夏文明两千五百年的历史长河中，有很多思想家为儒学的产生和发展做出了非常重要的贡献。其中有五位到明朝嘉靖时期被尊为“圣”的先哲，他们是至圣孔子、亚圣孟子、复圣颜子、宗圣曾子、述圣子思子。颜回直接师承孔子，得孔子真传，以德才兼备著称。可惜，他“年二十九发白，蚤死”。其在《史记·仲尼弟子列传》中由于短寿，仅留下部分与孔子的对话。后人对他的尊重主要来自孔子对他的赞誉。颜回自汉高帝十二年（前195）开始配享孔子（见

《阙里志》），历经各朝各代，一直居于配享孔子的地位，从唐代至宋代一直被尊为“亚圣”，《旧唐书·礼仪志》和《宋史》上均有记载，到了元代，情况开始出现了变化。据《元史》记载，至顺元年（1330），以汉董仲舒从祀，齐国公叔梁纟乞加封启圣王，鲁国太夫人颜氏启圣王夫人；颜子，兖国复圣公；曾子，郕国宗圣公；子思，沂国述圣公；孟子，邹国亚圣公；（见《元史》卷七十六祭祀志）。元代元文宗之后尊孟子为“亚圣”，改称颜子为“复圣”。颜孟移亚，是后人对儒家大师的思想、学说不断研究不断发展的结果，是认识上的进步。孟子虽晚于颜子百余年，但在儒家传统思想衰微的战国时期却发挥了挽狂澜于不倒的作用，捍卫了孔子之道统，遏邪说于横流，至仲尼之教独尊于千古。作《七篇》扩前圣所未发，与六经并传之巨著。自元代至今七百多年来，孔孟思想已深入人心，特别是“孔孟之道”已经形成了一个固定词组，“孔孟颜曾”代表着儒家思想，儒家学说的主流，更形成了现代社会的共识，现代媒体同样以“孔孟颜曾”来报道称呼，一旦弄清历史的真相，人们对排序的“心结”和争论都会迎刃而解。

当然，不论怎么个排法或叫法，都不影响人们对孔子、颜子、曾子、子思子和孟子这五位圣贤的推崇，他们的思想和行为必将还会影响着一代又一代人，是中华文明伟大复兴的精神食粮。

**注：根据孟昭泰提供资料整理。**

## （六）关于“免贵”的传说

中国是一个文明之国，礼仪之邦，在社会人际交往中，不相识的人碰在一起，往往会礼节性地问：“请问贵姓？”答曰：“免贵姓某。”问贵姓，彰显了对别人的尊重；别人问自己“贵姓”，我们回答“免贵姓某”，以体现自己谦虚、礼貌。谦逊是我们中华民族的优良传统。

姓在旧社会也的确有贵贱之分。孔子、孟子、颜回、曾子贵为圣人，其子孙“贵为圣人”之后，连历代帝王官宦都尊崇有加，所以当别人问“贵姓？”时，便直接回答姓“孟”，而不说“免贵”。这也是在享用祖先的荣贵，忽略了自己的礼仪涵养。

孟子是一位精通礼的思想家，他把道德规范概括为四种，即仁、义、礼、智。他一生致力于辨礼义，为僵化的等级性礼学注入了新的内容。在他的“敬”的学说中，敬不是单向性的义务，而是上下之间、人与人之间共同遵守的准则，他强调礼的本质高于形式，褒扬了人的道德自觉意识与生命意识。因此我们作为孟子的后代，不能有高人一等的观念，要有礼有节，礼重视平，与人以礼相待，彰显我们孟姓子孙崇尚礼节、文明待人的高贵美德，这样也无愧于我们先祖为中华民族礼仪所做出的贡献。

## （七）穷大辈之说

在我们孟姓这个大家族里，长幼有序，辈分清楚。据查我们现在世长者有六十七代“毓”字辈，最小的辈分是八十二代“绍”字辈；现坐在一起时，一桌上的十几个人往往有七八辈的代距，辈分最大的甚至能成为爷爷的爷爷的爷爷，如七十六代“令”字辈和七十代“广”字辈在一起时，“令”字辈叫“繁”字辈爷爷，“繁”字辈叫“宪”字辈爷爷，“宪”字辈叫“广”字辈爷爷。为什么能形成这么大的辈分差距呢？这就是在我们民间流传的穷大辈之说。

在我国农村，尤其是在1949年从前偏远的农村，有一种很普遍的现象：村里人的辈分与之家族的富裕程度成反比，而与之家族的贫穷程度成正比。

常见到的情况是，一些穷得全家只穿一条裤子的家里，一个炕上可能同时睡着三四个“爷爷”“老爷爷”辈的男子，却没有“奶奶”“老奶奶”辈的女子，只有几个“光棍汉”；而小小年纪就拥有漂亮媳妇的，十有八九是见人就要叫“爷爷”“老爷爷”“祖爷爷”或“奶奶”“老奶奶”“祖奶奶”的孙子辈的人。

为什么会有这种现象呢？原因是多方面的，但“穷大辈”的主要原因还是很清楚的：富裕人家与贫穷家庭的“辈间隔”或“代距”长短不同。富裕人家由于富裕，儿子到了婚娶的年龄，提媒的、相亲的踏破门槛，娶媳妇的事儿早早地提到家族的日程上了，有早选好媳妇等儿子出生指腹为婚的，有儿子一出生就选好大几岁或十几岁的童养媳的，有的到了婚娶年龄只在乎自己心目中的那个“上得厅堂，下得厨房”有德有才的女人是不是能找到的，因而富人家子弟的婚事一般办得早，十五六岁结婚，十六七岁就做爹了；三十二三岁做了公爹，三十三四岁就当爷爷了；五十岁左右便有了重孙，做了曾祖父了；七十岁以前便有了第四代传人，八十多岁高寿时已享“六世同堂”的大福了，其一代或一辈之间的间隔，只有十六七年，八十多年间便有六代或六辈人了。贫穷人家因为贫穷，情况则大大不同了，年龄老大不小了还找不上个媳妇，虽然婚娶成家的几乎没有个标准，

孟府感恩堂

无非就三个条件：一是人，二是女人，三是活人，概括起来就三个字：活女人！可自己不挑人家，却管不住人家不挑自己，而立之年成个家就很不错了，有的二三十岁找个比自己小得多的童养媳，等女孩到生育年龄男的已三四十岁了，有的将自己的亲妹妹和别人家的女儿换亲，来为哥哥传宗接代；因为穷，儿子再等到三十岁以后才会结婚。就算一切顺利，穷人家的男人要到六十岁大寿时抱上个孙子就算幸福啦，能见到重孙子时也得八九十岁了，这样一代一代地传下去造成了一辈一辈之间的间隔，九十年间才有四代或四辈的人。

如此对比一下，在社会上形成的隔代差距之大就不难理解了，穷大辈也因此得名。

## （八）“我因姓孟而自豪”的十大理由之说

孟姓宗亲们，您知道为什么“我因姓孟而自豪”吗？这里有十大理由让您自豪。

1. 孟姓具有引以自豪的历史渊源

我们孟姓起源于人文初祖一轩辕黄帝，在远古时代中国领域内，居住着许多不同祖先的氏族部落，他们彼此间经过长期的相互影响和相互斗争，有些逐渐融合了，有些发展起来。居住在东方的人统称为“夷族”；居住在南方的人统称为“蛮族”；居住在北方的人、西方的人统称为“狄族”“戎族”。炎帝和黄帝居住在中部地区。黄帝原先过着往来不定、迁徙无常的游牧生活，后来打败了其他部族和炎帝族，与之融合，逐渐在中部地区确定了领导地位，中华民族的雏形由此产生，炎黄子孙也由此而来。黄帝，姬姓，号轩辕氏，是孟姓的四十一世祖。

2. 孟姓先祖是周朝的建立者

黄帝的后裔、孟姓的二十五世祖古公亶父即周太王，是周文王姬昌的祖父，周文王之子周武王建立了大周朝，周朝建立后，武王之弟周公旦辅佐朝纲，特别是周武王病故后，成王幼年继位，由孟姓二十二世祖周公旦摄政王位，代行国政。

周公旦建立了一整套治国安邦的政策，概括起来就是分封诸侯、立宗法制、大兴周礼、普设六官。分封诸侯，主要分封了同姓诸侯，以藩屏周，鲁国是其中最为显贵的公爵诸侯国；立宗法制，大宗维翰，宗子维城，天子大宗，天下共主；大兴周礼，制定了一套礼法、礼治、礼仪和礼节，使天下人以礼而行。大周朝（前 1046—前 256）历时近八百年，是中国历史上统治年限最长的朝代。

3. 孟姓是鲁国开国国君的后裔

鲁国是周公旦的封国，其长子伯禽代父于鲁国国君，伯禽是孟姓的二十一世祖。到孟姓的十四世祖鲁桓公，八代于鲁国国君。孟姓的十三世祖庆父是鲁国的上卿，以后共十代是鲁国的卿。伯禽就国前，周公就语重心长地对他说过一番话："我是文王之子、武王之弟、成王的叔叔，希望你赴任后，尊祖敬宗，恪守礼仪……"因此，周礼尽显于鲁。在鲁国一代一代的传承中，孟姓的先祖们将周礼演绎得淋漓尽致。

4. 孟姓先祖的施政奠定了儒家文化的滋生

自周武王建立周朝后，周公旦便大力推行周礼。鲁伯禽代父建立鲁国后，以周礼而施政，将礼法、礼治、礼仪和礼节推至极致，使天下人以礼相待，使鲁国成为典型的社会礼仪之邦，提起来都说礼仪之邦是"弦歌之声，邹鲁之风"。孔子生在鲁国，长在春秋时期，滋养着礼的知识，便以礼为基础，以社会和谐为目标，开创出儒家学派，这与他生长的土壤环境有着密切关系，可以说儒家学派的兴盛与孟姓先祖施政有直接关系，从此，儒家学说也为中华民族两千多年的文明发展典定了基调。

5. 孟姓始祖是世人敬仰的亚圣孟子

我们的始祖孟子，是鲁国贵族孟孙氏后裔。他出生在战国中期，伴随着各路诸侯兼并战争的烽火，他以学习孔子儒家思想为已任，继承捍卫并发扬光大儒学思想，不断完善、创新儒学理论，成为孔子所开创的儒家学说的继承者、捍卫者和创造性的发展者；是将儒学推向独尊地位、被人们奉为圭臬的促进者。没有孟子的发扬光大，儒学几时能上升到治国安邦的国学地位，还未可知。《孟子》七篇是一部儒家核心著作，更是科举考试的必修书目中《四书》之一。千百年来，有多少人为了治国安邦读它、为了获取功名读它、为了修身养性读它。孟子是儒家学说最重要的传承者和推广者，因此被奉为继“圣人”孔子之后的“亚圣”。

6. 孟母三迁教子成为古今教育之楷模

孟子之所以能够最终成为“亚圣”，得益于他的母亲饥氏。可以说，孟母仉氏是孟子的第一任老师，她含辛茹苦，教子成圣。据孟氏家谱记载：孟子的母亲仉氏当生孟子三年而父卒，时年方二十四岁，年轻的母亲，幼小的孟子，孤儿寡母，生活可谓艰辛。儒家十三经《仪礼》中明文说道：“夫死，妻稚，子幼，子无大功之亲，与之适人。”妇女死了丈夫，她还年轻，孩子又小，而且没有堂兄弟姐妹这样的近亲，为了抚养孩子，妇女可以再嫁。而孟母没有再嫁，而是全身心倾注于孩子成长的教育上，孟母“三迁择邻”，为的是给孩子选择一个有利于成长的良好环境；她历尽艰辛，培育出一代圣贤，一位仅次于孔子的圣人，堪称教子成功的典范。孟母文化，懿范千秋，孟母形象，高尚伟大，作为一种文化现象，早已根植于中华民族土壤之中，成为古今中华母亲学习之楷模。

7. 孟姓一府一庙二林、中国姓氏唯一

我们孟姓子孙独享引以自豪的孟府、孟庙、孟林、孟母林的尊荣，这在中国一万三千多个姓氏中是唯一的姓氏。由于孟子的千秋功绩，历代仁人志士对其尊崇有加，又因为文人的推崇，终于受到了封建朝廷的封赐，从宋代追封邹国公开始，到元代加封亚圣邹国公、明代开始直封亚圣至今；从没有祭祀，到宋代开始有祭祀，孟庙由此而建立，随之孟府建立，孟林、孟母林得到整修维护。历代封建朝廷，对孟子的祭祀也非常重视，从宋朝宋仁宗钦定孟氏家祭孟子开始到清朝时达到鼎盛，康熙皇帝为孟庙亲题御碑；雍正皇帝亲赐御匾；乾隆皇帝不但亲立御碑、亲赐御匾，还躬亲孟庙祭祀，行叩拜大礼。毛泽东主席二十七岁亲临孟子出生地瞻仰；中华人民共和国成立后，孟庙亚圣大殿正中的孟子塑像，是在周恩来总理指示下重新塑造的。

8. 孟姓子孙尽享皇恩优崇

由于孟子对社会的突出贡献，孟姓子孙也尽享历朝历代对孟家的恩遇奉赐：明代景泰三年，诏孟子五十六代宗子孟希文改主簿袭封翰林院五经博士，专门奉祀孟子，直至中华民国时期，改封为奉祀官；孟子后裔，恩遇优待，蠲免徭、差、丁、赋、税，据孟氏家谱以及《三迁志》中的记载，我孟氏后裔得到的各种恩遇，不完全统计，从唐太宗贞观元年（627），诏免孟氏赋役，到清朝穆宗同治元年（1862），诏免孟氏差徭照例蠲免，共计有二十次之多；孔孟颜曾四氏学堂，享有一系列的恩优特权，他们较之庶民百姓，有更多的获取功名的机会，在封建科举制中得天独厚，这体现了社会对亚圣孟子的崇高敬意。

9.《孟子世家谱》是中国最有研究价值的家谱之一

孟姓修谱，起源悠长。两晋六朝时期（222 一 589），随着谱学的繁盛，孟氏族谱也得到了编修，但由于战乱频仍，族谱屡遭破坏，传至孟子四十四代孙孟公济时，正当北宋景德初年，契丹（大辽国）大举进犯中原，山东地区动荡不安，孟公济就带妻携子避藏于东山一代，临走时将族谱藏到了房屋的墙壁之中。孟子四十五代孙孟宁，宋代元丰六年（1083）重修故宅，在墙壁里得到了他父亲所藏的族谱，但由于时间太久，族谱已破损不堪。孟宁便博览群书，将家谱重新加以编排，撰成一部完整的族谱。以后族谱世代相传，流传于世。孟氏族谱经过历次续修，体例逐渐完善，内容更加丰富，记载了两千多年间孟子后裔繁衍发展的情况和一些重大的历史事件，是重要的历史资料，被世人誉为通天谱，为国学、历史学、姓氏学的研究提供了不可多得的宝贵文献。

10. 孟姓字辈皇帝御赐，内涵深远

孟姓的字辈是皇帝御赐的，这些字辈自明朝皇帝朱元璋到民国九年北洋政府，共四次，其中有三位皇帝和政府御赐了五十个字辈。在中国的姓氏中只有孔孟颜曾这四位圣人的姓被上升为国家典制，由皇帝和政府御赐，表面上看，字辈只是一种单纯的标记符号，深入分析，则会发现这种符号背后蕴含着丰富的文化内涵。有了字辈，才可以在家族血脉的坐标图上准确地找出自己的位置，从而判断出与孟姓家人的长幼尊卑关系；字辈还形成了一种独特的诗意，首先让族人铭记在心，然后将诗拆解，它像一串珍珠一字一字有序地镶嵌在一代又一代的族人成员姓名之中，使其世代不忘；字辈入谱内容丰富，记载的历史大事清晰明了，它寄予孟氏后裔极大厚望，反映出历朝历代对孔孟儒家学派的尊重。

以上这十大理由足以让我们每一个孟姓子孙骄傲和自豪，让我们在先祖们的荣耀下更加努力地在人生道路上迈好每一步。

## （九）孟姓人的六大特征及性格之说

在中国历史上，孟姓名人中出现了各种各样的人才，他们有不同的命运和际遇，但是他们的性格中却含有明显的相同的特点，而这些性格特点往往影响着孟姓名人的处世之道和生活道路。

孟姓名人的性格特点可以归纳为六个方面。

1. 勤奋好学

孟姓名人大多数都是勤奋好学的。

伟大的思想家孟子便是一位勤奋的人。孟子在他撰写的《孟子》一书中引用了很多的历史故事，孟子对这些历史故事信手拈来，可见他历史知识的渊博。

三国时刘备的大司农孟光，是一个无书不读的人。

唐朝孟浩然在《书怀贻京邑同好》一诗中写道："唯先自邹鲁，家世重儒风。诗礼袭遗训，趋庭沾末躬。昼夜常自强，词翰颇亦工。……"这些诗词可以说明孟浩然是一个勤奋好学的人。

史书上记载，汉隐士孟敏、东晋孝子孟宗、东晋隐士孟陋、宋太尉孟元、信安郡王孟忠厚等人都是爱好读书的勤奋人。

孟姓名人由于勤奋好学，阅读的书范围极广，所以在中国历史上出现的名人层出不穷。

2. 勇于创新

孟姓名人勇于创新。他们创新的特点是把已经学过的知识进行分析归纳，从而产生新的知识。《孟子》一书曾经从读过的书籍中总结经验，然后归纳出一句警世名言："尽信书，不如无书。"孟姓的名人中死记硬背读书的人很少，大多是把书读活，而不是读死书。这样的读书方法使孟姓名人有了创造的空间，他们在知识的海洋中自由地翱翔，为中华民族增加了很多的知识和财富。

经过创新，孟姓名人在各个方面都取得了成就。孟子是中国第一个提出"民为贵，社稷次之，君为轻"的思想家，他是中国早期的民本主义者。

孟诜是中国历史上一位伟大的医学家，他是第一个写食物养生的人，他写的《食疗本草》至今还在食疗方面具有指导意义。

孟珙是中国历史上一位杰出的军事家，他指挥着弱小的南宋军队，打败了当时号称世界第一的蒙古骑兵，并收复了失地。他不是仅仅靠单纯的军事抵抗，而是靠灵活多变的战略战术，以及外交、间谍等多种手段的共同运用，才取得了辉煌的战绩。孟珙还研究《易经》，撰写有《警心易赞》，可见他是一个好学创新的人。

3. 爱民意识

在孟姓名人中，有很多孟姓名人都乐于为老百姓做实事，并得到了老百姓的衷心拥护，特别是某些地方官吏，由于任职时为老百姓做了许多的好事，离职时老百姓都舍不得他们离开，史书上记载他们也是人民的清官，他们的心中真正具备了为人民服务的意识。孟姓族人非常尊重和珍惜祖上的盛誉，严于自律，注意维护孟姓声誉。

孟氏家族中的名人为什么具备为人民服务的意识？这主要是与孟姓的文化渊源有关。从孟氏家族的先祖说起，孟氏家族的先祖就是为民办实事的人。

孟子的三十七世祖后稷是尧时的农师，他和人民一起，种植了农作物，从此以后，老百姓不再饥饿了，后稷被尊为百谷之神。

孟子的三十四世祖公刘秉承后稷的德业，不图安逸，夙兴夜寐，全力

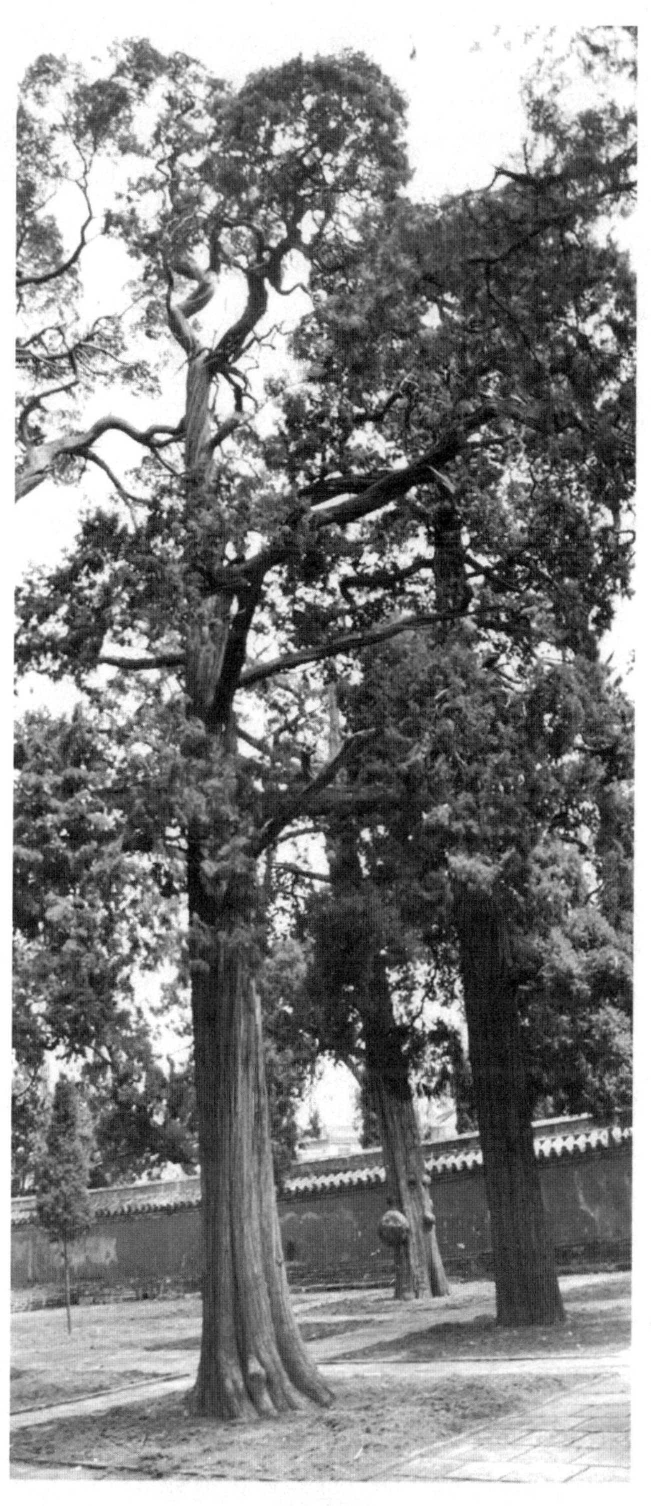
孟庙古柏

提倡农耕，使老百姓丰衣足食，国力富足。而公刘时，周民族周围的其他民族却是贫穷落后的状态，公刘关心人民的生活，使周民族首先走上了富裕的道路。

孟子的二十五世祖古公亶父即周太王，继承后稷和公刘的遗志，仁惠爱民，积德行义，开垦荒地，耕田教稼，深得人民的拥护，他为周王朝最后消灭商王朝奠定了基础。

孟子的二十二世祖周公旦继承了后稷、公刘、古公的遗志，继续做了为人民服务的事情，使刚刚取得全国政权的周王朝赢得了民心。

孟姓得姓祖庆父之后，孟文伯、孟献子、孟僖子先后在鲁国执政，也为人民做出了巨大的贡献。

到了著名思想家孟

子的时代，孟子又继承了后稷、公刘、古公、周公旦真诚地关心人民生活、为民造福的传统，并又有了创新，提出了“民为贵，社稷次之，君为轻”的观点，孟子认为不为人民办事的国君，像夏桀王、商纣王这样的暴君，算不上什么天子，而是独夫民贼，人人可以诛杀他们。孟子还提出了“天时不如地利，地利不如人和”的观点，再一次强调了得人心的重要性。《孟子》一书，绝大部分都是强调为人民服务的重要性。

从孟子以后，历代的孟氏名人都十分注意关心人民的生活，竭尽最大的努力，化一生的心血，做一些为人民服务的事情。

东汉时浙江上虞孟尝，在广西合浦担任太守时合理地养殖珍珠，收益特别迅速。一年后，当地无数饥民被救活了，人民也安居乐业了。孟尝也因此获得“廉能生珠”的美名。孟尝离职时，当地的老百姓都苦苦挽留不让他离开合浦。

北齐时河北平阳孟业，担任东郡太守时，由于治理有方，为人民办实事，有一年获得了农业大丰收，其中有一茎生出了九颗麦穗的奇异现象，解决了老百姓的饥饿问题。孟业为了人民的事情，得罪了皇帝，被撤职。成千上万的老百姓护送孟业回家，又有数百人向皇帝请示给孟业复职，最后皇帝给孟业恢复了职务。

唐朝常州刺史孟简，修凿古孟（运）河、泰伯渠，工程完工后，滚滚长江之水进入了大运河，灌溉了常州及附近的四千余顷土地，太湖流域的庄稼因此旱涝保收，粮食产量明显地提高了，人民的生活水平也有了明显的改善，同时，船只还可进入长江，有利于水路的交通运输。从此，“苏湖熟、天下足”，太湖流域成了全国最富裕的地方。孟简在担任越州（今浙江绍兴）刺史的时候，决定疏通河流，修理纤道，孟简修理的纤道是绍兴历史上最早的纤道。绍兴的古纤道又称纤塘，是古代船工背纤用的道路，工程竣工后，从浙江省绍兴市到萧山的河流疏通了，一百多里长的纤道也建成了。孟简为民造福的工程就铭记在人们的心中了。

五代十国的后蜀皇帝孟昶，他做了很多关心人民生活的事情，并写下了大量关心人民的文章，其中在他在著名作品《戒石铭》中曾写道：“尔俸尔禄，民膏民脂。为人父母，罔不仁慈，勉尔为戒，体朕深思。”这些感人至深的语言，体现了作者的爱民之心。在孟昶的正确治理下，成都物价低贱，文化繁荣，老百姓生活富裕，所以孟昶被赵匡胤的宋朝军队俘虏后，成千上万的老百姓都去哭送他，其中恸绝者有数百人。

北宋太尉孟元担任沧州（今属河北）知县时，沧州靠近渤海，当地老百姓的生活主要依靠贩盐为生。由于黄河决口、黄河流域的老百姓买不起盐了，沧州人民只好饿肚子，眼见得要流浪了。孟元和士兵节衣缩食，把节余的粮食全部向当地老百姓交换食盐。这样，孟元和他的士兵虽然饿了肚子，但沧州的老百姓避免了流浪。

孟太后是南宋基业的开创者，她执政时扶持赵构为皇帝，又粉碎了苗傅的军事政变，为南宋开创了一百五十二年的天下，艰险程度自然可知。但是，她自己不贪名利，一生之中清贫朴素，这样的太后也是历史上唯一的女性政治家。

南宋太尉孟德载，南宋军队与金军混战，天下大乱，有一年是饥年，到孟德载家去吃饭的饥民有数万人，孟德载家里也没有什么可吃的食物了，只好把仅有的一点粟煮成粥，分配给饥民，自己也和他们同喝粥，救活了数万人的性命。

为民办事，成了孟姓家族的家风，代代沿袭，孟姓家族至今还保持着这个珍贵的家风。

4.情义至重

孟氏名人特别重义气，讲感情，把情和义看得至关重要。

汉朝初期，农民起义领袖张耳投降了汉军刘邦，刘邦封张耳之子张敖为赵王，赵王部下贯高谋反，赵王受到牵连。在赵王被逮捕时，全国上下都接到命令，有跟从赵王的人罪灭三族。赵王的用人孟舒自愿戴上刑具，穿上囚服，以罪犯的身份护送赵王到长安。此时，他早把个人生死置之度外，谁料孟舒不仅没有被处死，还升级担任了云中太守。由此可见，孟舒是一个十分讲感情的人。

唐元和九年（814）八月，孟简的同学、诗友、侄子孟郊，路过河南省灵宝县时病死，终年六十四岁。孟郊才华横溢，一辈子怀才不遇；死后，孟郊家庭十分贫穷，其妻生活极其困难。孟简心里非常难受，感慨地说："孟郊生前，我没有能力推荐他做官，致使优秀的人才得不到应有的作用。孟郊死后，我一定要抚恤他的家属。"从此以后，孟简毅然承担起了扶养孟郊妻子裴氏的责任。当时有人评论说：

"孟简真有长辈的风范。"从这些小事可以看出，孟简也是重义气的人。

孟氏名人中重义气、讲感情的事情还有很多，他们真心诚意地帮助他人，特别是在别人困难的时候，实实在在，没有虚假的成分。

5. 说话直率

春秋战国至今，大部分的孟氏名人说话直率，不注意场合，因而导致了因言取祸的悲剧。

春秋战国时，思想家孟子是一个说话直率的人，他见梁惠王时，当面指出梁惠王的关心人民生活是"五十步笑百步"，他指责齐宣王："四境之内不治，则如之何？"（《孟子·梁惠王下》）孟子的说话直率，导致了他一辈子怀才不遇，没有受到王侯的重用。

三国时蜀国大司农孟光，说话锋芒逼人，在公开场合指责大将军费祎，费祎心里很不高兴，认为丢失了大将军的面子。但表面上还是敷衍："老先生说得好，谢谢！谢谢！"不久，朝廷给大臣升官时就轮不到孟光了，资历比他浅的年轻人也被提拔到他的前面。后来，孟光被免了官。

唐朝诗人孟浩然，在诗人王维家中，与当朝皇帝李隆基相遇，李隆基让他作诗，由于孟浩然讲了真话，作出了"不才明主弃，多病故人疏"的诗句，得罪了皇帝，一辈子只是一介布衣，没有当官。

南宋信安郡王孟忠厚，与当朝宰相秦桧是亲戚，都是北宋宋神宗时的宰相王珪的孙女婿，秦桧得势的时候，几乎所有的亲戚都想攀附秦桧这棵大树，而孟忠厚单独同秦桧作对，竟然被秦桧免除了职务。直到秦桧病死以后，孟忠厚才重新任职。

明朝官员孟秋，担任职方员外郎的职务，监督山海关的防御工作。明朝政府十分腐败，山海关的防御工作非常松弛，使得后金的间谍可以自由地出入，导致大量的情报泄露。孟秋到任后，采取了严厉的措施，山海关关内的防御工作才有所改善，但因此也得罪了一些有权有势的人，被人中伤。明万历九年（1581），孟秋遭到免职，遣回老家。

孟氏名人因为讲话不恰当，给自己带来了许多不利的影响，或者被朝廷免职，或者得不到提拔，这类故事还有很多。这些故事说明孟姓名人有因性格耿直、讲话不太讲究策略的缺点。

6. 文人居多，官运不顺

自从孟姓诞生以来，孟氏家族中出现的名人，文人占了大多数，当官的人相对较少，当大官的人更少，当宰相的人几乎没有过。

伟大的思想家孟子，从小就学习治理国家的内容，长大后一直想在国君面前施展才华，实现自己的政治抱负，但由于性格上的原因，说话直率，得罪了国君，结果一直得不到重用，一生之中始终没有实现自己的政治理想。

唐代诗人孟云卿，不仅诗歌写得好，而且还具有通济之才，可是一生之中几乎没有做官，仅做了一个校书郎，品位九品的小官。

南宋信安郡王孟忠厚，虽然是一品大官，但由于得罪了当朝宰相秦桧，一生之中几乎没有掌握过实权。

孟氏名人中，虽然也出现过孟观、孟怀玉、孟琪等一代名将，但是这些将领往往同朝廷的权臣产生了或多或少的纠纷，因此始终得不到朝廷的充分信任，所以也实现不了自己的政治理想。

孟氏名人中，虽然也出现了孟知祥、孟昶二位皇帝，但是孟知祥、孟昶二人的皇位，并非靠皇帝后唐庄宗提拔得到的，大部分是靠自己打拼出来的，换句话说，江山是靠他们自己夺取的。唐末军阀孟方立、孟迁的情况也是一样，他们的军阀地位也是从军阀手上抢过来的。

孟氏名人为什么当官的人少，也许是与孟氏家族的家教有关。孟姓的始祖孟子，曾提倡“富贵不能淫，贫贱不能移，威武不能屈”，强调“穷则独善其身，达则兼济天下”，这些思想都深深地影响着孟姓人，因而在他们当中出现了许多品行端正、作风正派的人才。但是他们不会在官场上随机应变，处理不好同上级的关系，往往从官场上被人挤下来。其中，有些人一直想当官，但是确实不会做官，甚至连小官也做不了。因此，孟姓名人做官的人很少，做丞相的几乎没有。

好学不倦，为人民办实事，不善于在官场上奉迎和投机，是孟姓名人最显著的特点。虽然这仅仅是部分孟姓名人的特点，却也代表着大部分孟姓人的特点。

**注：根据孟子邹文资料整理。**

亚圣庙

# 第四篇
# 孟 姓 名 人

《中国人名大辞典》收入了孟姓历代名人一百零八名，占总名人数0.34%，排在名人姓氏的第八十七位；孟姓的著名文学家占中国历代文学家总数0.31%，排在并列第七十一位；孟姓的著名医学家占中国历代医学家总数0.17%，排在第九十三位；孟姓的著名美术家占中国历代美术家总数0.17%，排在并列第九十九位。

在所有孟姓名人中，最有名望的当数世称“亚圣”的孟子，即战国时思想家、政治家兼教育家孟轲。

下面，本书将按照明清时期孟姓进士，古代孟姓名人（九位），国家工程院院士、科学院院士和教育专家（八位），部分在职省部级领导干部（八位），全国各个行业代表性的孟姓名人（九位），全国高考孟姓状元（四位）的分类和顺序，向各位家人进行介绍。以上这些孟姓名人，只是我们孟姓大家庭优秀儿女的部分代表，我们还有成千上万的孟姓优秀儿女，在各个历史时期，为国家为社会做出了突出贡献。历史上孟姓的重要人物还有：战国墨家巨子孟胜，勇士孟贲；西汉学者孟喜；东汉“举案齐眉”的孟光；蜀汉名将孟获；隋朝农民军领袖孟海公、孟让；唐朝诗人孟云卿、孟郊，水利专家孟简；五代后蜀国君孟知祥；南宋名将孟珙；明清之际戏曲作家孟称舜；民国历史学家孟森。

在当代，我们孟姓名人更是层出不穷、不胜枚举，像长征老红军孟昭亮、孟庆山；鱼类学专家孟庆闻；农业专家孟昭东；医学专家孟继懋；国家一级美术师孟宪立、孟庆民；奥运举重冠军孟苏平；蜀绣非物质文化遗产项目代表性传承人孟德芝；省级干部孟富林等，他们都是我们孟姓人的骄傲，更是我们孟姓人的自豪与荣耀。

# 一、明清时期中国科举制度中的孟姓进士榜

进士，是中国古代科举制度中，通过最后一级朝廷考试的读书人。明、清时，最后一级朝廷考试称为殿试，贡士经殿试后，及第者皆赐出身，称进士。进士是功名的尽头，就算是对名次不满意亦不可以重考。在明、清时孟姓子孙人才辈出，考中进士获取功名的有一百零四人。

**永乐二年甲申科（1404）**

第三甲一百四十二名 孟瑁湖 广安化人

**宣德八年癸丑科（1433）**

第三甲五十七名 孟鉴 直隶博野人

**正统元年丙辰科（1436）**

第三甲三十八名 孟钊 河南泌阳人

**正统四年己未科（1439）**

第二甲一十三名 孟圮福 建闽县人

第二甲三十三名 孟瑛 直隶归德卫人

**正统十三年戊辰科（1448）**

第三甲三十五名 孟祥山 山西辽州人

**景泰五年甲戌科（1454）**

第二甲五十四名 孟勋 直隶沧州人

第三甲四十五名 孟淮 直隶博野人

**天顺元年丁丑科（1457）**

第二甲七十五名 孟颛 浙江会稽人

**成化八年壬辰科（1472）**

第二甲五十三名 孟述 河南泌阳人

第三甲四十九名 孟瀛 直隶博野人

**成化二十年甲辰科（1484）**

第三甲四十三名 孟准山 西辽州人

**成化二十三年丁未科（1487）**

第二甲六十六名 孟逵 顺天府玉田人

**弘治九年丙辰科（1496）**

第二甲八十七名 孟春 山西泽州人

**弘治十二年己未科（1499）**

第三甲一百九十八名 孟儒 山西辽州人

**弘治十八年乙丑科（1505）**

第三甲一百九十八名 孟洋 河南信阳人

**正德六年辛未科（1511）**

第三甲一百五十七名 孟廷柯 湖广武昌人

**正德九年甲戌科（1514）**

第三甲八十四名 孟奇 陕西咸宁人

第三甲八十六名 孟阳（孟春子） 山西泽州人

**正德十六年辛巳科（1521）**

第二甲九十三名 孟易 山西临清卫（山西蒲州）人

**嘉靖二年癸未科（1523）**

第三甲二百一十八名 孟居仁 山西辽州人

**嘉靖八年己丑科（1529）**

第二甲九十四名 孟雷 山西泽州人

第三甲八十名 孟霧 山西泽州人

**嘉靖十七年戊戌科（1538）**

第三甲一百零六名 孟淮 河南祥符人

第三甲一百三十五名 孟颜（孟阳子） 山西泽州人

第三甲一百四十名 孟廷相 顺天府霸州人

第三甲一百九十八名 孟养性 山东齐河人

名次失考 孟阶 山西泽州人

**嘉靖二十六年丁未科（1547）**

第三甲八十三名 孟官 陕西咸宁人

**嘉靖二十九年庚戌科（1550）**

第二甲八十二名 孟羽 正直隶华亭人

**嘉靖三十二年癸丑科（1553）**

第三甲一百五十五名 孟重 陕西渭南人

**嘉靖三十五年丙辰科（1556）**

第三甲一百八十一名 孟洙 河南相祥人

**嘉靖四十四年乙丑科（1565）**

第三甲一百一十六名 孟学易 陕西灵台人

**隆庆五年辛未科（1571）**

第三甲二百一十七名 孟秋 浙江会稽人

第三甲二百六十七名 孟一脉 山东东阿人

**万历八年庚辰科（1580）**

第二甲二十七名 孟化鲤 河南新安人

第二甲四十六名 孟绍庆 湖广武昌人

**万历十一年癸未科（1583）**

第三甲一百五十四名 孟养浩 湖广咸宁人

**万历二十三年乙未科（1595）**

第三甲一百三十四名 孟习孔 湖广武昌人

**万历二十六年戊戌科（1598）**

第二甲四十六名 孟时芳 山西蒲州人

第三甲一十八名 孟楠 直隶浚县人

第三甲二十二名 孟三迁 山东定陶人

**万历二十九年辛丑科（1601）**

第三甲二百一十三名 孟希孔 山西蒲州守御千户所人

**万历四十一年癸丑科（1613）**

第三甲一百四十名 孟绍康 河南杞县（祥符）人

第三甲二百七十一名 孟绍虞 河南杞县（祥符）人

**天启二年壬戌科（1622）**

第三甲三十一名 孟国祚 直隶邢台人

第三甲二百三十六名 孟兆祥 直隶交河（山西泽州）人

**天启五年乙丑科（1625）**

第三甲一百八十名 孟名世 湖广江陵人

**崇祯十三年庚辰科（1640）**

第三甲一百六十五名 孟明辅 河南祥符人

**崇祯十六年癸未科（1643）**

第三甲三十九名 孟应春 浙江德清（仁和）人

第三甲三百一十四名 孟章明 直隶沧州人

**顺治三年丙戌科（1646）**

第三甲七十三名 孟乡官 祥山西蒲州人

**顺治九年壬辰科（1652）**

第三甲二百九十九名 孟嬉 陕西泾阳人

**顺治十二年乙未科（1655）**

第三甲二百二十名 孟瑞 山东淄川人

第三甲三百零六名 孟述 绪湖北宜都人

**顺治十六年己亥科（1659）**

第三甲四名 孟宗舜 天津人

第三甲九十名 孟宪孔 河北保安县人

**康熙九年庚戌科（1670）**

第二甲二十七名 孟亮 揆江苏苏州人

第三甲一百三十三名 孟长安 河南洛阳人

**康熙十五年丙辰科（1676）**

第二甲四十二名 孟纟赞 祖河北卢龙人

第三甲一百名 孟鸣珂 籍贯失考

**康熙十八年己未科（1679）**

第三甲八十九名 孟汉儒 山西介休人

**康熙三十三年甲戌科（1694）**

第三甲六名 孟之珪 宁夏灵武人

**康熙三十九年庚辰科（1700）**

第三甲一百七十三名 孟寅生 河北赵县人

第三甲二百零八名 孟涛 山西辽州人

**康熙五十一年壬辰科（1712）**

第二甲二十二名 孟班 山东沂州人

**康熙五十二年癸巳科（1713）**

第三甲一百三十八名 孟宗美 山东钳野人

**雍正五年丁未科（1727）**

第二甲二十七名 孟启谟 湖南湘阴人

**雍正十一年癸丑科（1733）**

第三甲二十五名 孟泽新 河北安肃人

**乾隆元年丙辰科（1736）**

第二甲九十名 孟瑛 直隶归德卫人

第三甲一百五十七名 孟履中 河北武邑人

**乾隆七年壬戌科（1742）**

第三甲二百一十八名 孟思谊 安徽和州人

**乾隆十年乙丑科（1745）**

第三甲一百三十八名 孟侯富 贵州人

**乾隆十三年戊辰科（1748）**

第三甲一百六十八名 孟自强 山西文水人

**乾隆十六年辛未科（1751）**

第三甲四十名 孟玫 河南夏邑县

**乾隆二十五年庚辰科（1760）**

第二甲一十一名 孟超然 福建清闽县人

第三甲六十名 孟邵 四川中江人

**乾隆二十六年辛巳恩科（1761）**

第三甲七十二名 孟永蕖 河南民权县人

第三甲一百五十名 孟秉坚 河南辉县人

**乾隆二十八年癸未科（1763）**

第二甲五十一名 孟生 蕙山西太谷县人

**乾隆三十一年丙戌科（1766）**

第二甲六十四名 孟廷对 山东章丘人

**乾隆四十三年戊戌科（1778）**

第三甲五名 孟生 山西太谷县人

**乾隆四十六年辛丑科（1781）**

第三甲七十名 孟姓康 山西永济人

**嘉庆四年己未科（1799）**

第二甲五十名 孟毓藻 山东长清人

**道光六年丙戌科（1826）**

第三甲一百零五名 孟岱龄 河北交河县人

第三甲一百一十五名 孟广沅 浙江绍兴会稽人

**道光十二年壬辰恩科（1832）**

第三甲九十四名 孟先颖山西太谷县人

**道光十三年癸巳科（1833）**

第二甲十二名 孟毓兰 山东长清人

**道光十五年乙未科（1835）**

第二甲九十二名 孟毓勋 山西太谷县人

**道光二十五年乙巳恩科（1845）**

第二甲二十五名 孟培桢 湖北江陵县人

第二甲八十三名 孟传金 河北高阳县人

**咸丰九年己未科（1859）**

第三甲三名 孟丕荣 山西峰县人

**同治二年癸亥恩科（1863）**

第三甲三十一名 孟词宗 原名：孟希孟

**同治七年戊辰科（1868）**

第三甲六十三名 孟继震 山东长清人

**同治十年辛未科（1871）**

第三甲二百名 孟椿山 山东益都人

**同治十三年甲戌科（1874）**

第三甲一百五十二名 孟宪章 山东章丘人

**光绪十五年己丑科（1889）**

第二甲一百零八名 孟淺 河南郑州人

**光绪十六年庚寅恩科（1890）**

第二甲五名 孟庆荣 河北永年县人

**光绪十八年壬辰科（1892）**

第三甲五十二名 孟广谟 山东章丘人

**光绪二十四年戊戌科（1898）**

第二甲七名 孟锡玉 北京宛平人

第二甲一百四十二名 孟广来 山东济宁人

**光绪二十九年癸卯科（1903）**

第三甲一百二十七名 孟宗舆 陕西西安人

第三甲一百五十五名 孟广范 山东章丘人

**光绪三十年甲辰恩科（1904）**

第三甲九十一名 孟应奚 福建闽县人

1905年清政府颁布了停止科举的上谕。从此，1300年的科举制度宣告结束。

注：

(1) 两榜进士，即进士；科举时代，考取举人的榜为乙榜，考取进士的榜为甲榜，进士名列两榜。

孟府——习儒馆

(2) 进士科正式考试共分三级：乡试、会试、殿试。

(3) 出榜分三甲：一甲为赐进士及第，只有前三名，为状元、榜眼、探花，合称三鼎甲；二甲赐进士出身若干人，第一名称传胪；三甲赐同进士出身若干人。在一、二、三甲的都泛称进士。

# 二、亚圣孟姓（部分）历史名人

## （一）大孝子孟宗

**孟宗**，字恭武（孟子世家谱载 19 代），218 年出生，江夏郡人（今孝感东北部），三国时东吴孝子。少年时勤奋好学，侍奉母亲无微不至，后在吴国为官，永安五年（262）由光禄勋升任右御史大夫，宝鼎三年（268）升司空。

孟宗出生于孝昌县青山口的孟家栗林，父亲早逝，与母亲相依为命，自幼爱竹，常在竹林玩耍劳作。少年时到南阳求学，他勤奋好学，才思敏捷，聪颖过人，很受先生的赏识，先生对他悉心教导，重加指点，使他学有所成。先是当管渔的官，后来在吴国当了司空。

关于“孟宗哭竹”的传说，流传已久，广为人知。传说孟宗的母亲年迈多病，一年冬天，孟母病了想用竹笋煮稀饭吃，孟宗十分有孝心，马上跑到竹林里寻找竹笋，时至冬日，哪来的竹笋呢？孟宗无计可施，顿觉心酸，抱住竹子失声痛哭起来，哭时间长了，哭着哭着不觉昏然入睡，蒙胧中忽听“卩卜”的一声，待他再睁开眼朝地上一看，不禁惊喜万分，只见一蓬鲜嫩的笋尖就在他脚下，他自觉有神灵保佑，便连忙朝天叩拜，之后赶紧把竹笋带回家。母亲吃了新笋，不几日病就好了。人们都说是孟宗的孝心感动了天地，被后人尊为二十四孝之一。

## （二）医学大师孟诜

**孟诜**（孟子世家谱载31代），生于621年，卒于713年，唐代著名医学家。汝州（今河南临汝）人，孟氏家志中把他列为第三ˆ一代后裔。他少年好医学及炼丹术，曾师从孙思邈学习阴阳、推步、医药。举进士，睿宗在藩，召充侍读。后为同州刺史，故人称孟同州。神龙元年（705），致仕归伊阳之山隐居，但以药饵为事。撰《补养方》三卷，经张鼎增补，改名《食疗本草》三卷，现存敦煌莫高窟，发现其故抄本残卷及近人辑佚本。

又撰有《必效方》三卷，已佚。在《外台秘要》《证类本草》等书中有引录。孟氏创用白帛浸于黄疸患者尿中，晾干并按日推列对比，以观察黄疸病疗效。其饮食疗法对后世也有影响。另撰有《家祭礼》一卷、《丧服正要》一卷、《锦带书》等。平时曾向人说：“养性者善言不可离口，善药不可离手。”这说法得到当时人们的赞同。新、旧《唐书》俱有传。

## （三）唐代诗人孟浩然

**孟浩然**（孟子世家谱载33代），生于689年，卒于740年，湖北襄阳人，《孟子世家谱》及《三迁志》均把他列为孟氏三十三代后裔。

他年轻时便在家乡的鹿门山隐居，为人仗义，救人患难。早年已擅诗名，为李白、张九龄、王维所赞赏，并先后与他们建立起深厚的友谊。李白在那首著名的

《赠孟浩然》诗中，称他为“夫子”，对这位比李白年长十二岁的诗人表示了十分的尊重与敬仰。孟浩然一生大部分时间过着隐居生活，以布衣终老。其实，他并非真正甘心退隐，也很想出来做一番事业。为了实现抱负，他在四十岁那年离开家乡到长

安求官，张九龄和王维都曾向皇帝推荐过他。一个偶然的场合，他戏剧性地见到了唐玄宗。那时王维为翰林待诏，私自把他带进了内署，不料玄宗皇帝偶然来到了，浩然避匿在床下。王维不敢隐瞒，具以实告。皇帝表示：“朕早就闻此人的名字而没能见到，为什么藏起来呢？”于是，命他出来，问他的诗作。浩然向皇帝再拜，背诵自己以前所作的诗篇给皇帝听。当背到《岁暮归南山》一诗道：“北阙休上书，南山归敝庐。不才明主弃，多病故人疏。白发催年老，青阳逼岁除。永怀愁不寐，松月夜窗虚。”

不料“不才明主弃”一句触了皇帝的忌讳，皇帝说：“是你自己不愿做官，为什么赖朕弃你呢？”竟因此而放还不用。他有一首《留别王维》可能就是这次临行时所作的，诗最后两句说：“只应守寂寞，还掩故园扉。”表达了因功名失意而产生的退隐的愿望。开元二十四年（736年）张九龄罢相，不久又左迁荆州长史。孟浩然的《临洞庭上张丞相》诗，大概作于此时。诗的前四句以雄浑的格调和磅礴的气势，写出洞庭湖的壮丽景色。接下去四句：“欲济无舟楫，端居耻圣名。坐观垂钓者，徒有羡鱼情。”既然伏处草莽愧对明主，就是又想出仕了。张九龄果然把他召到府署里任从事吏。又过了两三年，张九龄回原籍展墓（实际是休致），府署撤销。不久张九龄病卒，孟浩然于同一年患背疽而死。他的诗所反映的多是遁世隐居的幽居生活情趣，或描写山水景物、旅途风光、田园生活。诗风蕴藉含蓄，出语平易而情景交融、含义隽永。最能表现他风格的如《夏日南亭怀辛大》，向来为人传诵：“山光忽西落，池月渐东上。散发乘夕凉，开轩卧闲敞。荷风送香气，竹露滴清响。欲取鸣琴弹，恨无知音赏。感此怀故人，中宵劳梦想。”还有一些含蓄清丽的小诗，如《宿建德江》也颇耐咀嚼：“移舟泊烟渚，日暮客愁新。野旷天低树，江清月近人。”孟浩然的诗，上承初唐，下启盛唐。存诗歌二百六十多首，其中五言诗占多数，其作品有《孟浩然集》传世。

## （四）中兴祖孟宁

**孟宁**（孟子世家谱载 45 代），孟子第四十五代主祀人。宋仁宗景祐四年（1037），孔道辅在兖州府做知府，为了褒扬孟子发扬儒家思想，推行孔子文化所做出的贡献，他便派出官吏四处寻访圣贤后裔，后寻得孟子的四十五代后裔孟宁，经孔道辅向朝廷举荐，特授孟宁为邹县主簿，主持孟庙祭祀。

北宋元丰六年（1083），孟宁重修故宅时于墙壁中发现其父孟公济为躲避战乱遗留于其间的家谱。得此家谱，孟宁如获至宝，由于时代久远，家谱已破败不堪，孟宁博览群书，率领族众，把家谱重新加以编排，编修了孟氏家族历史上第一本较为完整、内容较为系统的《孟子世家谱》，孟氏家谱真正有详细可信的文字记载，是在孟宁之后。从此孟氏后代嫡裔相传，脉络清晰，世系井然，行辈不紊。作为圣人的后代，孟宁又制族训，立家法，以对族人进行约束和统理，使家族管理得严谨有序。孟氏家族又开始兴旺发达，所以孟氏族人称他为中兴祖。

## （五）宋代皇后孟相

**孟相**（孟氏南支家谱载46代），生于1073年，洺州人（今河北省永年县），是北宋皇帝哲宗的第一任皇后。祖父孟元，眉州防御使，马军都虞侯，赠太尉。父亲孟在，荣州刺史。孟相于宋哲宗元祐七年（1092）被选入宫，由于本人出身于小官门户，不易恃宠而骄，又端庄、娴熟、识大体，深得两宫太后的喜爱，因此，被册立为皇后。一生中三次被立、二次被废、二次垂帘听政，是中国古代一位具有传奇色彩的皇后。第一次被废是刘婕妤与奸臣章惇相互勾结、内侍郝随等迎合刘氏，诬告孟皇后在宫禁中以符水治病和用女尼进行祷祠活动，孟皇后于绍圣三年（1096）被废，被幽居在瑶华宫当了女道士，法号“华阳教主”“玉清妙静仙师”，法名“冲真”。宋徽宗即位后，恢复了孟皇后的后位，但以韩忠彦为代表的政治派别与蔡京一党争斗，孟皇后第二次被废，不久又被逐出，过了三十年的贬居生活。靖康元年（1126）其所居住的瑶华宫失火，徙居延宁宫。延宁宫又失火，只得出居相国寺内侄孟忠厚的私宅里。第二年金兵攻克汴梁，掳徽、钦二帝及六宫有位号的嫔妃北迁。金兵退后，在张邦昌伪政权时期，孟皇后第一次垂帘听政，她能主持大局，迎立康王赵构继位，显示了她的机警理智。第二次垂帘听政是在苗刘之变中，她明修栈道，暗度陈仓，内外结合，平定叛乱，体现了其临危不

乱、处变不惊的政治智慧。孟皇后的两次垂帘听政，减少了北宋到南宋过渡时的政局动荡，稳定了南宋初期的政治局面，在稳定民心、安抚官员、任用人才方面起到了一定的积极作用。在某种程度上可以说，她是南宋政权的开创者之一，因此与高宗保持如母子一般的关系，高宗每得时新果品，必先献给太后，然后自己才能尝。绍兴五年，孟太后患风疾，皇帝不离左右，连日衣不解带地伺候，这年四月病死，享年五十九岁。皇帝穿重服，丧祭用母后临朝礼。上尊号"昭慈献烈皇太后"，后改谥号为"昭慈圣献皇太后"。

## （六）科举史上唯一的"四元状元"孟宗献

**孟宗献**，字友之，河南开封人，金朝大定三年（1163 年）癸未科状元。

孟宗献自小聪颖异于常人，长大后学问渊博，诗文俱佳。由于过分自负，他第一次参加乡试时，竟然名落孙山。受此打击，孟宗献不再浮躁，他潜心读书，学业日进，几年后再度参加乡试，高中第一名。乡试主考杨伯仁对其文章大加赞赏，并推荐给海陵王。第二年春，孟宗献在开封取得府试第一，秋天前往燕京，取得会试第一，此时已"连中三元"，名声大噪。当年金朝增加殿试，孟宗献又高中第一，创下前无古人后无来者的"连中四元"。当时金世宗即位不久，听闻这位状元"连中四元"的奇迹，大喜，立即下旨："朕即位未久，曾令有司征召贤才。孟宗献自乡试到府试、会试、殿试皆为第一，非才之高、学之博，何以至此？"按照金朝常规，状元只授七品官，世宗破格授予他为六品的奉直大夫，不久又提拔他担任翰林应奉、知制诰等职。

孟宗献性情恬淡，不热衷功名，而对道家颇为倾心。公元 1169 年，王重阳带领丘处机等弟子西返关中，因病体力不支，滞留开封旅邸。据开封地方史志记载，孟宗献曾前去拜望，王重阳对这位天下闻名的"孟四元"很看重，收其为徒。第二年王重阳仙逝，丧事即由孟宗献操办。王重阳的灵柩也暂时安葬在孟家后花园。

孟宗献为人至孝，其母病逝后，因哀伤过度，他在服丧期间病逝于家，时年五十岁。

金朝四元状元孟宗献

### （七）受封世袭翰林院五经博士孟希文

**孟希文**（亚圣56代孙、“希”字辈），字士焕，1433年出生，孟子五十六代主祀人。祖父孟思谅经历了元、明易代时的战乱。乱定之后，邹县知县桂孟寻访孟氏后裔，访得了思谅，于洪武元年依中兴祖旧例，授予邹县主簿以奉孟子祭祀，再传至孟希文。此人重交情，讲义气，博闻强记，洞察世故。平时生活很俭朴，唯爱好文物古董及名人字画，不惜重资，搜集购置颇多。明朝代宗景泰三年（1452）应皇帝诏旨赴都，受封为世袭翰林院五经博士。孟氏世职就这样从孟希文开始。授职后，凡皇帝临雍大典及每年万寿圣节，都随曲阜衍圣公，同颜、曾等氏后裔一起乘专车赴京都参加庆典，享受帝王给予的“殊荣”。孟希文经历了明朝英宗、代宗、宪宗、孝宗四朝，于孝宗弘治二年去世，享年五十七岁。

## （八）重振祖业孟广均

**孟广均**（亚圣70代孙、“广”字辈），字京华，1800年出生，孟子嫡系七十代孙、世袭翰林院五经博士。孟广均历经嘉庆、道光、咸丰、同治四朝，在战乱频繁的清代中晚期主持孟氏家族事务长达38年，对整理、修复孟庙、孟府、孟子林及断机堂、述圣祠等建筑，编纂《三迁志》、修订《孟子世家谱》等均有建树，是孟氏嫡裔中卓著有为的杰出人物。

少年时代的孟广均，“性纯笃、尤聪颖、博闻强记”，道光五年（1825），二十五岁的孟广均为乙酉科拔贡生。道光八年（1828），参加了在省城举办的戊子科乡试，中为举人。

道光十二年（1832）正月，孟广均经族众荐举，报清政府奏准，“奉旨承袭翰林院五经博士”。孟广均承袭世职后，面对的是庙府颓圮荒芜，林墓、断机堂、三迁祠不蔽风雨，一片残破景象。为逐一整理修缮孟氏庙、府、林墓，他即任后，即着手勘查兴修事宜，首先修复了即将坍塌的孟母断机堂。维修后，孟广均将“孟母断机处”，镌刻成圆额巨碑，立于县城南门（崇教门）外道左，他在承袭世职后的十年中，主要精力放在修缮庙府林墓工程上，自孟子林、孟庙、孟母断机堂、孟府，逐一修整。使孟府的建筑布局严谨对称，规整划一，为保存其完整统一做出了突出的贡献。

孟广均还处处以教育为本，以修谱纂志为己任，为使其贵族世家得以维系，曾创办书院培养孟氏子弟。道光十二年正月，孟广均在孟府内设立“三迁书院”，以培养近族子弟幼闻祖训，修德立行。孟广均在道光十五年（1835）就与人一起整理孟氏志书，增订续修纂《三迁志》，为今人研究孟氏家族历史保存了大量史料。孟广均在晚年还主持编修了《孟子世家谱》。

同治三年（1864），孟广均与其子孟昭铃、族内举人孟传琦、孟继仲及三迁书院生员三十余人续订了家谱。为保证谱书的编修质量，孟广均请当地著名的文人马星翼进入家谱馆，参与审订校阅之事。该谱自同治三年九月开编，至同治四年八月（1865）完成，《孟子世家谱》中保存了孟氏

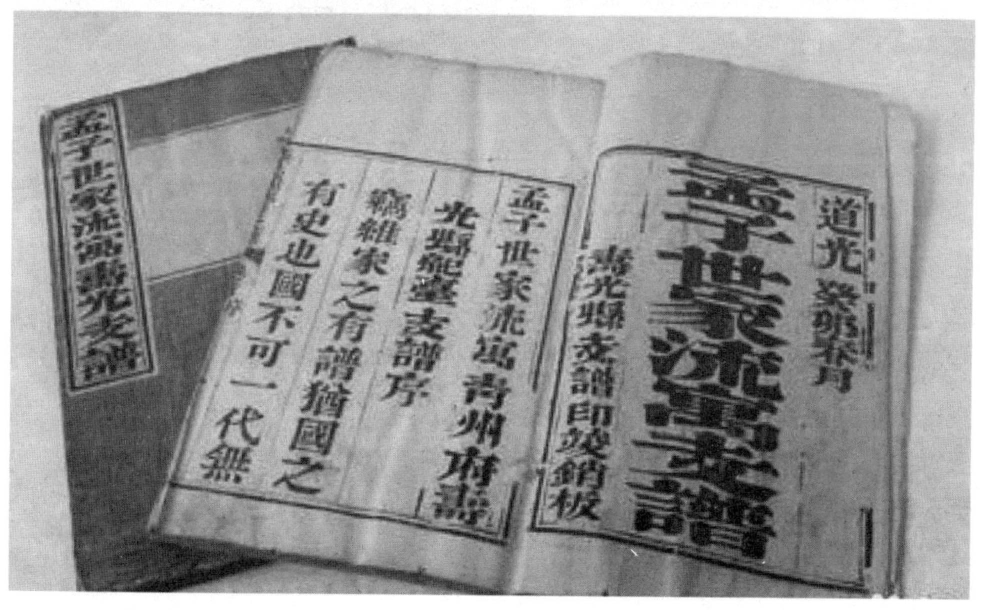


家族的大量历史资料，对研究孟子生平事迹，家族的繁衍生息，迁徙流寓，宗派世系，历代恩赐，嫡裔生平等尤为重要。孟广均率族长户头到孟庙举行祭祖仪式后颁发了新家谱。

### （九）一代大商孟洛川

**孟洛川**（亚圣69代孙、“继”字辈），名继笙，字鸿升，1851年出生。是山东章丘县旧军镇孟氏商业家族鼎盛时期的杰出代表，也是中国近代商业史上举足轻重的人物。

他以圣贤后裔自许，讲究忠恕，讲究推己及人，将儒家的哲理用于经商和治家。从洋务运动时期至中华民国初年，他在中国北方众多的商业重地建立了一个集经营布匹、绸缎、刺绣品、皮货、棉纱、纺织、印染、钱庄、当铺、茶叶、金银首饰等众多项目之大成的商业王国，成为中国北方最大的民族商业资本家。他的许多经营方式开风气之先，他创立的“瑞蚨祥”连锁商号极负盛名，他独特的经营思想和高超的经营艺术，在中国商业文化史上大放异彩，成为一笔不可多得的商业文化遗产。

孟洛川经商的时代，在19世纪后叶到20世纪前叶，这一时期，由于鸦片战争和洋务运动的影响，中国社会发生了历史性的嬗变，通商口岸的开放和增多，外国资本的大举涌入，以及国际贸易的繁荣，在实际效应上带动和促进了国内的工商业。孟洛川正是在这种社会背景下大展身手，创造了一代旷世商绩的。孟洛川十七岁总理本族商务，通过兼并本族其他成员的资产以及非常而有效的资本运营，于洋务运动前夕成功地完成了他的资本初始积累。洋务运动期间，全社会勃然兴起的工商热潮给他带来了崭新的契机，他抓住这一历史性的机遇，依靠其雄厚的资金和过人的经营才能，纵横叱咤商场，成为中国北方最大的民族商业资本家。孟洛川有民族气节，在商场上与外国侵略势力进行斗争，也做过救灾、赈济方面的慈善事业。

天津瑞蚨祥

# 三、亚圣孟姓（部分）现代科学家教育家

## （一）中国工程院院士气象卫星专家孟执中

**孟执中**（亚圣75代孙、“祥”字辈），1934年12月出生，浙江诸暨人。毕业于华南工学院电讯系。曾任“风云一号”卫星总设计师，上海航天局科技委副主任，研究员，“风云三号”卫星总设计师。中国工程院院士、中国气象卫星专家。

1958年起，曾在苏联科学院自动学及运动学研究所进修两年。1979年起主持我国第一颗“风云一号”气象卫星的研制，1988年、1990年“风云一号”A、B星二次发射成功，使我国成为继美、苏后第三个研制成功太阳同步轨道气象卫星的国家。1999年5月，“风云一号”C星发射成功，达到国际先进水平；2002年5月15日，“风云一号”D星成功发射。目前正主持新一代气象卫星“风云三号”的研制工作。

曾获国家科技进步一等奖、二等奖和多项省部级科技奖。2002年获何梁何利基金科学与技术进步奖、2003年当选为中国工程院院士。

## （二）中国工程院院士风景园林学家孟兆祯

**孟兆祯**（亚圣71代孙、“昭”字辈），1932年9月出生，湖北省武汉市人，风景园林学家。1956年毕业于北京农业大学园艺系造园专业。现为北京林业大学教授、博士研究生导师。中国风景园林学会名誉理事长、中国工程院院士。

孟兆祯长期从事风景园林的教学与科研工作，讲授过“园林艺术”“园林设计”“园林工程”“园冷例释”等课程。他主编的教材《园林工程》获得校级一等奖，奠定了园林艺术和设计课以中国传统园林为特色的内容。在继承的基础上，发展性地建立了风景园林规划与设计学科的新教学体系，并建立了该学科在全国唯一的博士点。在科学研究方面，他主持承担了国内外内容广泛的设计共三十六项，多次获得重要奖励。其中，在北京首家中外合资花园别墅环境设计中获得林业部颁发的设计一等奖；在深圳植物园设计中获得深圳市颁发的设计一等奖。先后发表了《中国古代建筑技术史·掇山》《避暑山庄园林艺术理法赞》《园林是城市发展的生理基础》《展望21世纪的北京园林》等几十篇有影响的论著。其中，他主持编撰的《中国古代建筑技术史·掇山》《避暑山庄园林艺术理法赞》获得林业部二等奖。他曾提出独特的见解：“人类社会生产应与环境建设协调发展。人与天违，天人俱伤；人与

天调，天人共荣”，“继承与发展中国传统园林艺术，创造有中国特色、地方风格和适应现代社会生活的新园林”。

孟兆祯曾兼任中国风景园林学会副理事长，住房和城乡建设部风景园林专家委员会名誉主任，北京市园林学会副理事长，北京市人民政府园林绿化顾问组组长，上海市绿化局顾问组组长。1999年，担任昆明世博会最高评审团评委、韩国庆熙大学设计研究院客座研究员。

### （三）中国工程院院士土木建筑专家孟建民

**孟建民**（亚圣75代孙、“祥”字辈），1958年2月出生，山东章丘人。博士学位。2015年当选中国工程院土木、水利与建筑工程学部院士。

孟建民毕业于东南大学，获博士学位。现任深圳市建筑设计研究总院有限公司总建筑师、中国建筑学会常务理事、建筑师分会副理事长、深圳市勘察设计行业协会名誉会长。

从业三十余年来，孟建民一直坚守在设计与工程实践第一线，走结合中国国情的原创之路。其建筑作品具有城市宏观研究的独特视角，始终体现全方位的人文关怀和设计理念，这也使他成为中国改革开放以来建筑创作的代表人物之一。他主持设计的玉树抗震救灾纪念馆，从尊重藏民的文化信仰角度出发，以藏文化元素传递人文关怀，抚慰人们灾后的心灵创伤，成为当地藏民日常祈福的重要场所，荣获中国建筑设计金奖。香港大学深圳医院的设计运用了诊疗中心模式和立体生态系统，创新的设计受到了国内外各界的高度评价，荣获卫生部颁发的“十一五”全国优秀医院设计大奖。昆明云天化集团总部获中国建筑学会中华人民共和国六十周年创作大奖。其他重要工程，还有渡江战役纪念馆、深港西部通道口岸旅检大楼、合肥政务中心、深圳基督教堂等二百余项，获得国家优秀设计奖、中国建筑设计金奖、世界华人建筑师协会金奖等各类专业奖项八十余项。

孟建民同时致力于建筑设计理论研究，在全国各专业刊物上发表相关学术论文近六十篇，著有《本原设计》《新医疗建筑的创作与实践》等学

术著作，主编《失重》《建筑设计技术细则与措施》等学术技术书籍。

多年来他在本原设计建筑创作中的探索和努力得到了业界的认可。于2006年获全国工程勘察设计大师称号，2007年获国务院颁发政府特殊津贴，2011年获深圳市首届杰出人才奖，2014年获中国建筑师最高荣誉奖——梁思成建筑奖。

### （四）中国科学院院士发育生物学家孟安明

**孟安明**（亚圣72代孙、“宪”字辈），1963年7月出生，四川大竹人。1979年9月至1983年7月，就读于西南农学院（西南大学）农学系。发育生物学家，清华大学生命科学学院教授、博士生导师，中国科学院动物研究所研究员，中国科学院院士，发展中国家科学院院士。

孟安明毕业后任中国水稻研究所研究实习员；于英国诺丁汉大学遗传系就读博士生，获博士学位；在北京农业大学（中国农业大学生物学院）攻读博士后，任中国农业大学生物学院动物生理生化系副教授，清华大学教授，清华大学生物科学与技术系（现生命科学学院）系副主任、系学术委员会主任，清华大学学术委员会委员、蛋白质科学教育部重点实验室主任、博士生导师；是教育部长江学者计划特聘教授，九三学社第十三届中央委员会委员、北京市第十二届委员会副主委，第十二届全国政协委员。

2014 年 12 月，挂职北京市科学技术委员会副主任。第十五届中国动物学会副理事长，中国动物学会理事、中国细胞生物学会理事、中国实验动物学会水生实验动物专业委员会副主任。

孟安明主要从事脊椎动物胚胎的分子发育生物学研究。他利用斑马鱼作为脊椎动物模式，鉴定了许多在胚胎发育中组织特异性表达的基因，发现了多个基因在中胚层诱导、背腹分化等发育过程中的重要作用及其分子机理，加深了对脊椎动物胚胎早期发育分子调控机理的了解。他最早建立了利用 GFP 转基因技术在斑马鱼活体胚胎中分析基因表达调控元件的方法。21 世纪 90 年代初，将 DNA 指纹图谱技术应用于分析畜禽品系的遗传变异性，证明 DNA 指纹图谱可预测杂种优势。其研究项目得到了国家自然科学基金、科技部 863 计划等项目的资助，先后获得国家科技进步二等奖、北京市科技进步一等奖、农业部科技进步三等奖。

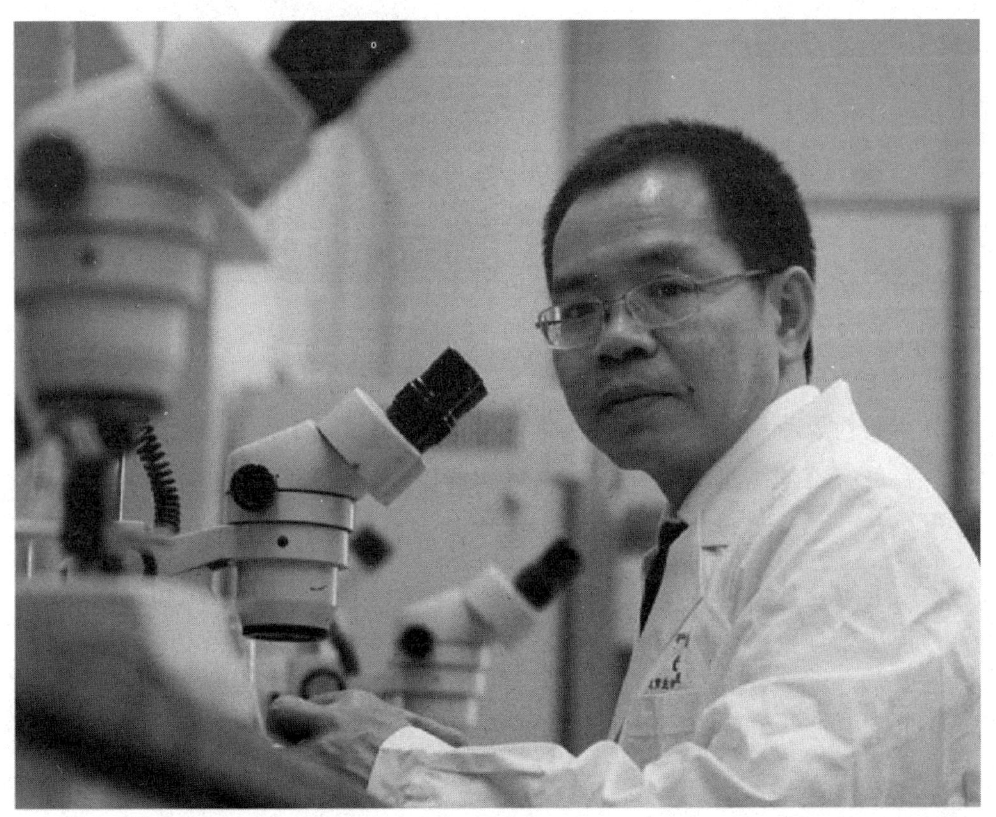

## （五）中国科学院院士汽车工程专家孟少农

**孟少农**（亚圣73代孙、“庆”字辈），原名庆基，1915年12月出生，湖南桃源人。1940年毕业于西南联大，1943年获美国麻省理工学院硕士学位。汽车工程专家，中国汽车工业技术的主要奠基人。中国科学院院士。

孟少农从1943年至1944年，在美国福特汽车公司、锤士兰森机器公司实习，1944年，在美国斯蒂贝克汽车公司、美国林登城中国发动机厂任工程师。1946年，他乘战后中美通航第一班轮船离开了美国。在清华大学机械系任副教授、教授，1947年加入中国共产党，先后在华北人民政府、中央重工业部、第一汽车制造厂、陕西汽车制造厂、第二汽车制造厂担任要职。1978年首任第二汽车制造厂职工大学校长，1983年就任湖北汽车工业学院院长。

1951年春节前，孟少农陪同苏联专家去长春考察，选定了第一汽车制造厂厂址，1952年7月，重工业部选派以孟少农为首的几位同志参加驻莫斯科代表小组，负责一汽技术设计联络、设备订货、聘请专家、派遣实习人员等事宜，孟少农任第一汽车制造厂副厂长兼副总工程师。1955年下半年，“一汽”进入零件调试阶段，孟少农主管产品设计、工艺、冶金和生产准备等部门工作，经常深入现场，检查了解零件调试计划执行情况，及时解决处理一些重大技术问题，保证调试生产按计划进行。他组织制定了一汽1957年至1962年解放牌汽车设计改进和发展新品种规划，其中包含解放车的改进、设计CAT1型平头新解放及其派生的自卸车、牵引车、公共汽车和开发军用车和轿车系列。1965 年，孟少农调到机械工业部汽车局，负责总师室工作。“二汽”开始筹建时，筹备组领导人饶斌和他一起研究“二汽”建设问题，他即提出大胆设想：“二汽”建设不能照搬一汽模式，要闯出新路，产量要大，品种要多，设备要新，技术要先进，生产要专业化。1971 年 5 月，孟少农调到陕西汽车制造厂任革委会副主任，主管技术工作。1978 年至 1988 年，任第二汽车制造厂副厂长兼总工程师、“二汽”党委常委、东风汽车工业联营公司副董事长、“二汽”咨询委员会主任兼湖北汽车工业学院院长；1982 年，他在中国科学院的一次会议上，用大量实例宣传汽车工业应是中国支柱产业和中国应当大力抓紧发展轿车生产而不能迟疑的观点，为中华人民共和国汽车工业做出了突出贡献。

孟少农 1988 年 1 月 15 日逝世于北京。为缅怀中国这位著名的汽车专家，“二汽”遵照国家科委提议，为他塑了两座半身铜像，一座安放在湖北汽车工业学院，一座安放在武汉工学院。2009 年 10 月，为纪念孟少农在东风汽车公司的奠基和发展过程中所做出的巨大贡献，东风汽车公司向清华大学捐赠人民币 200 万元，用于设立清华大学“孟少农——东风汽车”励学基金。

2015 年 12 月 110,纪念孟少农诞辰 100 周年活动在湖北汽车工业学院举行，东风公司现场捐赠 200 万元，设立“孟少农奖学金”。

### （六）中国科学院院士地质、矿业学家孟宪民

**孟宪民**（亚圣72代孙、“宪”字辈），别名应鳌，1900年2月出生，江苏武进人。1921年毕业于清华大学，1924年毕业于美国科罗拉多州立矿业学院，1927年获美国麻省理工学院硕士学位。著名地质学家、矿业学家，中国科学院院士。

孟宪民历任地质部矿物原料研究所副所长、研究员，中国地质科学院副院长。

毕业后从事矿床地质研特别对有色金属、稀有金属矿床的矿物组成以及成矿理论有深入研究，擅长有关的矿物微量化学分析鉴定，云南个旧锡矿的开发和东川铜矿的地质研究方面，颇多建树。晚年倡导沿一定层位找矿的思维，即近代成矿理论中的层控矿问题，影响所及，取得了一些明显的效果。1955年当选为中国科学院院士（学部委员）。1969年2月18日于北京逝世。

## （七）中国科学院院士电子、物理学家孟昭英

**孟昭英**（亚圣71代孙、“昭”字辈），1906年12月出生，河北乐亭人。1928年毕业于燕京大学。1933年到美国加州理工学院攻读研究生，1936年获博士学位，电子学家、物理学家，中国科学院院士。

1936年，孟昭英从美国回国，在燕京大学任副教授。1937年抗日战争爆发，孟昭英随清华大学南迁至长沙，1938年转到昆明西南联大。1938年至1943年，孟昭英在昆明清华无线电研究所任教授，兼任西南联合大学物理系名誉教授。1943年至1946年，孟昭英第二次赴美，完成了在微波波导中的精密阻抗测量工作，获得了一项美国专利。

1952年，我国高等院校院系调整，清华大学成为一个综合性工科大学，新成立了无线电系，孟昭英任系主任。1953年，他在无线电系又设立电真空专业，并兼任电真空教研组主任。他还承担了国家“七五”重点科技攻关项目——激光单原子探测技术在地质找矿中的应用研究。代表作品《阴极电子学》《电磁振荡和电磁波》。孟昭英于1995年2月25日逝世。

## （八）中国现代教育家孟宪承

**孟宪承**（亚圣 72 代孙、“宪”字辈），字伯洪，1894 年 9 月出生，江苏省武进县人。中国著名现代教育家。1951 年被调到上海，出任华东军政委员会教育部部长、华东行政委员会教育局局长。

孟宪承少年时就读于“常州府学堂”，即现在的常州高级中学。

1916 年毕业于上海圣约翰大学外文系。在华盛顿大学获得教育学硕士学位后，又赴伦敦大学研究生院深造。1921 年回国，受聘于国立东南大学，任教授，发起创办了光华大学，曾担任国立第四中山大学秘书长、国立中央大学教育学院院长。抗战胜利后，在浙江大学任文学院院长。中华人民共和国成立后，孟宪承任浙江大学校务委员会常务委员，参与主持浙江大学校务，后任华东师范大学校长，1956 年被评为一级教授。先后当选为第一、二、三届全国人民代表大会代表，上海市第三、四届政治协商会

议副主席，上海市教育学会会长。

孟宪承对文、史、哲等学科具有很深的造诣，通晓英语、法语，晚年还刻苦学习俄语。中华人民共和国成立前，即开始学习马克思列宁主义理论，接受唯物史观，在教育理论研究方面做出了贡献。主要著作有：《教育概论》《教育史》《西洋古代教育》《大学教育》等。

1967 年 7 月 19 日病逝于上海，终年七十三岁。

# 四、亚圣孟姓（部分）在职省部级干部

### （一）全国政协社会和法制委主任孟学农

**孟学农**（亚圣74代孙、“繁”字辈），1949年8月出生，山东蓬莱人。1969年3月参加工作，1972年7月加入中国共产党，研究生学历，工学硕士。曾任中共十八届中央委员，全国政协社会和法制委员会主任，正部级领导人。

孟学农参加工作后历任北京第二汽车制造厂团委书记，浙江省省委组织部干部，浙江省省委办公厅秘书，北京汽车工业公司团委副书记、书记；2003年1月后任北京市市委副书记、市长，北京奥运会组委会执行主席、党组副书记；2003年9月任国务院南水北调工程建设委员会办公室副主任、党组副书记（正部长级）；2007年8月30日任山西省省委委员、常委、副书记，同年9月任山西省副省长、代省长，省政府党组书记，2008年1月起任山西省省长。

## （二）国际刑警组织主席孟宏伟

**孟宏伟**（亚圣73代孙、“庆”字辈），1953年11月出生，黑龙江哈尔滨人。1972年12月参加工作，1975年6月加入中国共产党，北京大学法律系法律专业毕业，大学学历，法学学士学位。现任公安部副部长、党委委员，国家海洋局副局长、党组副书记兼中国海警局局长，国际刑警组织中国国家中心局局长（兼），国际刑警组织主席，副总警监警衔，正部级领导人。

孟宏伟曾任公安部部长助理、交通管理局局长，2004年4月，任公安部党委委员、副部长；2004年8月，任公安部党委委员、副部长，国际刑警组织中国国家中心局局长（兼）。

2013年3月，任公安部党委委员、副部长，国家海洋局副局长、党组副书记兼中国海警局局长，国际刑警组织中国国家中心局局长（兼）。

**注：国际刑事警察组织**

国际刑事警察组织(International Criminal Police Organization-INTERPOL)，简称国际刑警组织(ICPO)。成立于1923年，最初名为国际刑警委员会，总部设在奥地利首都维也纳。“二战”期间，该组织迁到德国首都柏林，一度受纳粹组织控制。“二战”后，英国、法国、比利时和斯堪的纳维亚国家的刑事警察成立了新的组织，沿用“国际刑警委员会”的原名。1956年，该组织更名为国际刑事警察组织，1989年，该组织总部迁到法国里昂。

国际刑警组织是世界第二大的国际组织，是世界最大的警察组织，他们的成员国有190个。第一国际组织是联合国。由于国际刑警组织须保持政治中立，它并不会介入任何政治、军事、宗教或种族罪行，也不会介入非跨国罪案。它的目标是以民众安全为先，主要调查恐怖活动、有组织罪案、毒品、走私军火、偷运人蛇、清洗黑钱、儿童色情、高科技罪案及贪污等罪案。

国际刑警组织每年召开一次全体大会，并经常举行各种国际性或地区性研讨会。该组织日常与各国国家中心局保持密切关系，组织国际追捕。“红色通缉令”是国际刑事警察组织在打击国际犯罪活动中使用的一种紧急快速通缉令。

### （三）公安部副部长孟庆丰

**孟庆丰**（亚圣73代孙、“庆”字辈），1957年6月出生，山东沂南人。1974年2月参加工作，1980年1月加入中国共产党，浙江省自学考试法律专业，在职大学学历。现任公安部副部长、党委委员，副部级领导人。

孟庆丰曾在浙江省奉化县西坞公社插队知青，后来担任浙江省宁波地区公安处办事员，浙江省鄞县公安局副局长，浙江省宁波市公安局党委委员，局政治部副主任、主任，浙江省舟山市委常委，市公安局党委书记、局长，市委政法委副书记，浙江省公安厅党委委员、副厅长。现任公安部经济犯罪侦查局局长、党委书记。

### （四）中共中央办公厅副主任孟祥锋

**孟祥锋**（亚圣75代孙、“祥”字辈），1964年12月出生，河北平乡人。1986年8月参加工作，1986年1月加入中国共产党，中央党校研究生毕业，法学硕士。现任中央和国家机关工作委员会常务副书记（正部长级）。

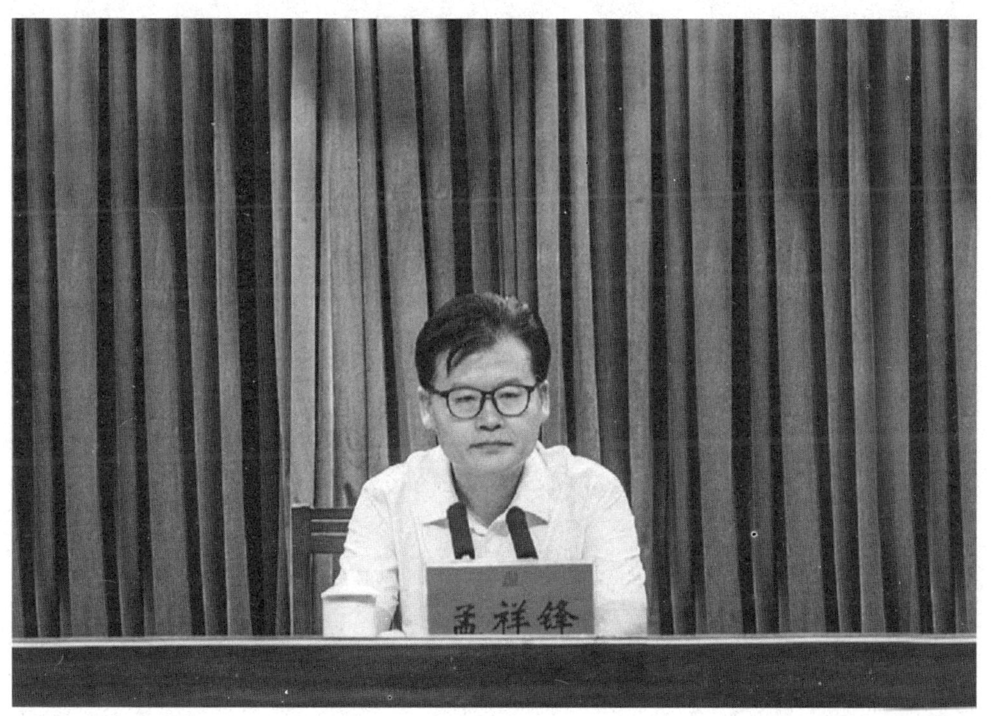


孟祥锋历任文化部国家文物局干部，中央纪委研究室干部、副主任干事、主任科员，中央纪委中国纪检监察报社主任科员、新闻部副主任（副处级）、采通部（记者部）主任（正处级）、总编助理（正处级），中央纪委监察部第四纪检监察室副主任，中央纪委中国纪检监察报社副部长级）。总编辑、总编辑（正局级）。先后挂职任中共杭州市委委员、常委，中共辽宁省纪委副书记、省监察厅厅长，国家保密局局长。

## （五）国务院国资委副主任孟建民

**孟建民，**1959 年 11 月出生，山西应县人。中共党员，经济学博士，现任国务院国资委副主任、党委委员，副部级领导人。

孟建民于 1975 年 9 月参加工作，历任青海省地质局出纳、会计，财政部商贸金融财务司、国家国有资产管理局商贸司科员、副主任科员、副处长，国务院清产核资办公室综合组组长，财政部清产核资办公室副主任，财政部统计评价司司长，国务院国资委统计评价局局长，国务院国资委副秘书长兼业绩考核局局长，国务院国有资产监督管理委员会副主任。

## （六）中国妇女发展基金会理事长孟晓驷

**孟晓驷**（亚圣75代孙、“祥”字辈），1956年5月出生，江苏灌南人。

1975年7月参加工作，1979年1月加入中国共产党，中央党校政治经济学专业毕业，中央党校研究生学历，博士学位。第十二届全国政协常委，正部级领导人，现任中国妇女发展基金会理事长。

孟晓驷曾任文化部文化市场管理局局长，挂职任河北省石家庄市副市长，文化部副部长、党组副书记，全国妇联副主席、书记处书记、党组副书记。

中共十七大代表。

## （七）中国企业家联合会执行副会长孟晓苏

**孟晓苏**（亚圣73代孙、“庆”字辈），1949年12月出生于江苏省苏州市。毕业于北京大学，经济学博士，享受国务院津贴。现担任中房集团理事长、幸福人寿监事长、汇力基金董事长、中国企业家联合会执行副会长。

孟晓苏博士在1983—1990年担任全国人大原委员长万里的秘书，曾担任国家进出口检验局副局长，1992年起担任中房集团董事长、幸福人寿董事长。他对房地产业与经济发展所做出的贡献受到国家与社会的高度评价，被国务院授予“特殊贡献专家”称号，被中国职业经理人认证机构授予“特级经营大师”称号，是一位集高级领导干部、卓越企业家、著名学者于一身的著名爱党爱国公知人物。

### （八）军旅少将孟世强

**孟世强**（亚圣 71 代孙、“昭”字辈），1957 年出生，陕西延安人，出生于陕西延安。1973 年加入空军部队，后调入武警部队，现任中国人民革命军事博物馆政委，少将军衔；中国书法家协会理事，正军职干部。

孟世强自幼习书，四十余年不辍，其作品曾被中国美术馆、人民大会堂、国防大学、港澳地区，及国外韩国国家美术馆、日本等国内外数十家美术馆和单位收藏。曾任青海省书法家协会主席、武警青海总队政治部主任，2009 年 8 月任武警青海总队政委。

# 五、亚圣孟姓（部分）现代名人

## （一）全国五一劳动奖章获得者、京剧艺术家孟广禄

**孟广禄**（亚圣 70 代孙、“广”字辈），1962 年 11 月出生于天津。当代著名京剧艺术家，中共党员，国家一级演员，中国戏剧家协会理事，第十届全国政协委员，中共十九大代表，中国文联副主席。享受国务院特殊政府津贴。

孟广禄嗓音洪亮高亢、气力充沛，行腔委婉细腻，擅演剧目有《侧美案》《探阴山》《遇皇后·打龙袍》等，是“梅兰芳金奖”“文华表演奖”、中国戏剧梅花奖“二度梅”获得者，热心公益事业，被评为“全国文化系统劳动模范”，并被授予“全国五一劳动奖章”。

## （二）中国十大作曲家孟庆云

**孟庆云**（亚圣 73 代孙、“庆”字辈），出生于 1949 年。毕业中央音乐学院，国家一级作曲家，空军政治部文工团创作员，全军艺术指导委员会专家委员，中国音乐家协会理事，中国音乐著作权协会常务理事，中国轻音乐协会理事，文职将军。

他的作品大部分是反映部队生活、歌颂军人情怀的，如《长城长》《什么也不说》《想家的时候》《当兵干什么》《兵之歌》《我就是天空》等；有歌颂伟大祖国的《拉着中华妈妈的手》《归航》《一路格桑花》《祝福祖国》等；有赞美壮丽山河的《黄河源头》《黄河黄》《东方明珠》等。曾多次获得中宣部“五个一工程”奖、国家文化部“文华大奖”和解放军文艺奖。1995 年被中国音乐杂志社评为“中国十大作曲家”，1996 年获“中国流行歌坛十大成就奖”。荣立个人二等功 2 次、三等功 8 次。

### （三）中国十大杰出村官孟庆喜

**孟庆喜**（亚圣73代孙、“庆”字辈），1948年1月出生，江苏徐州人。大专学历，中共党员，高级政工师。现任江苏省徐州市贾汪区青山泉镇副镇长兼马庄村党委书记，全国十大杰出村官。

马庄村，曾是远近皆知的经济落后村，然而在孟庆喜担任村领导的三十年里，这里已是闻名江苏的文明村、文化村、小康村。他带领村民大搞特色农业、乡村旅游、以文化兴村、富民强村，成为全国文化文明先进村。2017年12月12日，习近平总书记做客徐州马庄村，称孟庆喜为“好班子”的班长和“好带头人”。

孟庆喜是徐州市第十一届、十二届人大代表，江苏省第九届、十届人大代表，入选2006年度中国十大杰出“村官”，曾担任全国十运会火炬手，2008年北京奥运火炬手。

## （四）中国十大杰出青年孟富强

**孟富强**（亚圣 74 代孙、“繁”字辈），1959 年 7 月 15 日出生，山东临沂人。1984 年 6 月加入中国共产党，山东省青年管理干部学院业余本科班现代管理专业毕业，大学文化。

1998 年被团中央等部门授予“第九届中国十大杰出青年”称号。现为山东省人民政府法制办公室主任，一级警监。

孟富强曾在部队服役，退伍后成为一名人民警察，就职于枣庄市市中区公安分局；曾任枣庄市市中区公安分局政委；济南市公安局交警支队车辆管理所政委；济南市公安局副局长、党委委员兼交警支队支队长；济南市公安局局长、党委书记；中共山东省省委政法委副书记。

1996 年在济南交警热遍长城内外、大江南北之际，这位 39 岁的济南交警的新带头人，从老班长李长水手中接过帅旗。两年多来，孟富强以辉煌为起点，严于律己，锐意改革，使群众反映较为强烈的“挂牌难”、“学车难”、“拿证难”、交通事故出警慢、处理慢等问题有了根本性的转变，受到了社会各界的广泛好评。同时，他率先垂范，想群众所想，急群众所急，和全体交警一道用心血和汗水捍卫了济南交警的荣誉，使“严格执法，热情服务”的旗帜更加鲜艳夺目。为此，他曾多次立功受奖，1995 年、2003 年先后被荣记个人一等功；1998 年 8 月，孟富强光荣地被评为“全国十大杰出青年”。

## （五）全国十佳初中校长孟宪彬

**孟宪彬**（亚圣72代孙、“宪”字辈），1970年出生。在读博士，辽宁省实验学校校长，兼任辽宁省政府督学、辽宁省基础教育教研培训中心副主任；2015年被评为“全国十佳初中校长”。

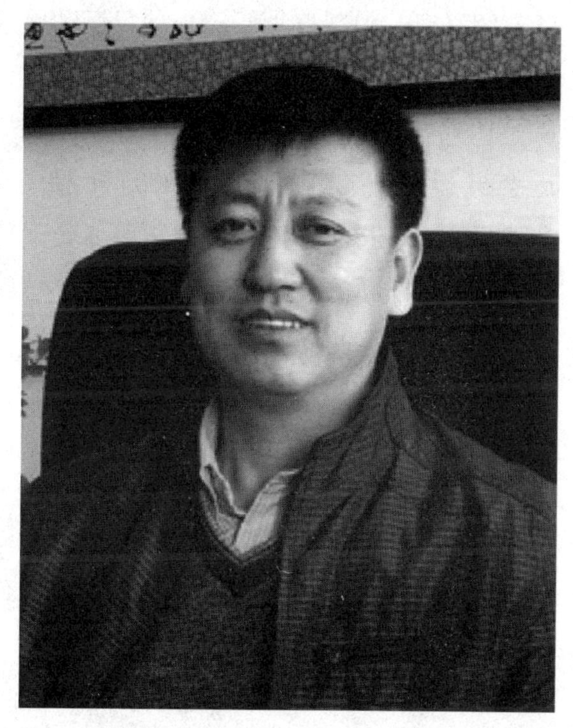

孟宪彬主要从事基础教育课程与管理研究，倡导学校要以让每一名学生都具有成就美好人生的素质，为每一位教职工搭建实现人生价值的平台，努力建设教职工幸福工作、实现价值的家园，营造学生愉快学习、健康成长的乐园。学校以“面向全体，关注个体，正视差异，因材施教，整体育人”的教育思路，以“轻负担，高质量，学生综合素质高，创新精神和实践能力强”的办学特色而享有盛誉。曾在《中国教育报》《现代教育管理》《中国教育信息化》

《辽宁教育》等报刊发表多篇文章。曾获得沈阳市优秀教师、沈阳市教育专家、沈阳市劳动模范、辽宁省五一劳动奖章、辽宁省教科文卫系统职业道德十佳标兵、全国教育创新杰出人物等称号。

## （六）中国十佳劳伦斯冠军奖孟关良

**孟关良**（亚圣75代孙、“祥”字辈），1977年1月24日出生于浙江省绍兴市。中国皮划艇静水项目运动员。现任浙江省建德市委常委。

1995年，孟关良进入国家皮划艇队。1997年至2001年连续四年蝉联全运会男子一千米划艇金牌；2004年雅典奥运会上夺得男子双人划艇五百米金牌，是中国选手在皮划艇项目上夺得的首枚奥运金牌；2008年北京奥运会中，卫冕男子500米双人划艇冠军，并获得2008中国十佳劳伦斯冠军奖最佳组合奖、2008CCTV体坛风云人物年度最佳组合奖。

## （七）大国工匠工艺美术大师孟剑峰

**孟剑锋**（亚圣75代孙、“祥”字辈），是北京工美集团的一名錾刻工艺师，他用纯银精雕细琢錾刻的“和美”纯银丝巾，在北京APEC会议上，被作为国礼赠送给外国领导人及夫人。

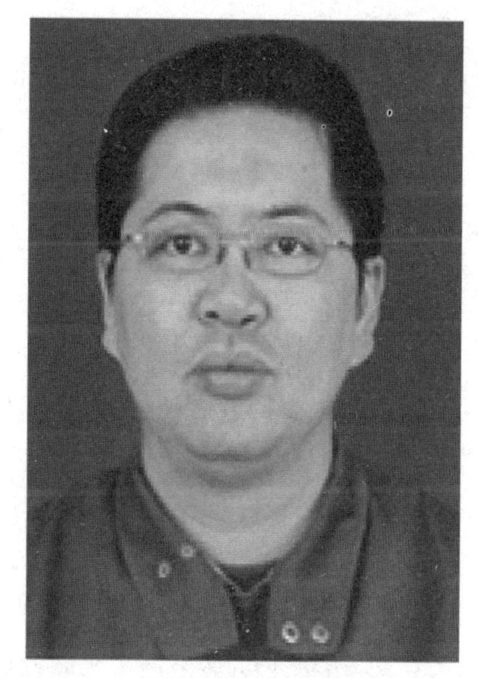

錾刻是我国一项有近三千年历史的传统工艺，它使用的工具叫錾子，上面有圆形、细纹、半月形等不同形状的花纹，工匠敲击錾子，就会在金、银、铜等金属上錾刻出千变万化的浮雕图案。孟剑锋从事錾刻工艺追求极致，对作品认真负责，在制作北京APEC国礼时，最难的是，在厚度近0.6毫米的银片上，有无数条细密的经纬线相互交错，在光的折射下才形成图案，而这需要进行上百万次的錾刻敲击，并要一次錾刻到位，下手时要稳、准、狠，同时又要特别留神，不能錾透了。上百万次錾刻，无一疏漏，只要有一次失误，就前功尽弃。孟剑锋说：“追求极致，超越自我，将诚实劳动内化于心，这是大国工匠的立身之本，中国制造的品质保障。”

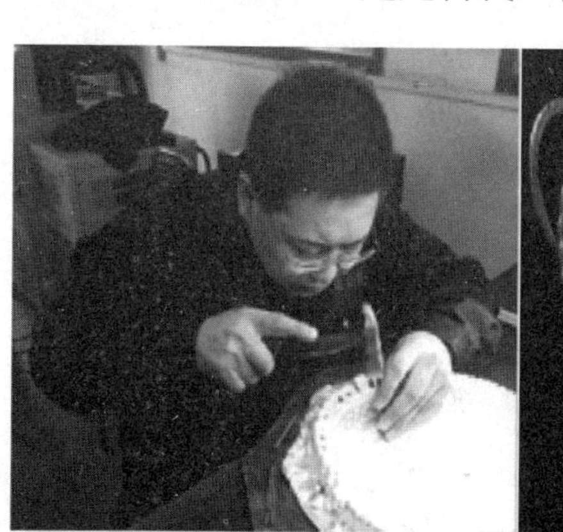

孟剑锋还为航天英雄、奥运优秀运动员、汶川地震纪念等制作过奖章。

## （八）感动中国人物劳动模范孟泰

**孟泰**，原名孟瑞祥，曾用名孟宪钢（亚圣72代孙、“宪”字辈），1898年出生于一个贫苦农民的家庭，河北丰润县人。历任鞍山钢铁厂配管组长、技术员、副技师、炼铁厂副厂长、鞍钢工会副主席等职。

孟泰爱炉如命，爱厂如家。在修复高炉的日子里，他经常不回家，干脆住进了炼铁厂，手拎大管钳没白天没黑夜地干。他的钻研精神与苦干精神同样有名。著名的“孟泰工作法”就是他多年来在高炉工作实践中摸索出来的一套工作规律及操作技术。除自己实现六十多次重大技术革新外，还组织和带领了一大批劳动模范、技术专家与能工巧匠，开展了大规模的技术革新、技术协作和技术攻关活动，为改造和建设鞍钢发挥了重要作用，孟泰精神在鞍钢产生了深远影响。他多次被评为全国劳动模范，是中国工会第七、八次全国代表大会执行委员，第一、二、三届全国人民代表大会代表，曾八次受到毛主席及党和国家领导人接见。

2009年9月100，在中央宣传部、中央组织部、中央统战部、中央文献研究室、中央党史研究室、民政部、人力资源和社会保障部、全国总工会、共青团中央、全国妇联、解放军总政治部十一个部门联合组织的“一百位为中华人民共和国成立做出突出贡献的英雄模范人物和一百位中华人民共和国成立以来感动中国人物”评选活动中，孟泰被评为“一百位中华人民共和国成立以来感动中国人物”。

孟泰于1967年9月300，在北京医科大学附属医院病逝，终年六十九岁。

## （九）央视“感动中国”英雄人物孟祥斌

**孟祥斌**（亚圣75代孙、“祥”字辈），1979年出生，山东齐河人。

1997年入伍，解放军驻金华某部参谋、中尉，曾入选央视2008“感动中国”英雄人物。

2007年11月30日中午11点20分左右，为救一名跳河女子，他跃身跳入冰冷的金华婺江，他用尽全身力气将女子托出水面，挽救了女子的生命，但是自己却因体力不支而光荣牺牲。

英雄已逝，浩气长存。正如钢铁不是一天炼成的，同样，孟祥斌奋力一跃的英雄壮举并不是一时冲动。他1997年底入伍，性格豪爽，待人真诚，有一副热心肠，每遇到别人有困难，他总是想方设法、大力相助。1998年因表现突出，由单位提名，参加培训，后来考入军校学习。2002年他又被部队推荐选送第二炮兵工程学院继续深造，在此期间担任班长、区队长，他还以学院代表的身份参加了学院的党代会。孟祥斌是山东人的骄傲。2007年12月中旬，山东省文明委做出决定，在全省开展向孟祥斌学习的活动。同时，山东省文明委、省总工会、团省委、省妇联联合做出决定，追授孟祥斌同志为“全省道德模范”。孟祥斌还获得了“金华市见义勇为勇士”“浙江骄傲——2007年度最

具影响力人物”等荣誉，浙江省追授他“浙江青年五四奖章”。

# 六、全国高考的孟姓状元

“高考状元”指“全国普通高等学校招生全国统一考试”，各省市、自治区和直辖市获得高考成绩第一名的学子，按照高考分科分为“文科状元”与“理科状元”。长期以来，高考状元作为中国各地区高考的第一名，因其特有的商业价值和教育影响引起了全社会的强烈关注，高考状元的光环映射着状元情结和状元文化，牵动着中国全体考生、高校、中学、老师、家长、商家、媒体乃至全社会的眼球，成为高考赛场上万人瞩目的焦点。

## （一）2016 年天津高考状元孟令岫

**孟令岫**（亚圣 76 代孙、“令”字辈），荣获 2016 年天津高考理科状元。毕业学校：杨村一中。高考成绩 707 分，单科分数：语文 124、数学 146、英语 146、理综 291。高三的时候，孟令岫还参加了全国化学奥林匹克竞赛，拿了二等奖。

查到高考分的那一刻，对杨村一中的孟令岫同学和家长来说，是很高兴，但是并没有多少惊讶。“他平时的表现就很稳定，我一点也不担心他的高考成绩。”看得出来，父亲对自己的儿子还是很满意和骄傲的。

孟令岫平时是个理科学霸，超级喜欢化学、物理、生物，而且题目越难他越有兴趣琢磨。

谈到学习方法，孟令岫说，要说诀窍，自己唯一的特点大概就是“轴”：“如果一道题不会，我会想方设法把它弄会。我还有个错题本，上面都是我做错的题，不时地要看看。”孟令岫表示，自己没有上过课外辅导班，“杨村一中的老师很敬业也很精业，相信老师、跟着老师就是最好的学习方法”。

**父母评价：**主要是小学时养成了良好的学习习惯，他很会规划自己的生活学习。

### （二）2016 年河北省高考状元孟祥熙

**孟祥熙**（亚圣 75 代孙、“祥”字辈），荣获 2016 年河北省高考理科状元。毕业学校：衡水中学。高考成绩 724 分，单科分数：语文 134、数学 148、英语 146、理综 296。曾获得全国奥赛第二名。

孟祥熙在得知获得省高考状元时感慨地说：“如果没有努力没有付出，获得这样的成绩肯定会疯。但是努力到了，这个结果就是自然而然的事情了。”孟祥熙的高分是意料之中的事情，他一直很优秀并且十分努力。他能够客观地认识自己，并不断改进提升自己。“通过大量做题，总结一些解题方法和技巧，考试的时候做题速度才能快起来。但也不是盲目地做题，很多知识点都是相互关联的，自己要善于发现和总结，从大量的题目中发现一些规律，归纳出要点。考试时注意应试技巧，如果发现自己平时练过的比较熟悉的题型，特别要注意辨别不同点，不能掉以轻心。”

**父母评价：** 孩子小的时候主要是培养他的学习习惯和学习态度，进入初中后管理上就不多了。

### （三）2016年广西高考状元孟笛箫

**孟笛箫**，荣获2016年广西文科高考状元。毕业学校：桂林恭城中学。高考成绩660分，另有少数民族加分20分，总分为680分。

孟笛箫这名“学霸”也并非天生。中考时没发挥好，只考了3A+3B的成绩，在全县排73名，进入恭城中学后才渐入佳境。

孟笛箫读书并不打“时间战”，高一、高二按时上课和晚自习，晚上10时按时入眠。高三时，上午上课前增加半小时学习时间，下午下课后再增加五十分钟，晚上依旧按时休息。孟笛箫说，成绩好大概得益于善于用自己的思维方式理解课本知识。她每天都给自己做周详的计划安排，每次上完课，她都会重新梳理归纳知识点，用自己的思路解题。孟笛箫悟性很高，一点就通。她高二进入文科班，成绩名列前茅。另外她爱好跑步、读书，并喜欢独处。

高二期间，她每天都给自己五十分钟时间与自己相处，有时候找一个没有人的地方做题看书；有时在校园的竹林里看风吹竹动；有时在楼上看楼下运动场上的风景。她说，独处能让她静静思考，调整心态。

**父母评价：**看书让孟笛箫成为非常独立、有自己见解的孩子。

## （四）2013年河北省高考状元孟令航

**孟令航**（亚圣76代孙、“令”字辈），荣获2013年河北省理科状元桂冠。毕业学校：衡水中学。单科分数：语文124分、英语146分、数学满分150分、理科综合283分，再加上获得物理奥赛河北省一等奖的10分加分，总分713分。

孟令航夺得了理科状元桂冠后自信地说：“早就认定状元是我的。”从高三开始，他就有了这份信念和信心。知道分数的时候，他并没有任何惊讶，这个分数，与他估计的分数一分不差。取得这样令人艳羡的成绩，孟令航将其归结为踏实的学习态度和坚持到底的心态。学习态度踏实，平时做题才能发现错误并及时改进，同时，踏实做题才能保证高考试卷不因毛躁和粗心失分。

关于坚持到底，对孟令航来说是一个严峻的心理考验。高一、高二一直在奥赛班，不过只拿到了一个省一等奖；分班后，在高三参加了清华保送生考试，没过，又参加了清华自主招生考试，还是没过。孟令航坦言，其实失败还是挺多的，不过都坚持过来了。每次失败后，他都会告诉自己，要坚持到底。包括高考前的三次模拟考试，孟令航的成绩都在年级100名左右，正是坚持到底的心态，助他最终夺得状元桂冠。

除了心态，学习方法也很重要。数学是考察人思维的学科，所以在解题过程中，要分析题目的特点，主动去思索各种解决办法，找准方法再做题就很简单了。就是靠着这种方法，孟令航数学如愿取得了满分的好成绩。

孟令航是个全优的学生，不但学习勤奋踏实，而且乐于助人。谁有不会的问题就请教他，他一向来者不拒，不管自己手头上功课多忙，也要给同学讲明白为止，一点儿也不嫌耽误自己的时间。他性格随和，有点羞涩，喜欢看动画片《哆啦A梦》和《名侦探柯南》，空闲时间会打打乒乓球。

**父母评价：** 父亲孟志辉说："家长一定要注意培养孩子的学习兴趣，只有孩子真正喜欢学习，才不会感到枯燥乏味。此外，家长不应把分数看得太重。孩子也有考得不好的时候，我总是帮他分析试卷，看哪里掌握得不够好。我从不注意试卷上的分数，更在意他掌握了多少知识。家长的任务就是帮助孩子建立良好的学习习惯，培养浓厚的学习兴趣。"

中国孟子研究院

# 第五篇
# 孟姓家人文苑

# 一、诗歌及顺口溜

## 敬拜亚圣孟子

万世儒家孔孟扬，五洲四海凤龙翔。
胸怀日月九州大，心有黎民四海昌。
孟氏千秋播重望，鹏程万里沐阳光。
玄昆望衍植根盛，宏业兴隆祖脉强。
济众苍生民贵重，固疆仁政国富强。
醒钟唤起爱民愿，响鼓催来保域疆。
亚圣儒学开健步，杏坛春雨润芬芳。
国学宏大五洲仰，盛世同襄九域方。
厚义推崇德致远，广仁仿效韵流觞。
尊儒固域民福厚，继孔维邦国运昌。
神州正气千秋播，亚圣雄才万古扬。
孔孟儒风铭百代，文坛硕果溢千香。
万水高歌抒妙韵，千山垂首敬师长。
立言喻世千秋远，兴教国强四海祥。
满腹经纶才智广，一腔热血气轩昂。
育培桃李金梁挺，救济苍生玉柱刚。
著述七篇豪气壮，周游列国义歌锵。
浩然正气称君子，坦荡仁德兴域疆。
孔孟一家连四海，黎民八面富八荒。
齐家兴旺昌国运，圆梦繁荣兴大邦。
仁政亲民期盛世，义德爱庶著华章。
壮怀激烈华章著，妙语昂扬势导航。
民贵君轻福万代，天高地厚利三江。
阖捭横纵深谋邃。吐翠苍松傲雪霜。
智信礼仁君子效，品德义气秀梅香。
气节尊贵八方敬，大气恢宏九域芳。

亚圣后昆桑梓仕，叶枝繁茂九州昌。
繁荣发展神州遍，旺业兴家龙凤翔。
一帝始皇兴大统，列邦豪富聚阿房。
胡亥失政秦倾覆，霸主火焚民躲藏。
东汉孟昆居九域，孟光慈父誉三阳。
光随如意梁鸿婿，礼让齐眉举案觞。
兴市平陵分四面，金城孟裔住三庄。
汤台三渠县东堡，张力官庄县两旁。
千古帝都兴孟裔，文山宦海仕工商。
生息繁衍仁门贵，兴旺发达秦地昌。
塞北延安红宝地，岐山眉县古陈仓。
渭南西岳秦门户，商洛临潼岭两方。
蜀汉安康南国境，铜川省会西汉唐。
秦川诸地族兴旺，泾渭两旁孟纛扬。
马乱兵荒迁四野，官商移住布八荒。
新疆宁夏孟昆贵，青藏高原后裔强。
孟氏九州昌国运，贤良忠孝助家邦。
族风淳朴尊乡里，儒孝勤耕敬老娘。
乡友和睦邻义重，亲朋重义爱心长。
孟昆虔拜崇先祖，醇酒满斟跪两行。
仅致拙词恭敬祭，英灵祖上乐天堂。
千秋龙子福康泰，万世荣华红运昌。

链接

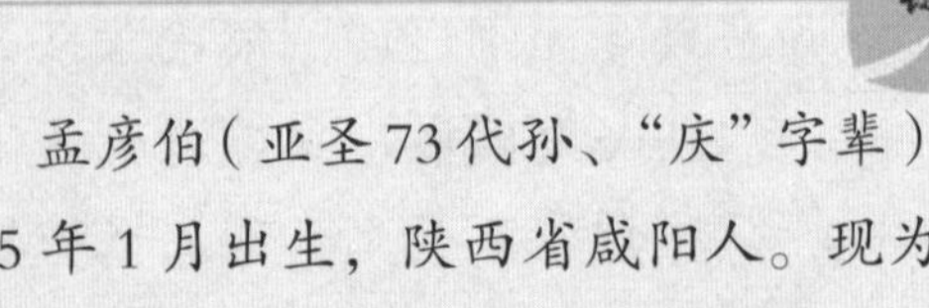

孟彦伯（亚圣73代孙、“庆”字辈），笔名庆轩，1955年1月出生，陕西省咸阳人。现为陕西省作家协会会员、陕西省诗词学会常务理事、中华诗词学会会员、中华孟子书画院西北分院院长、《咸阳诗刊》主编。

## 孟氏族事歌

孟氏数千年，族事代代传。
孟氏源流长，上溯到轩辕。
三皇和五帝，夏商周相连。
武王继位后，封鲁周公旦。
周公佐朝政，伯禽代父禅。
传到第九代，桓公掌政权。
桓公生四子，庆父庶长男。
庆父衍孟孙，后人简姓孟。
孟激迁鲁城，邹邑凫村中。
娶妻仉氏女，故里孟子生。
邹鲁有四孟，世界也驰名。
邹城南关地，府庙路西东。
孟庙路东建，庙院长方形。
要问谁首建，当推道辅功。
景祐四年间，道辅动官兵。
寻得孟子墓，墓旁建庙庭。
寻得孟宁后，上书荐朝廷。
授予迪功郎，主持祭祀情。
宋元迁又扩，现址规模宏。
前后七进院，肃穆壮观境。
主体亚圣殿，圣像塑正厅。
宣献夫人殿，孟母享其中。
东有启圣殿，祭祀邾国公。
院内御碑亭，康熙和乾隆。
更有天震井，雷电夺天工。
孟府在路西，衙宅合一型。

正门亚圣府，大字鎏金成。
前厅官衙府，后宅居孟丁。
大堂办公事，比照官衙同。
后有赐书楼，专藏钦赐封。
孟林是墓地，东西两处茔。
东林孟子墓，冢高六米封。
亚圣孟子墓，碑高字迹清。
背靠四基山，苍松幽深静。
远接洙泗水，近联岗峄峰。
西林葬孟母，林海泛翠青。
享殿居正位，古冢似群星。
西行约百步，孟母墓高封。
旁有仲子墓，西北葬孟宁。
先祖名孟轲，子舆是字称。
是在公元前，三七二年生。
二八九年终，八十四高龄。
三岁丧生父，孟母育圣功。
三迁传佳话，断机教子情。
买肉餐子典，守信心至诚。
阻子去妻室，情通理也明。
支持子离齐，为子解难情。
孟母典故多，千古人称颂。

**链接**

孟德丰（亚圣77代孙、“德”字辈），1935年出生，辽宁省台安县人。党员，高级工程师，沈阳中捷友谊厂原技术管理处处长，孟氏宗亲联谊会沈阳分会首届秘书长。

# 孟府敬老经

读孔孟　仰先贤　讲人伦　孝为先
老吾老　幼吾幼　合家欢　天下安
鸦反哺　羊跪乳　知感恩　敬父母
父母恩　报不完　敬老经　记心间
人之初　父母孕　夜哭郎　母难寝
幼学步　两手牵　闹病恙　双亲念
小顽童　进学堂　沐风雨　接送忙
督功课　操吃穿　做马牛　无怨言
小桥边　瓜架下　听父亲　讲神话
文明史　几千年　三五天　说不完
人有脸　树有皮　做个人　不容易
读万卷　识大义　路要正　人要直
乡村夜　油灯亮　母亲线　儿新装
孩有成　娘高兴　孩无能　照样疼
日当午　汗如瀑　薄田瘦　天无雨
生计难　咬牙关　交学费　从不缓
行万里　走天涯　夜无眠　娘牵挂
盼儿归　村口站　见子面　两无言
儿成年　盖新房　女十八　备嫁妆
喇叭响　撒喜糖　口袋空　喜洋洋
儿女大　鬓染霜　孙缠膝　叹时光
腰已弯　人已老　做儿女　思回报
早请安　问三餐　回家晚　床前站
张家长　李家短　家常话　双亲暖
生小恙　多相瞒　生大病　怕人烦

细体察　望闻问　常查体　尽孝心
守空巢　月下寒　心孤单　夜难眠
常回家　多看看　天伦乐　金不换
人之福　双亲全　父母单　月不圆
多体贴　常陪伴　黄昏恋　莫阻拦
笑一笑　走一走　童心在　九十九
重养生　讲科学　少教老　两相谐
年纪大　脑不闲　天下事　情相牵
买新书　订报刊　练书法　心胸宽
养儿女　一生忙　老来闲　热逛逛
山河美　家小康　伴父母　走四方
老来乐　扭秧歌　学书画　上大学
益社会　益身心　夕阳红　暖如春
享清福　有作为　重晚晴　肩有责
多夸奖　多支援　行善事　养生丸
古稀年　语不清　脑子浑　理不明
莫见笑　莫责怪　多相慰　多理解
牙齿松　耳朵聋　脾气怪　老顽童
古来叹　老来难　儿孙亲　笑开颜
老来病　人难免　百日床　孝子关
请名医　煎汤药　花银子　别心疼
生前孝　父母知　身后哀　孝已迟
尚厚养　倡薄葬　新观念　新风尚
孝父母　人子责　爱生活　创大业
圣贤地　孝星多　风雅颂　唱和谐

**摘自《孟氏精英汇资料》**

## 《孟子世家流寓青岛支谱》前言

茫茫乾坤　芸芸众生
寻根炎黄　华夏同宗
人文始祖　轩辕王命
长于姬水　教化民众
元圣周公　主脉相承
辅佐武王　疆域泰隆
制礼作乐　古今沿用
圣贤心法　君王尊崇
文曲下凡　九州增荣
以儒兴邦　民殷国盛
亚圣一脉　系出桓公
姬周裔传　鲁国分封
我祖昌儒　文墨称颂
帝王嘉誉　福荫后生
世泽铭刻　圣眷荣膺
裔孙励志　旂徽传承
后裔分迁　佳地谋生
邹邑鳌山　渊源相通
海滨青岛　齐鲁新城
众裔乐居　养气潜灵
谱牒薪传　祖德永恒
太平盛世　虔诚敬宗
世家门第　俊杰振兴
书香四溢　追思儒孟
三迁圣训　祖制恩同

浩然正气　自身践行
翘楚齐聚　谋划新功
众裔宏愿　寰宇鲲鹏
瓜瓞绵延　枝繁叶盛
衣冠鹊起　家声欲隆
修贤睦族　联谊同宗
展卷纵览　汇集大成

孟宪军（亚圣72代孙、“宪”字辈），字法润，1978年5月出生，山东省青岛市胶南人。青岛孟氏宗亲联谊会续谱办公室主任。

中医执业助理医师，执业中药师，青岛西海岸新区（原胶南）书法家协会会员，琅郡印社理事、副秘书长，青岛孟子文化研究会理事，《孟子世家流寓青岛支谱》编纂者。

## 孟府寻根

水有源头木有根，
亚圣孟轲世人尊。
邹城故里寻亲地，
吾氏辈出拔萃人。
希文代序五十六，
荣耀世袭为翰林。
希善从军戍东海，
将军千户守国门。
青岛生根留后代，
弟兄世系便明分。
兄镌碑字两相立，
孟庙鳌山均有存。
今日亲临先祖地，
祖谱相呈献至亲。
体例族兄条理细，
一家大户本同根。
先贤教诲牢牢记，
光大发扬看后人。

**本文由孟宪良提供**

注：（1）碑石：据同治版莱州府即墨县孟子世家谱记载，五十六代孟希善于明永乐年间官至即墨县鳌山卫千户奉武略将军任满，其族兄五十六代世袭翰林院五经博士孟希文屡次来搬意不归，其兄希文恐世代年远无可查考，故在两处均立石碑以备查考。邹城石碑存于亚圣庙，即墨石

碑存于城东鳌山卫的鹤山庙，在清道光年间有即墨碾子头族人断机堂奉祀生六十六代孙孟兴第，在城东鳌山卫的鹤山庙找到碑石，碑长石花一字不见，后用萝卜、毡帽等物擦出，字字皆真，孟庙和鳌山卫碑石两处同一碑文一字无讹。

(2) 族兄：为《孟子世家谱》续修办公室副主任孟宪山（十一派中三派、二十户中西阁户传人）。

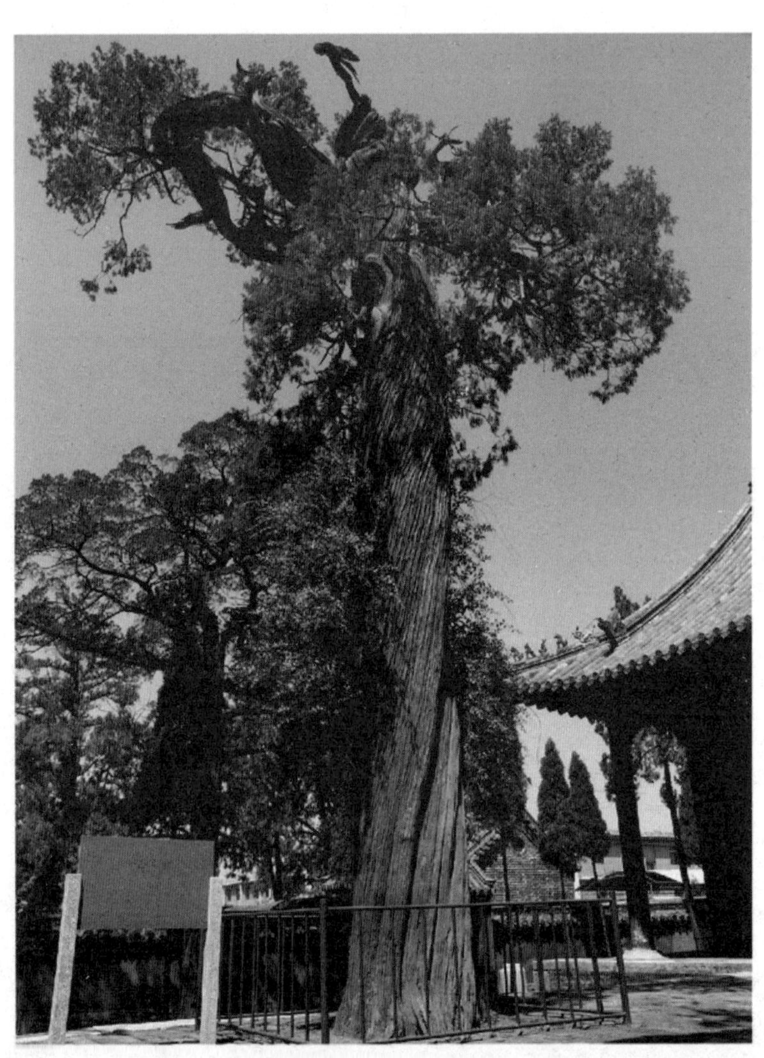

## 登观黄鹤楼

饮罢湘水赴武昌，
昨夜醉卧在长江。
今登黄鹤楼绝处，
雾锁三江不见舱。
借问娄伯身何处，
老翁笑指西南方。
欲寻李白孟浩然，
古楼千年写沧桑。

注：应娄金才将军之邀，1 月 4 日晚从长沙撤展下榻武昌，当晚受到娄将军全家的盛情款待。次日约定观黄鹤楼，可天公不作美，淅淅沥沥的冬雨下个不停。尽管如此，这个久违了 23 年的城市，特别是倾慕已久的黄鹤楼我还是非登不可。

孟宪洲（亚圣 72 代孙、“宪”字辈），笔名丑牛，号黄城山居士、泽水耕夫，斋号河洲轩。

1962 年 7 月出生，河南省叶县人。中国法学会会员、河南省书法协会会员、河南省孟氏宗亲联谊会副会长、叶县诗词协会主席。

# 行者无疆（歌词）

听你的故事在后世流传
为了寻找你我穿越历史风烟
儿时的佳话是孟母三迁
暮年的赞歌是儒家经典
无惧无畏你站在万山之巅
痛心疾呼为天下苍生请愿
一颗仁心想化解连年征战
不停息的脚步踏遍万水千山
行者无疆
胸中天地宽
笔下乾坤浩荡
行者无疆
满腔壮志大爱播洒四方行者无疆
博才雄辩正气势不可当
行者无疆
尊你为亚圣青史流芳
无惧无畏你站在万山之巅
痛心疾呼为天下苍生请愿
一颗仁心想化解连年征战
不停息的脚步踏遍万水千山
行者无疆
胸中天地宽
笔下乾坤浩荡
行者无疆

满腔壮志大爱播洒四方
行者无疆
博才雄辩正气势不可当
行者无疆
尊你为亚圣青史流芳
尊你为亚圣青史流芳

孟刚（亚圣73代孙、“庆”字辈），1977年5月出生，陕西西安人。中国时尚歌手、金牌主持、模仿达人、企业董事长。他曾多次受邀参加中央电视台、陕西卫视、江苏卫视以及各大卫视的做客节目和大型演出。代表作品：《一壶老酒》《征途》《不让你流泪不让你哭》《兄弟一起唱》。

## 清风颂（歌词）

国无德不兴
德政促廉政
千古一曲清风颂
中华铸英名
人无德不立
德行济苍生
治国安邦中国梦
薪火传和平
太平思圣贤
盛世理国经
一座丰碑立东方
大爱天下同

链接

孟庆利（亚圣73代孙、“庆”字辈），1950年出生于河北省泊头市。1970年入伍，中共党员，1988年任某集团军副处长；1990年转业到国家人事部人事司办公室；1991年任国务院新闻办公室办公厅办公室主任兼机关党委办公室主任；现为中共中央直属机关书画协会副主席、世界孔孟文化促进会常务副会长兼秘书长。

# 二、孟（氏）姓对联

**亚圣之裔，采卿之宗。**

上联典指战国时期思想家孟轲；下联典指汉朝时期学者孟卿，兰陵人。

**孝著恭武，道传孟轲。**

上联典指东汉时期的孟尝，字伯周，会稽上虞人；下联典指战国时期孟子。

**五友家声远，七篇世泽长。**

上联典指春秋时期鲁国大夫孟献子（仲孙蔑），人称贤大夫，有五友相助；下联典指战国时期思想家、政治家孟子，世称“亚圣”。著有《孟子》七篇，是儒家经典之一。

**昌平绵世泽，邹国振家声。**

全联典指战国时思想家孟轲，元至顺间加封邹国亚圣公。

**微云淡河汉，疏雨滴梧桐。**

此联为孟浩然撰孟姓宗祠通用联。

**仇氏迁居教子，梁妻举案齐眉。**

上联典指战国时思想家孟轲之母仇氏，“孟母三迁”历来为教子的佳话；下联典指东汉梁鸿妻孟光。孟光夫妻隐居在满陵山中，以耕织为生。梁鸿为佣工，每天做工回来孟光已经做好了饭菜等他。夫妻二人举案齐眉，生活美满，为世人所仰慕。

**雄辩七篇尼父志，清诗五字杜陵心。**

上联典指战国时期思想家孟轲；下联典指唐朝时期诗人孟浩然。孟浩然（689 一 740），襄阳人，其诗与王维齐名，时称“王孟”。所作诗多写山水景物及隐居或羁旅生活，为李白、杜甫等人所称赞。著有《孟浩然集》。

**武康郡东海郡望居铭美，亚圣堂三迁堂俎豆宗光。**

全联典出孟姓的郡望、名堂。

# 三、孟姓中国书画名家

孟子（前 372—前 289）名轲，字子兴，战国时期鲁国人（今山东邹城），中国古代著多思想家、教育家、政治家，儒家代表人物心，史称“亚圣”著有《孟子》为“四书”之一，其仁、义、善的思想家，对中国乃至世界产生了极其深远的影响。

**孟美青（祥玮）**（亚圣 75 代孙、“祥”字辈），九三学社长春市书画院秘书长，吉林省女美术家协会秘书长，吉林省女书法家协会理事。其作品悬挂于孟氏宗亲联谊会办公室。

**孟蒙**（亚圣孟子73代孙、“庆”字辈），1927年出生于天津市，祖籍山东省济南市。中国美术家协会会员，国家一级美术师，中国孔子学会理事，中国孟子研究会理事长，首届孟氏宗亲联谊会副会长。天津市第六、七、八届政协委员。2009年获中国文联从艺60周年荣誉奖。

孟蒙幼承庭训，濡染翰墨。20世纪40年代就读艺专，受日本教师松浦龙二先生启蒙绘画基础的教育，50年代师从前河北艺师凌成竹教授，学习中国画，60年代拜师李苦禅教授为其入室弟子，后多年从事美术教育工作，就任于天津科技大学。从艺60余年以来，在创作实践中，致力于中国画技法上的开拓与创新，集修养、激情、艺技为一体的创造。作品简约、雄强、苍朴、浑厚，粗犷奔放而不野，色彩艳丽而不俗，有张力、大气，追求完美的风格。作品在世界各地有较高的声望和影响，国内外报刊、杂志都有过作品发表，并举办了多次个人书画展。在中国的风景、名山、碑林留下了多处书法手记刻石。他在中国绘画、书法这个领域里，把自己的生活及对大自然的感受，追随时代的审美步伐，开辟了自己的艺术新空间。

**孟鸿声（祥荣）**（亚圣75代孙、“祥”字辈），出生于山东淄博。中国书法家协会理事、山东省书法家协会常务副主席、山东省书协创作委员会主任。2018年邹城祭祀孟母、孟子大典主祭人。

孟鸿声毕业于南京艺术学院美术系书法专业，北京大学哲学系中国哲学史研究生班肄业。中国书协书法进万家先进个人、中国书协四届国际交流委员会委员，第七、八届泰山文艺奖书法类初评委员会执行副主任。其书法入展五、六届全国书法篆刻展览、四届全国中青年书法展览、一届全国行草展览等。1996年出版30万字《中国书法赏临体系》、2003年出版20万字《李成研究》、2008年出版15万字《齐文化与全球化》、2010年出版35万字《齐地掌故》等。主要论文：2005年发表《两宋书学的理学精神》、2006年发表《简论马叙伦老子校诂》、2007年发表《齐文化和谐社会思想研究》等30余篇。主持合作：《海源书院志》（山东省社科规划重点项目）。

**孟昭俊**（亚圣71代孙、“昭”字辈），1941年出生，江苏沛县人。中国书法家协会会员、·江苏省徐州市书法家协会副主席。2005年被中国文艺家创作协会授予

“中华当代杰出功勋艺术家”称号。曾得林散之、武中奇、启功、尉天池等名家指导，其作品博采众长，别出新意，自成一格。

孟昭俊艺术作品及简介分别被编入《中国书法五千年》《中国当代楹联墨迹集》《当代书法家大辞典》《中国现代书画名家精品润格珍藏本》《中日书法作品汇观》《国际现代书法集》《中国高级专业技术人才辞典》《世界当代著名书画家真迹博览大典》等20余部大型典籍。其书法作品被中国文化部、周恩来纪念馆、王杰事迹陈列馆等收藏。他还为一些园林、古迹题写碑文匾联，有不少作品流传海外。

**孟庆泰**（亚圣第73代孙、“庆”字辈），1948年出生于青岛。中国书法家协会会员，青岛市书法家协会名誉会长。

孟庆泰出生于书香门第，祖父孟昭鸿毕生致力于文学考古研究和书法篆刻，高祖太爷孟继志是道光年间举人知县。孟庆泰受家庭熏陶，自幼酷爱书法，其书法由篆隶入手，上追三代，下淫秦汉，贯通隋唐，于汉碑用力尤勤。书法谨严古权、厚重雄健，深得专家好评。其作品在《书法》《全国第一届书法篆刻展览作品集》《国际书法艺术联合作品集》《全国首届篆刻展作品集》《新中国文物事业五十年书画展览作品集》《山东五十年美术书法作品集》等刊物均有收录。曾先后参加全国第一届书法篆刻展览、全国首届篆刻展览、国际书法艺术联合展、中韩书艺交流展、中日书艺交流展、新中国文物事业五十年书画展览等百余次国内外大型展览。有多件作品被日、韩、东南亚地区及中国的台湾、香港、澳门等地区人士收藏。

故天將降大任於斯人也必先苦其心志勞其筋骨餓其體膚空乏其身行拂亂其所為所以動心忍性曾益其所不能

孟子名言 丁亥秋日 慶泰

**孟云飞**（亚圣75代孙、“祥”字辈），1972年8月出生于河南。中国书法家协会会员。现供职于国务院参事室社会调查中心。《血脉·孟姓家书》封面题字。

孟云飞，1995年毕业于河南大学中文系并留校任教。2001年8月考入首都师范大学中国书法文化研究所，师从著名学者欧阳中石先生攻读书法学博士学位。曾任河南大学文学院古典文献学硕士研究生导师，于清华人学艺术学博士后流动站从事教学和研究工作。其在《中华书画家》学术部任主任、副主编，教授职称。

有《文艺思潮对两晋书法的影响》《中国人的书法情结》《书法风格的形成》等百余篇文章在《文艺研究》《中国书法》《人民日报》《光明日报》等报刊公开发表；出版《二王书艺研究》等专著，主编《翰墨情缘》以及《中小学书法教材》等四十余本；录制《轻松学书法》系列光盘十余张，并在“中国教育”“天津卫视”等多家电视台播出；其书法作品多次参加各种比赛、展览并获奖，有数百幅作品发表于各级报刊，被多家单位收藏，并有多部专集出版。

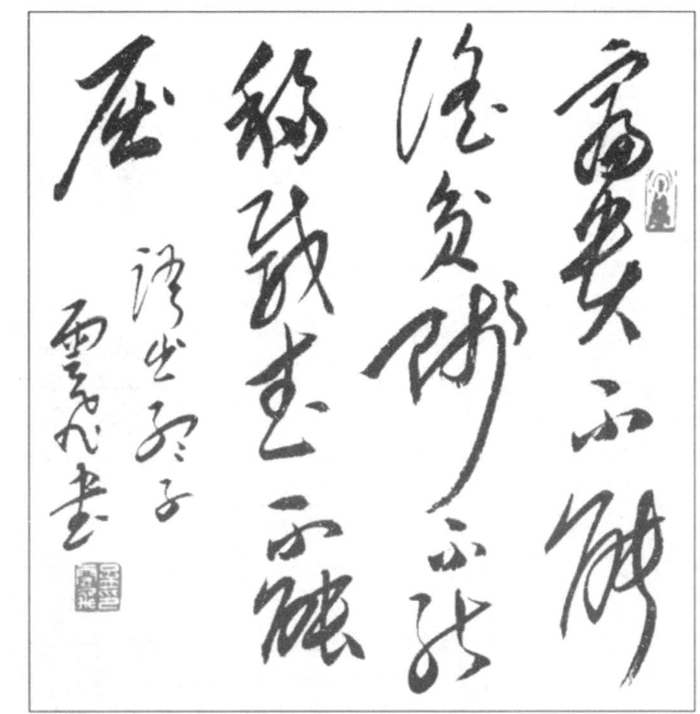

**孟繁禧**（亚圣74代孙、“繁”字辈），1954年出生于北京，祖籍山东章丘。现任中国书法家协会理事，北京书法家协会副主席，我国当代著名书法家。

孟繁禧自幼潜心学习书法，受教于康雍先生，尤擅欧体楷书。供职于国家京剧院。1988年在“九成宫杯”全国书法大赛中荣获特等奖，翌年在团中央和全国青联主办的“秦声杯”全国青年书法大赛中又获得了最高奖项。在中央电视台书法技法系列讲座中主讲《欧体楷书技法》，编著有《如何临习欧体九成宫碑》《行书入门》《虞恭公碑解析字帖》及《书法创作大典　楷书卷》等十余部专著、字帖。

2008年被北京市委宣传部、北京市文联授予“德艺双馨艺术家”称号。

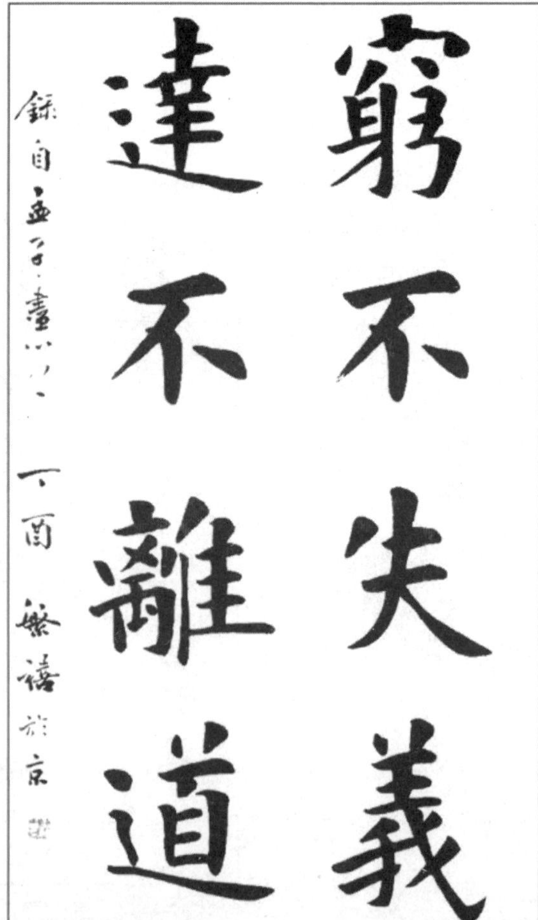

**孟琦**（亚圣72代孙、“宪”字辈），1963年8月出生，河南省睢县人。中共党员，现为中国书法家协会会员。

1985年从成都军区退伍，1992年入河南省书法家协会进修，曾随陈天然、张海、王澄、周俊杰、宋华平等研习书法及书法理论。现为河南省书法家协会研究生，河南省书画院特聘书法家，睢县书法家协会名誉主席。

其作品多次入选中国书协举办的全国书法系列展。他曾获翰墨飘香全国书画艺术大展银奖；“扬州八怪”全国书法展一等奖；全国“桃园杯”书法展一等奖；纪念毛泽东诞辰全国书法展一等奖；全国文化系统书法展一等奖；河南省发行集团纪念焦裕禄书法展一等奖。

其书画作品被国内外数十种大型精品集、辞典收录，《中国书画》《中国书法》《书法导报》《书法报》《中国书画报》《青少年书法报》《青少年书法》等报刊都曾刊载过其作品，于《书法世界》《商丘日报》作专题介绍，出版有《孟琦草书郑板桥道情十首》《孟琦书法作品集》《孟琦书法展作品集》。

仁者无敌

孟子名言 甲午秋月 宪昌

**孟宪昌**（亚圣72代孙、“宪”字辈），1945年11月出生，河北省平泉人。现为中国书法家协会会员，河北省书法家协会第三、四届理事，河北省书法文化研究会名誉会长。

孟宪昌，1969年毕业于河北大学。曾任河北省人民检察院承德分院党组书记、检察长；河北省人民检察院党组副书记、副检察长；一级高级检察官；河北省政协第七、八、九届委员。

1997年以来先后在石家庄、承德、平泉举办个展；2007年参加河北省职工书画摄影展，获书法一等奖；参加井冈山胜利会师八十周年全国书画大赛获金奖；2009年参加庆祝中华人民共和国成立六十周年中国书画名家作品展，获一等奖；2010年参加中国楹联书画展，获佳作奖。多幅作品被收入国家、省级报刊及专著，部分作品在加拿大、澳大利亚、英国等国展出，一些作品被美国、英国、加拿大、日本、韩国、新加坡、新西兰和中国台湾、香港友人收藏。2007年出版了《孟宪昌书法作品集》。

**孟钦峰**（亚圣75代孙、“祥”字辈），1962年出生，河南省密县人。中国书法家协会会员，河南省书法家协会专业委员会委员、石淙印社社员。

孟钦峰毕业于河南大学，作品发表于《书法》《书法报》《中国书画报》《书法导报》等专业报刊。作品入选《河南书法家作品集》《当代书法篆刻大观》《中国当代青年书法家辞典》《中国印学年鉴》《中国当代艺术界名人录》等。

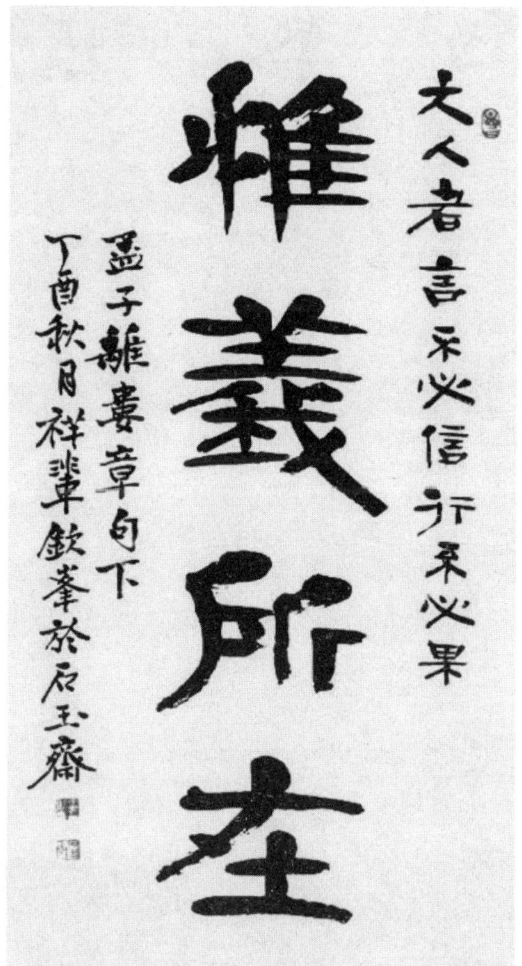

# 四、祭文

## (一)2018 年祭孟子文

维公元 2018 年 5 月 16 日，岁次戊戌，夏历四月初二。亚圣七十五代孙孟鸿声携孟子后裔，诚邀各界贤达，海内外宾朋，怀尊崇之心，敬仰之情，奉以鲜花雅乐，敬祭先祖亚圣孟子之灵。其辞曰：

泗水汤汤，峰山岩岩。
文脉昌盛，诞毓圣贤。
粤若稽古，伏羲轩辕。
周公礼乐，是承是传。
仲尼兴学，弦歌杏坛。
删述六经，维崇维瞻。
维我孟子，道阐尼山。
邹鲁圣域，文明之巅。
生乎忧患，丁逢时艰。
幸赖母教，成圣成贤。
私淑夫子，习诵诗篇。
道济天下，毅然承担。
立吾正教，辟乎异端。
岂为好辩，实有不甘。
周游列国，仁义是阐。
修齐治平，不离世间。
首辨义利，戒杀戒贪。
苦口婆心，警示愚顽。
王道荡荡，仁政为先。
天爵得之，人爵随焉。
人之性善，天下同然。
良知良能，非圣独专。
仁义礼智，是谓四端。

若泉始达，若火始燃。

善养此心，气有浩然。

能尽此心，知性知天。

富而后教，五伦焕然。

天地人和，兆民斯欢。

守先待后，思载七篇。

大哉亚圣，德耀千年。

伏唯尚飨！

## （二）2018年祭孟母文

维公元2018年5月16日，岁次戊戌，夏历四月初二，亚圣七十五代孙孟鸿声携孟子后裔，诚邀海内外宾朋与各界贤达，怀尊崇之心，敬仰之情，奉以鲜花，献以雅乐，敬祭孟母。其辞曰：

乾坤二分，大化流行。

生生不已，是德至隆。

坤德为厚，光大含弘。

孕毓之功，万世所崇。

昔赋蓼莪，恩情盈盈。

今颂孟母，抚育圣灵。

生逢乱世，战事频仍。

圣贤不出，天地不宁。

仲尼之后，孟子为承。

实赖圣母，淑德无穷。

三迁之教，养正童蒙。

断机之诲，至教无声。

慈母之慈，顽劣不惩。

慈母之严，规矩准绳。

立之以志，乃出冥冥。

教之以方，克毓贤能。
礼门义路，仁爱是膺。
护念苍生，浩然斯呈。
亚圣之材，栽培而成。
母教一人，以斯为凭。
亲子之爱，千古一同。
教子之慧，厥为典型。
大哉孟母，与地同功。
千秋所仰，百代所崇。
黄裳元吉，万花吐英。
遥想慈容，如沐春风。
默念懿德，恒为世荣。
愿承遗志，是用三牲。
伏唯尚飨！

## （三）2016 冬至祭孟子文

2016 年 12 月 21 日冬至日，孟子故里一山东邹城孟庙清寂幽静，钟磬低鸣，孟氏宗亲及邹城各界人士 160 余人在此举办农历丙申年冬至祭孟大典。

2016年冬至祭祀亚圣孟子逝世2305年

随着一声“启扉”，祭祀活动正式开始，时光仿若凝固在了 2305 年前亚圣孟子逝世的日子。伴随着传统礼乐、四佾之舞，祭祀者先后进行了启户、排班、迎神、初献、亚献、终献、饮福受昨、读祝等仪式。主祭官孟涛开始诵读祭文：

奎娄之野，邹鲁之邦。

保有凫峰，奇崛青苍。

水称洙泗，溢彩流光。

地蕴灵矶，昌平古乡。

星璨文华，亚圣得降。

三迁其居，择邻而傍。

道阐尼山，开来继往。
平陆论仁，劝政过梁。
周游列国，忧民忧亡。
退而著述，贻矩七章。
浩然养正，泰山气象。
天地钟灵，风脉独藏。
一脉承传，千秋未央。
圣贤辈出，势如腾浪。
门成邹鲁，文风浩荡。
里为华盖，九州仰望。
羽舞回旋，伏唯尚飨。

祭文高度概括了孟子浩然正气的生平。与往年冬至祭孟不同的是，今年首次增加了对东西两庑乐正克、万章、公孙丑等陪祀先贤的祭拜，以示仰圣尊贤之意。

亚圣76代嫡长孙孟令继率孟氏宗亲祭祀孟母、孟子大典照片

# 五、告孟姓子孙倡仪书

## （一）《孟子世家谱》续修再告全体族人书

国编史，方纂志，家修谱，是中华民族的优秀文化传统。家谱是凝聚血脉亲情的纽带，它具有寻根价值、史料价值、文化价值；家谱是一个家族的生命史，承前启后，生生不息，作为孟子后裔，续修好这部家族史，自当责无旁贷。

2010 年 5 月，《孟子世家谱》续修在孟子故里山东邹城启动，同时发布了续修《孟子世家谱》告全体族人书。回顾过去 5 年多，经过广大孟氏族人的努力，续修工作取得了阶段性成果，令人欣慰，但也存在着工作进展缓慢等问题。为进一步提升效率，2015年，我们重新组建了续修工作班子，加强领导，明确分工，专人负责，层层宣传落实，以期续谱工作能取得族人最广泛的参与，收获最圆满的成果。按照计划，入谱登记资料征集工作将于 2016 年底基本完成，随即转入下一步的录入编研。2017 年 6 月底登记截止。为此，续修委决定再告全体族人：《孟子世家谱》已断修 150 年，这是孟氏家族的一大损失。本次涵盖海内外的《孟子世家谱》续修，是属于抢救性的续修，也是孟氏有史以来真正意义上的世家谱续修，将集各支于大统，合全族于一本，传儒风于家久，是首开历史先河的壮举，是孟子思想的伟大传承。我们要肩负起时代所赋予的使命，勇做优秀传统文化的传承者，广大族人一定要从历史和现实的角度，认清本次续修的重要意义，承担起自己继往开来的历史责任，特别是各地已有支谱的组织和族人，更要将世家谱的续修列为头等大事，积极参与到续修中来，做好宣传发动工作，传好接力棒，为不再给后世制造新的失续，不再让后代子孙寻根失望而奉献一己之力，将先祖孟子思想和中华民族的优秀文化传统发扬光大！

本次续修工作已进入关键阶段，时间紧任务重。呼吁广大族人向更多的族人传递续修总谱的信息，并尽早与我们联系，以期使最最广泛的族人载入到总谱中来，按时圆满完成历史使命。

《孟子世家谱》续修工作委员会

2016 年 1 月 8 日

### （二）建议将孟子生日定为中华母亲节的倡议

孟母，仉氏，是鲁国大夫党氏的女儿，是一位贤良淑德、善于教子的女性，居我国历史上三位伟大的母亲（孟母、徐母、岳母）之首。

孟子生于公元前 372 年，农历四月初二，名轲，字子舆。

孟子三岁丧父，靠母亲教养长大成人。孟子的母亲是位伟大的女性，她克勤克俭，含辛茹苦，坚守志节，抚育儿子，从慎始、励志、敦品、勉学以至于约礼、成金，数十年如一日，丝丝入扣，毫不放松。孟子能成为"亚圣"，成为中国封建社会正统思想体系中地位仅次于孔子的人，得益于母亲呕心沥血的谆谆教导。

孟母更为后世的母亲留下一套完整的教子方案，她本人也成为名垂千秋万世的模范母亲，属于典型的中国良母、贤母。建议将孟子的生日定为中华母亲节。

**【情系孟氏宗亲传承亚圣文化】**

**【搭建联谊平台共谋和谐发展】**

孟氏宗亲联谊会

孟子思想研究会

2016 年 5 月 8 日

## （三）关于建设文庙弘扬中华传统文化的倡议书

各位孟氏宗亲：

建设文庙即孔孟文化庙，是弘扬中华文化和树立民族自信心的迫切需要，也是弘扬中华民族文化工作的活动场所。

中国文庙保护协会名誉会长、世界儒学大会秘书处秘书长孔祥林先生说：“文庙是一座城市的文脉，没有文庙，何论文化！佛教有寺庵，道教有宫观，伊斯兰教有清真寺，天主教、基督教有教堂，各地都在重建和新建，日益增多，唯独中国传统文化的象征文庙却大多毁而不存，信仰无所，这对我们中国人来说没有了信仰的场所，何谈信仰！”

习近平主席非常重视儒家文化的传播和发展，于 2014 年 9 月 24 日出席国际儒学联合会在北京人民大会堂举办的纪念孔子诞辰 2565 周年大会；2013 年参观曲阜孔庙并发表讲话；2013 年于北京大学牵手中华孔子学会会长汤一介，这也是 1949 年以来，孔孟儒家受过的中国最高领导人的最高“礼遇”，习近平总书记也将积极推动儒学和中国文化的向前发展。

今年，有当代儒家学者领衔发起，又有河北省人大代表率先在全国提出恢复文庙建制，当代儒家代表性人物、首都师范大学儒教研究中心主任陈明教授认为这一举动“适逢其时，刻不容缓”，希望政府能从善如流，采纳儒家学者和人大代表的意见，顺势而为，高度重视文庙的特殊文化地位，激活其原有的教化功能，充分发挥文庙应有的作用，推动中国文化复兴。作为孔孟子孙，应该走在时代大潮的前列，为推动文庙建设呼吁呐喊，这也是我们孔孟子孙应该大力倡导和努力争取的。

青岛孟氏宗亲联谊会

青岛孟子文化研究会

2017 年 7 月 9 日

## （四）建议孟姓子孙按字辈起名的倡议书

尊敬的各位宗亲：

孟姓（孔孟颜曾）是中国历史上备受尊崇优礼的姓氏，为其他姓氏所钦羡。这源于我们的始祖亚圣孟子，他给中华民族留下了宝贵精神财富，因而，历朝帝王特别自明代以来，屡次为孟氏颁赐行辈，民国政府继之。所颁赐五十字辈都经反复推敲、锤炼，寓意美好，尊贵典雅，孟氏字辈也已成为国家传统文化神圣典制，这使得孟姓在中华民族发展进程中享有其他姓氏不可望其项背的荣耀，历朝历代均获优礼。孟姓子孙字辈清晰、代序顺畅、秩序谨严。不管地域南北，不管国内国外，同为孟姓，一问行辈，代序显然，称序方便，顿觉亲如一家。

近些年来，受文化多元化影响，特别是年青一代的孟姓族人在为子女起名时，为求个性或者避免重名，放弃了普遍遵行的行辈，将其作为不合时代的老规矩予以摒弃，这是一个关系重大的问题。其一，这么做混乱了孟氏行辈，长久下去，将使孟氏后人无法明确排行论辈，为续谱工作带来不便；其二，放弃了优秀传统文化，使我们孟姓历代以来形成的谨严行辈序列出现错乱。这应该引起全孟姓宗亲的高度重视。孟姓按字辈起名延续和记载，是中华传统文明的重要组成部分，更是研究人类文明史、民族发展史和宗族进展史的重要史料，所以按字辈起名不是各家小事，应视为家、国、天下的大事。

这几年我们在续修家谱中发现，通常家人对世系次第的记忆至曾祖辈的已极少，遇之未按字辈起名的家庭，几代后即茫然难以说清，若补续家谱、认祖归宗会很困难。孟氏族谱自来续谱规矩严格，要求族人非按字辈起名者不得入谱。近代以来国家多难，社会动荡，战乱频仍，族人分散，我们先人诚欲遵行辈次，颇有难能，游离孟姓谱系之外，而不知自身何属，苦不堪言！而今欣逢盛世，文化大兴，慎终追远，续谱睦宗，该是重归正道的时候了！

在此，青岛孟氏宗亲联谊会、河南省孟氏宗亲联谊会倡议天下孟氏宗亲。

一、勿忘我祖先是中华礼仪的开创者，孟姓字辈是被世界认可，是我们得天独厚的荣耀，我们要因姓孟而自豪，因有字辈而骄傲，要抱着敬畏祖先和对子孙负责的态度，共同维护孟姓深远的传统和荣耀；

二、所有孟姓宗亲，在为孩子起名时严格按照祖上规定的五十字行辈执行；

三、尽可能将现有不合行辈的名字改归按行辈命名。

让我们的子孙后代从小享用、牢记字辈，发扬和传承中华民族的传统美德，为孟姓的繁荣昌盛而努力！

青岛市孟氏宗亲联谊会

河南省孟氏宗亲联谊会

2017年8月9日

孟庙开来学坊

## （五）"学孟子·行善举”志愿者协会在孟子研究院成立

2017 年 8 月 29 日，由中国孟子研究院、邹城市委宣传部、孟氏宗亲联谊会共同发起的“学孟子·行善举”志愿者协会成立大会在邹城孟子研究院举行。

来自北京、上海、广州、台湾等全国各地的志愿者代表近 120 人出席活动。孟子研究院党委书记赵永和表示：“我们经过调查研究、深入思考，找到了儒学服务社会发展的一条好路子，就是发挥孟子研究院的研究高地、人才高地、文化高地、道德高地的作用，把社会上喜欢孟子、乐于奉献的人，宣传起来、组织起来。充分发挥孟子研究院在孟子思想研究中的旗帜方向作用，引导大家向上向善，以实际行动践行社会主义核心价值观。”孟氏宗亲会、高校、企业家、民间协会等 5 位社会各界志愿者代表分别发言，表示要通过身体力行，践行志愿者精神，弘扬优秀传统文化，做一名合格的志愿者。赵永和书记等领导代表志愿者协会向部分分会授旗，他希望每个志愿者都能够认真学习孟子思想，将传承优秀传统文化与践行社会主义核心价值观相结合，真正做到知行合一、内外相谐。

全体志愿者代表聆听了孟子研究院特聘专家、中山大学教授杨海文教授所作的“学孟子、做好人、行善举”的报告。杨教授从“道性善”与德福一致、“执事敬”与勿欺暗室、“道不远人”与能者从之三个方面论述了儒家文化中对善的阐述，为全体志愿者学习孟子思想、践行优秀传统文化提供了理论基础和实践依据。

邹城市政德教育讲师孟庆峰代表孟氏宗亲联谊会在会上作了发言，他介绍了孟氏宗亲联谊会自成立以来在弘扬孟子思想、发展公益慈善事业方面所做出的努力和取得的成绩，号召孟氏宗亲和更多爱心人士积极行动起来，用孟子思想提升人们道德修养，践行传播孟子思想，从而营造文明和谐、诚信友善的社会氛围，将孟氏宗亲联谊会“奉献、团结、互助”的服务理念贯彻在“学孟子·行善举”志愿者协会的建设中，做出更好更大的成绩。

中国孟子研究会

孟氏宗亲联谊会

2017 年 8 月 29 日

# 后　记

尊敬的各位孟姓家人，尊敬的各位研究儒家文化的前辈和学者们，长期以来，编写一本孟姓家书一直是我们孟姓子孙的一个共同心愿。孟子是中国古代伟大的思想家、哲学家、教育家。孟子的精神境界之崇高，在学术史上的影响之深远，仅次于孔子。编写家书，旨在让广大的孟姓子孙以“我是孟姓而自豪，孟姓以我为骄傲”，教育孟姓子孙像我们的亚圣始祖孟子一样树立家国天下的宏伟大志，践行心怀国家，爱戴人民的崇高理念，弘扬社会正能量。

一部好的家书，影响深远，惠人良多。通过家书可以了解先祖们为中华民族的文明和发展做出的贡献；通过家书可以了解姓氏的历史渊源及支系繁衍和迁徙；通过家书可以激励子孙后代奋发向上，为国家建功立业。鉴如此，2015 年 12 月 120，在青岛孟氏宗亲联谊会和青岛孟子文化研究会（筹）成立之时，我们便确立了要写一本家书的目标。我作为青岛孟氏宗亲联谊会和青岛孟子文化研究会的（筹）会长，倍感责任重大。虽说搞工业企业有三十多年的经验体会，做管理工作应该还算是熟手，但要自己动笔写一本书，特别是孟姓的家书，内心还是十分忐忑。在孟姓这个大家庭里，孟姓子孙不乏文化大家和文学名匠，在与几位宗亲沟通研究后，敢下手动笔者无。于是，撰写家书的任务不期而然地落在了我的肩上。我一介“武夫”，动脑动笔确又捉襟见肘，推来推去、思来想去还是自己亲自“操刀”吧，不管书写之好歹都是孟家人自己的家书，书有谬别之处宗亲们也会包涵，书有用之处也是自家人受用，所以我就斗胆动笔。

写作过程中，我翻看了很多孟姓支系的谱书，在网上搜集查看孟姓的各类资料，在微信圈中也享用了很多孟姓族人的远见卓识。三次到孟府、孟庙和宗亲会办公室查看资料、了解情况，越看越查，越是眼界大开，对孟姓的历史和文化更有了比较清晰的了解和认识，越发感到我们是孟姓子孙的自豪与荣耀。本着认真负责的态度，坚持不放过任何疑难问题，有时为了一个历史人物的出生地或是一个典故，我连续查阅了几天的资料，几经分析比对，尽可能选择令人信服的结论。但由于本人才疏学浅，缺少专业的写作经验，虽经努力，书中难免会给读者留下遗憾之处，望各位家人和读者见谅。在写作过程中，我利用、借鉴网上、书籍、报刊中很多孟姓家人和研究孟子文化老师们的资料，在此表示衷心的感谢。书中有借用的文字、材料，还望宗亲和老师们宽容，目的是为了更好地发扬和光大儒家文化，使您的远见卓识让更多的孟姓子孙拜读，领悟受益。

本书能够顺利成稿，得到了孟氏宗亲和社会各界的大力支持，在此一并表示感谢。感谢世界儒学大会秘书处秘书长、中国孔子研究院研究员、中国孔子学会名誉会长孔祥林为家书作序；感谢孔子第79代嫡孙、“大成至圣先师奉祀官”、世界孔子后裔联谊总会名誉会长孔垂长；感谢孟氏宗亲联谊会会长孟淑勤等鼓励和题词；感谢孟子76代嫡孙孟令继；感谢中国建材报总编孟宪江、山东省枣庄市政协原副主席孟昭泰、山东省莱西市纪委孟宪京、青岛大学教授孟天运（宪）、孟子世家谱续修办公室副主任孟宪山、孟令保宗亲给予本书的指导和提供文章；感谢为孟姓家书提供资料、照片的孟宪立、孟宪军、孟宪进兄弟，更要感谢为本书题字、绘画插图的孟昭德、孟蒙（庆）、孟云飞（祥）、孟祥生宗亲；感谢在成稿试读中对家书提出宝贵意见和建议的孟彬（广）长辈、孟宪文、孟宪荣弟兄和孟淑娟（宪）、孟庆鹏及各位宗亲和家人；感谢中国家庭报社曹献民社长、李茂中总编；感谢万吉辉先生、王德胜先生、董安荣先生、初玉诚先生、吕宝满先生、卜晓宇先生、刘宗伟先生、苏魁先生、车云舞先生、赵伟先生、付勇先生、周宁女士、王丽娜小姐、傅聪聪小姐给予本书的建议和指导。

2018年3月26日

# 青岛会议掠影

2015年5月青岛孟氏宗亲联谊会筹委会成立

青岛孟氏宗亲联谊会第一次理事会召开

青岛孟子文化研究会第二次理事会合影

2015年12月12日青岛孟氏宗亲联谊会成立

2017年7月6日青岛孟子文化研究会成立

2015年12月12日总会会长为青岛孟氏宗亲联谊会会长、副会长授牌

2017年7月6日青岛孟子文化研究会会长、副会长、秘书长合影

2017年7月6日青岛孟子文化研究会成立合影

2015年12月12日青岛孟氏宗亲联谊会成立合影

# 交流掠影

邹城故里会孟宪新会长（左六）与青岛会长孟宪良（左五）等在邹城合影

山东省枣庄市孟氏宗亲联谊会孟繁奇会长（右三）与青岛会长孟宪良（左四）在枣庄合影

陕西西安孟氏宗亲会孟刚（庆）会长（左四）到访青岛与青岛会长孟宪良（左三）、常务副会长孟令军（左五）

黑龙江省孟氏宗亲联谊会孟宪代会长（左四）到访青岛与青岛会长孟宪良（左五）、常务副会长孟令军（右一）、副会长孟宪进（右二）

新疆宗亲会孟宪宏会长（前右一）、孟广珑副会长（前右三）及山东孟鸿声（后左三）、北京孟繁韶（后左四）与青岛会长孟宪良（前右二）、副会长孟令军（后右一）等在邹城合影

青岛宗亲联谊会孟宪良会长、孟令军、孟广进副会长、孟繁胜秘书长及孟祥存等在凫村与本书策划孟宪山合影

辽宁沈阳宗亲会孟宪荣秘书长（前右二）、孟令保前理事长（前右一）与青岛会长孟宪良（前左三）在沈阳合影

# 孟子文化宣传

## 青岛孟子文化研究会

青岛孟子文化研究会于2017年7月经青岛市民政局批准成立，主管部门为青岛市社会科学界联合会。会址：山东省青岛即墨区开发区烟青一级路211号。其宗旨为：从事孟子文化研究，开展百家争鸣，进行文化交流，发掘整理孟子古代文化遗产，促进社会精神文明和谐发展。现有会员76人，其成员主要来自对孟子儒家思想有研究的学术界权威人士、社会文化团体、孟子思想研究爱好者，会员中大学教授占比30%、社会文化团体人员约占28%。

# 江苏师范大学孟子学院

2008年10月19日，全球首家“孟子学院”在徐州诞生。孟子学院是由亚圣孟子73代裔孙孟庆荣先生倡导和努力与江苏师范大学、邹城市文物旅游局、徐州孟氏宗亲会合作共建的。

作为孟子学院副院长，孟庆荣为此倾尽心力。他先后组织4000多人次到邹城孟子故里开展学术旅游活动，让更多的人接受儒学文化熏陶。成立孟子学院以来，他写出了《孔孟之道的和谐思想》《母爱是中华民族的传统美德》等20多篇学术论文，多次被邀请参加国家级学术讨论会，深受专家学者和广大读者欢迎。

# 马来西亚孟子学院

2016年8月4日，由亚圣孟子76代裔孙，马来西亚DIMP拿督终身荣誉勋衔获得者孟斌（令）与江苏师范大学孟子学院首家海外分院在马来西亚拉曼大学霹雳州金宝校区正式揭牌。马来西亚上议院议员、马来西亚华公会副会长何国忠博士，拉曼大学校长蔡贤德院士，江苏师范大学党委书记徐放鸣，孟子思想研究会会长、孟氏宗亲联谊会会长孟淑勤等领导和来宾出席揭牌仪式。

孟斌（亚圣76代孙、“令”字辈），现年48岁，中国厦门人。厦门国际商会副会长，厦门国际学校董事，捷卡（厦门）工业科技有限公司、厦门捷卡投资管理有限公司董事长及马来西亚上市公司捷卡控股首席行政官。

孟斌常年热心于社会公益和教育事业，2016年7月280，在马来西亚彭亨州皇宫隆重的授勋仪式上，对马来西亚做出突出贡献的孟斌先生被授予DIMP拿督终身荣誉勋衔。这也是此次授勋唯一一位获此殊荣的中国籍人士。

# 青岛孟子学堂

青岛孟子学堂位于青岛崂山区宵岭路康城，成立于2017年7月1日。校长孟繁洲（亚圣74代孙、“繁”字辈），济南市历城区人。“孟子学堂”是以弘扬中国传统文化为己任，提供国学、书法、篆刻、国画、围棋、古筝、古琴、茶艺、笛、箫、二胡、葫芦丝、琵琶、太极等传统文化课程导学的综合性传统文化研究机构。书院奉行“言教不如身教，身教不如境教”的教育理念，寓教于乐。

# 孟小红与孟子学院

孟小红（亚圣 75 代孙、“祥”字辈），祖辈从山东迁移安徽，后定居福建厦门。受孟子学院创始人孟庆荣先生的嘱托，孟小红致力于国学文化推广与教育，组织过许多大型国学文化活动盛事，影响力突出，备受各级政府与社会各界的关注与认可。孟小红以弘扬孟子文化为己任，在全球推动孟子学院、孟子书院、孟子学堂的建设与发展。多次受邀到香港教育局九龙塘教育服务中心对广大教育从业人员及爱好者演讲，还应邀到香港新亚中学（1973 年国学大师钱穆先生创办）演讲，对中国传统文化走向世界起到了推波助澜的作用。

# 青岛孟清——孟子学堂

青岛孟清——孟子学堂由孟清（亚圣73代孙、“庆”字辈）创办。孟清，原上海交大下属教育集团教材研发中心国学部研发顾问，《儒家心性学标准化教学课件》主编。

# 青岛胶东非物质文化遗产博物馆

山东省第一家非物质文化遗产博物馆——青岛胶东非物质文化遗产博物馆，于 2013 年 6 月 7 日在青岛即墨建成开馆。该馆由亚圣孟子 72 代后裔孟宪良先生投资兴建。

博物馆坐落于山东省即墨经济开发区烟青一级路 211 号，是国家 3A 级景区、山东省内首家“非遗”博物馆、山东省第一批乡村记忆工程、山东省文化产业示范基地、青岛市爱国主义教育基地、青岛市未成年人“社会课堂”。青岛 2015 年世界休闲体育大会特许休闲体验园。

# 中国孟子研究

王志民院长　山东省原政协副主席

中国孟子研究院于2013年4月28日在孟子故里山东省邹城市揭牌成立。研究院参照教育部人文社科重点研究基地的运作方式，以“研究孟子思想，弘扬传统文化，助推国学传播”为宗旨。努力把孟子研究院打造成为综合性、研究型、国际化的孟学研究机构。

# 中华母亲节促进会成

2006 年 12 月 130，中华母亲节促进会成立大会在纪念孟母教子之地邹城“择邻山庄”隆重举行，李汉秋教授主持，有九个省二十多个市和香港特区的学者、社会工作者闻讯赶来。大会经过慎重协商成立了中华母亲节促进会理事会，李汉秋任会长，王殿卿任副会长，王楚光、骆承烈、陈瑛、钱逊、刘示范等任顾问，吕宗海等任正、副秘书长，陈启生、刘国强等任常务理事，该会目标是促进社会认同中华母亲节，并约定俗成为全球华人的节日，以弘扬中华儿女优秀品质，促进社会和谐。